枣强

乡村记忆

肖张镇卷

枣强乡村记忆编委会 ◎ 编

中国文史出版社
CHINA CULTURAL AND HISTORICAL PRESS

图书在版编目（CIP）数据

枣强乡村记忆.肖张镇卷 / 枣强乡村记忆编委会编 .
-- 北京：中国文史出版社，2023.7
（枣强历史文化丛书；1）
ISBN 978-7-5205-4215-9

Ⅰ.①枣… Ⅱ.①枣… Ⅲ.①乡镇－地方史－枣强县
Ⅳ.① K292.25

中国国家版本馆 CIP 数据核字（2023）第 138200 号

主　　编：黄丰文　　　　　　副 主 编：冷江帆
总　　纂：吕雪波　　　　　　责任编辑：胡福星
责任校对：荆成恭　　　　　　装帧设计：赖福兰

出版发行：**中国文史出版社**
社　　址：北京市海淀区西八里庄路 69 号院　邮编：100142
电　　话：010-81136606 81136602 81136603 81136605（发行部）
传　　真：010-81136655
印　　装：北京天恒嘉业印刷有限公司
经　　销：全国新华书店
开　　本：889mm×1194mm　1/16
印　　张：31.25
字　　数：425 千字
版　　次：2023 年 10 月北京第 1 版
印　　次：2023 年 10 月第 1 次印刷
定　　价：186.00 元

肖张镇卷编辑部

总序

习近平总书记在中共二十大报告中指出，"全面建设社会主义现代化国家，必须坚持中国特色社会主义文化发展道路，增强文化自信，围绕举旗帜、聚民心、育新人、兴文化、展形象建设社会主义文化强国，发展面向现代化、面向世界、面向未来的，民族的科学的大众的社会主义文化，激发全民族文化创新创造活力，增强实现中华民族伟大复兴的精神力量"。[1]

枣强具有鲜明的地域文化特色，地处黑龙港流域，因水而生，缘水而兴。早在新石器时代，依水而生的古代先民就在这里留下了物质文明的最初印记。此后绵延数千年农耕文明的熏染和积淀，为枣强留下了丰富多样的文化遗产，董仲舒石像、侯家古柏等重点文物保护单位，大营皮毛等非物质文化遗产，使枣强成为文化底蕴十分厚重的区域。编纂、出版《枣强乡村记忆》系列丛书，是县委县政府确定的一项重要的文史资料工作，也是枣强县一项重大文化工程，这是贯彻落实"建设社会主义文化强国""乡村振兴"战略部署和习近平总书记系列重要讲话精神的具体举措，是服务于文化强县建设的重要实践。

文化聚力，文化塑魂。乡村文化振兴是一项铸魂工程。枣强县作为全省的"文化工作先进县"，在人文根脉寻源之际，通过发掘本乡本土的重大事件、人物传记、产业发展、传统民俗、传统艺术、历史景点等丰富的民间文化，回顾枣强发展的历程，总结发展道路上的成功经验与智慧，汇聚民间发展能量，为我县发展注入更强动力。在县委、县政府的支持下，政协枣强县委员会经缜

---

[1]《党的二十大报告辅导读本》，人民出版社，2022年10月第1版，38～39页。

密研究，决定编纂《枣强乡村记忆》系列丛书，以乡镇为单位分卷成册，以乡（镇）志和村史的形式，呈现给全县人民一套完整的乡村历史文化百科全书。

《枣强乡村记忆》系列丛书，通过在全县挖掘、整理、整合红色主题与乡土精神的提炼与萃取，为枣强县新经济业态寻求人文价值承载体，为新一轮乡村振兴提供历史借鉴；以"乡愁"紧密联结县内外的枣强乡亲，通过纽带互动，加强合作，形成强大的凝聚力、向心力，激发枣强人民热爱家乡、奉献家乡、建设家乡、振兴家乡的勇气与力量；整合珍贵的历史记忆，传承优秀文化，展示家国情怀，延续枣强文脉，为"经济强县、美丽枣强"建设增添高品质的文化内涵，发挥文史资料"存史、资政、团结、育人"的社会功能和教育功能，实现铸魂育人。

《枣强乡村记忆》系列丛书共 11 卷（套），是中华人民共和国成立以来，枣强县第一套以村史为例、以乡镇成册、史志结合的综合类丛书。本着明古详今的原则，上溯至事物发端，下限至 2021 年年底，涉及全县 11 个乡镇 553 个行政村，是一项艰巨而浩大的文化建设工程，它的付梓，是枣强县发展史上的一大盛事，是我枣强县社会主义精神文明建设的又一丰硕成果。

此项工作启动以来，全体编纂人员夜以继日，呕心沥血，数易其稿，几经勘校，终于陆续出版，谨向全体编纂人员和给予关心、支持、帮助、指导的社会各界表示诚挚的感谢。

习近平总书记指出，"中华民族精神，体现在中国人民的奋斗历程和奋斗业绩中，体现在中国人民的精神生活和精神世界中"。观历史发展之长河，览民族文化之流觞。穿越历史时空，感受时代变迁，担当伟大使命，共圆中华复兴之梦想。文史资料工作是一项传承历史、有益当代、惠及后世的文化事业。风雨多经人不老，关山初度路犹长。政协枣强县委员会，将以本系列丛书出版为契机，开拓进取，薪火相传，为时代立鉴，为人民立言，继续书写枣强政协事业的明天。

枣强乡村记忆编委会

2023 年 5 月

序

　　编史修志，传承历史，光鉴千秋，惠泽后人。地方史志凝聚着中华民族的优秀文化，记载了前人创造的文明成果，是继承和借鉴人类优秀文化的有效载体，是社会主义先进文化的重要组成部分，也是满足人民群众精神文化需求的重要途径。古人云："治天下者以史为鉴，治郡国者以志为鉴。"乡村记忆是人们认知家园空间、乡土历史与传统礼仪的主要载体，是传承中华民族传统文化的根基。

　　肖张镇位于枣强县北部，历史悠久，文脉深厚，人杰地灵，为这片土地留下了丰厚的印记。

　　肖张发展为镇，最早的文字记载见于元代。清末，英国传教士瑞恩义在肖张传教并建立教堂，开办学校和医院。抗战时期，肖张是枣北县第五区，成为冀南地区抗击日寇的前沿。著名长篇小说《平原枪声》和据其改编的同名影视剧，描写的就是冀南地区以肖张为中心的抗击日本侵略者的英雄事迹，激励了一代又一代中国人，成为革命英雄主义和爱国主义的生动教材。肖张镇，被誉为"平原枪声响起的地方"，闻名全国。《平原枪声》的作者李晓明，是本镇程杨村人，是全镇人民的自豪和骄傲。

　　中华人民共和国成立后，全镇人民自强不息，奋发图强，为社会主义建设事业做出了无私奉献，取得了重要成就。尤其是中共十八大以来，全镇人民在习近平新时代中国特色社会主义思想指引下，经济和社会各项事业蓬勃发展，镇境面貌日新月异，成为农工商融合发展的新型城镇化小镇。

　　按照县政协的工作安排，肖张镇主动承担了《枣强乡村记忆》系列丛书的首部作品的编纂工作，肩负提纲挈领、纲举目张的重任。镇党委、镇政府高度重视，对接县政协相应成立了编纂工作领导小组和编纂委员会，同时，各村也成立了专门组织，定职定责定人，确保了编纂工作的顺利进行。

编史修志，是造福子孙、惠及千秋的大业，也是一项浩繁的文化工程。在编纂过程中，镇机关干部和各村"两委"负责人、老党员、老干部、老教师和广大群众迅速行动，群策群力，挖掘、查阅、提供、撰写了大量的历史资料，配合县政协编纂团队，做了大量艰苦细致的基础性工作。《枣强乡村记忆·肖张镇卷》，是全镇人民集体智慧的结晶。

《枣强乡村记忆·肖张镇卷》，"一邑之小，但其内容却极为广泛"。从纵的角度讲，既记古又记今；从横的角度讲，既记自然、地理，又述政治、经济、军事和文化，同时还记录社会风土人情、行业精英和知名人物，是肖张镇的"博物之书"和"百科全书"，具有重要的史料价值和资料价值，是传承优良传统和优秀文化的教科书。此书忠实记录了肖张镇的历史脉络和发展历程，为镇境文化宝库丰富了新的内容，必将激励肖张人民更加热爱家乡，并为建设家乡奋力拼搏，创造更加美好的未来。

感谢县政协领导对肖张镇工作的重视和支持，感谢为此书付出艰苦努力和辛勤汗水的县政协教科文卫体委员会和全体编纂人员。

阅读此书，如同走进了肖张镇。勤劳、智慧的肖张人民将一如既往，以最佳服务、最优环境、最高效率，诚邀八方宾客，共谋发展，互惠共赢，再谱华章！

肖张镇卷编委会

2023 年 5 月

枣强县地图

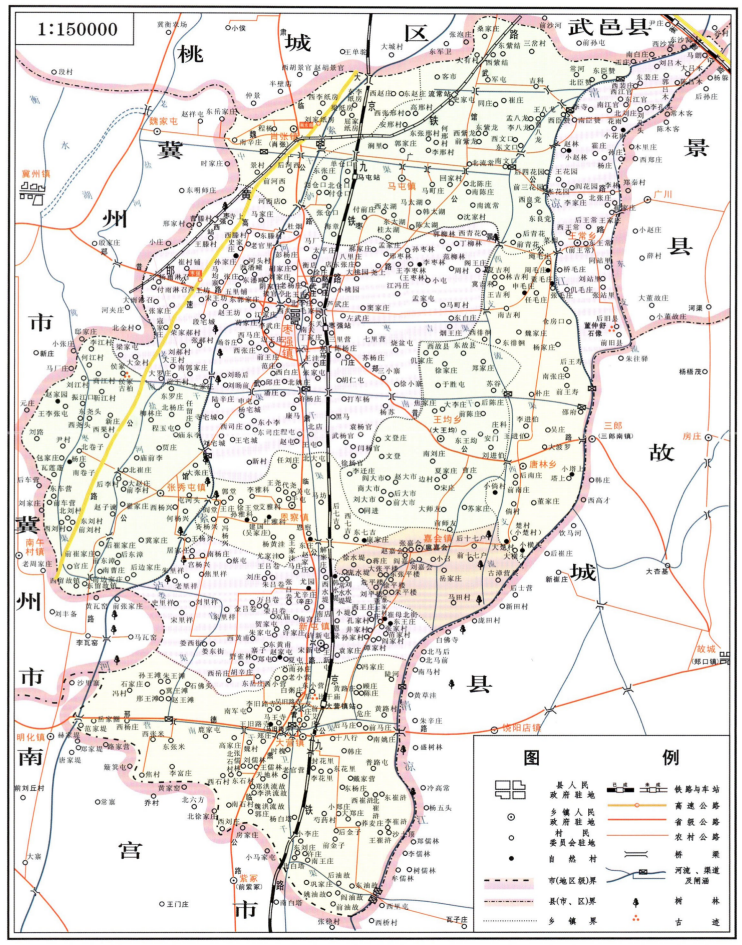

1:150000

二〇一三年绘制

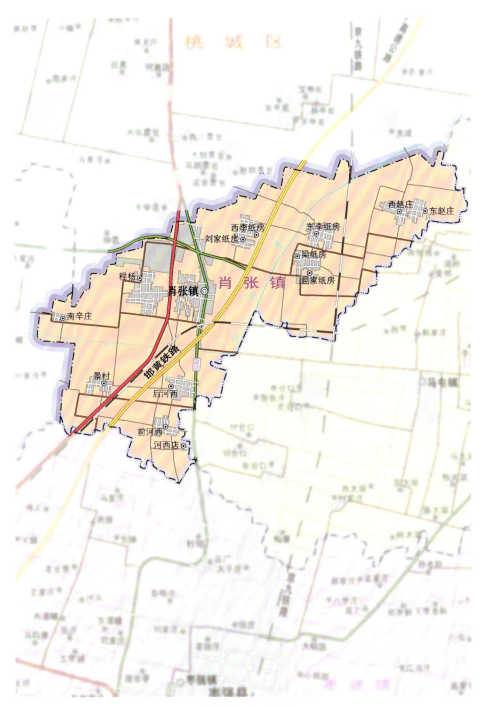

肖张镇行政区划图

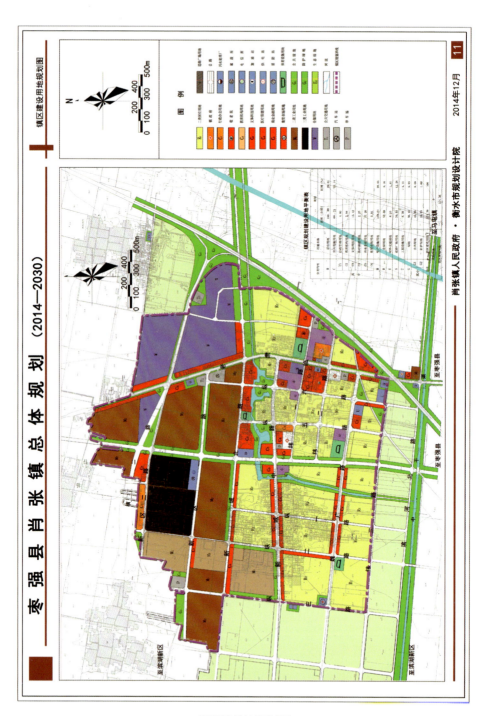

肖张镇总体规划图

西赵庄村"免施农药酿酒高粱"丰收（2020 年摄）

西赵庄村"沙口甜"沙瓤西瓜丰收（2020 年摄）

衡水创新港鸟瞰图（2020 年摄）

《肖张街市图》（作者赵望云，作于 1933 年，位置为肖张十字街）

抗战时期的李晓明

1959 年作家出版社出版的《平原枪声》

1964 年，县梆子剧团到程杨村为"五保户"演出

"三八钻井机台"2 号机台周焕恩和她的姑娘们在打井（1972 年摄）

肃临路肖张镇境一隅（2018年摄）

镇党委、镇政府办公场所（2021年摄）

2019 年建的平原枪声历史纪实展览馆

2023 年 10 月，枣强抗日战争印记馆竣工

衡水创新港 9 号仓储（2021 年摄）

后河西村文化广场（2021 年摄）

2021 年肖张梨花节一隅

东李纸房杏园春色之"社会大课堂"（2023 年摄）

后河西新村春貌（2021 年摄）

2023 年 3 月 17 日，枣强县（肖张）第一届杏花旅游节开幕式

编纂说明

指导思想　本书以马克思列宁主义、毛泽东思想、邓小平理论、"三个代表"重要思想、科学发展观和习近平新时代中国特色社会主义思想为指导思想，坚持历史唯物主义与辩证唯物主义的立场、观点和方法，遵循"广征、精编、严审"方针，结合肖张镇的历史与现状组织编纂。

记述范围　本书境域记述范围，以2021年肖张镇行政辖区为主，个别事项记述与肖张镇相关的内容。时间记述范围，上限溯至事物发端，下限断至2021年12月底，个别事项延至搁笔。

结构层次　本书采用纲目体，设类目、分目、条目，横排门类、纵述史实。全面反映录入事物的发展脉络，明古详今，图文并茂。篇目设置不求面面俱到，着重反映历史人文和地方特点，一般意义上的镇级内容略去不载。

体裁文风　本书运用述、记、志、传、图、表、录等各种体裁，以志体为主，适当运用史体。除引文和附录文献资料外，统一使用规范的现代语体文。文字力求朴实、严谨、简洁、流畅、优美，增强可读性。

地　　名　镇名因驻肖张村而得名，肖张村名因民间传说"萧何纳张"而来，汉字简化前，区/镇/村名为"萧张"，之后简化为"肖张"，为便于识别，除地名由来等特指外，统一使用"肖张"。1990年12月27日撤乡设镇时，地名为"肖家镇"，1996年7月2日更名为"肖张镇"。

简　　称　记述各个历史时期的党派、机构、职务、地名等，均以当时的名称为准。对频繁使用的名称，首次用全称并括注简称，其后用简称。

纪　　年　中华民国成立前使用朝代年号纪年，括注年份，纪年以下的日期均为农历；中华民国成立后使用公元纪年，纪年以下的日期为公历。书中所称"1949 年前（后）"以中华人民共和国成立日 1949 年 10 月 1 日为界；"改革开放前（后）"以 1978 年 12 月中共十一届三中全会召开日为界。"××年代"，凡未加世纪者，均指 20 世纪。

村庄排序　根据中华人民共和国国家统计局 2020 年行政区划排序。

人　　物　生卒年不详者，以其事务涉及年份为序；传略人物以卒年为序；简介人物以生年为序，选录镇籍或对镇境发展有重大影响的人物，不面面俱到。

统计数据　各项数据一般采用国家统计部门数据。数据缺乏的，采用主管部门或主办单位正式提供的数据。

计量单位　执行国家标准《国际单位制及应用》（GB3100—1993）。历史上使用的计量单位，如斗、石、里、尺、磅、华氏度等，在引文时照录。考虑到社会使用习惯，书中土地面积单位"亩、分"不统一换算。

目 录
CONTENTS

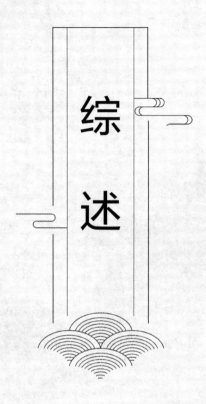

综述

　　肖张，镶嵌在燕赵大地上的一颗璀璨明珠。历代肖张人在这块美丽丰饶的土地上，以其勤劳、智慧和勇敢，不断顺应和改造自然，创新和传承文化，谱写着不断发展和进步的时代华章。

一

　　今（2021年）之肖张镇境（以下简称镇境）属河北省中南部平原，全境除索泸河岸有少许沙丘外，地势平坦，自西南向东北倾斜。海拔23～29米。土壤主要为潮土（典型潮土）、褐土化潮土和褐土性土。潮土和褐土化潮土分为砂质冲积物和壤质冲积物两个土属，砂质潮土主要分布在索泸河两岸村庄，壤质潮土主要分布在各村的低洼地块。褐土化潮土是镇境面积最大、分布最广

索泸河屈家纸房村段（2022年摄）

的一个亚类，一般分布在地势较高、地下水较深、表层土壤已脱离地下水影响处。褐土性土主要分布在索泸河两岸的固定沙丘上，俗称"沙土岗子"。

镇境属大陆性季风气候，为温暖带半湿润区，四季分明，冷暖干湿差异较大。夏季潮湿炎热，降水集中；冬季气候干冷，雨雪稀少；春季干燥多风，增温快；秋季多秋高气爽天气，时有连阴雨出现。年平均气温12.9℃。最冷月一般出现在1月，平均最低气温 −3.5℃；最热月一般出现在7月，平均最高气温27℃。土壤封冻期累年平均为12月至翌年2月。镇境降水量年际变化较大，多年平均年降水量为490毫米。1963年洪灾，仅汛期镇境降水量达230毫米，为年平均降水量的46.94%。

镇境主要河道有索泸河、中干渠。索泸河为镇境最大河流，白镇西南从肖张村向东北流经河西店、刘家纸房等村，在西赵庄村入衡水市境，段长6千米，

肖张村河长信息公示牌

年均流量 50 立方米 / 秒。1958 年修建的引水工程中干渠，东西向穿越镇境东南部，主要用于排灌。2018 年，镇境实施水系连通工程。2021 年，全县开展水系连通整治和农田水利建设大会战，镇境"一河一渠"与各村大小坑塘全部实现互连互通。

镇境自然灾害主要为洪涝灾、旱灾、风雹灾、雪灾。清顺治二年（1645 年）大水灾，平地水深 3 尺。嘉庆六年（1801 年）六月，大雨连降 10 余日，河溢，平地行船从肖张村可达故城县郑口村。1943 年，镇境旱情严重，麦季绝收，秋收无几；次年，贫苦农民卖儿卖女，外出逃荒者甚多，饿死数百人。1963 年 8 月 3 日至 9 日，枣强县降雨 330 余毫米。同期，冀南、豫北连降暴雨，太行山区洪峰暴发。8 月 10 日，镇境地势低洼的 10 个村庄被水围，80% 耕地被淹，梁纸房村水位深达 24 米，高出堤坝 1.44 米。1984 年 6 月 10 日下午两次狂风，瞬时风力达 11～12 级，中干渠南高压线杆刮倒 11 根。1991 年 7 月 8 日傍晚，遭受龙卷风与特大冰雹袭击，瞬时风速超过 30 米 / 秒，风力达到 11 级以上，风雹持续 40 分钟，冰雹大者如鹅蛋、小似核桃，积雹厚达 5 厘米以上。1997 年 7 月 8 日 17 时至 19 时 30 分，暴风雨夹着冰雹袭击全镇，树龄几十年的树木被刮倒、刮断数十株，公路受阻，交通中断。2009 年 11 月 9 日至 13 日连续 5 天大雪，覆盖厚度 35 厘米，是 1980 年以来同期最大的一场雪。

二

人口是社会生产行为的基础和条件。中华人民共和国成立后，随着经济不断发展，镇境人口也得到稳定发展，男女性别比逐渐趋平。

肖张今之镇境形成于 1961 年建立肖张人民公社。1963 年，肖张公社农业户籍 2409 户、9778 人。1964 年，肖张公社总户数 2366 户、总人口 9552 人，其中男性 4554 人、女性 4998 人，出生 127 人、出生率 1.33‰，死亡 43 人、死亡率 0.45‰，自然增长率 1.08‰，总户数及总人口均有所下降。从性别构成来看，男性少于女性。历经 15 年发展，至 1979 年，肖张公社人口总户数增加 511 户，总人口增加 3075 人，男性与女性人口比例趋于平衡，当年人口自然增长率 0.63‰。

2010 年全国第六次人口普查，肖张镇总人口合计 14171 人，其中男性 7329 人，女性 6842 人；0～14 岁 2379 人，15～64 岁 10604 人，65 岁以上 1188 人。人口均为汉族。全镇总人口较 1979 年增加 1544 人。2011 年，肖张镇人口出生率 9.6‰，人口死亡率 4.09‰，人口自然增长率 5.51‰，总人口 14249 人。2021 年 10 月，肖张镇总户数 4487 户，总人口 14413 人。

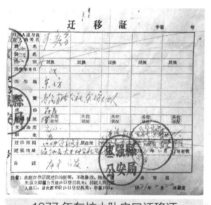
1977 年东坊大队户口迁移证

三

古黄河和漳河屡次改道北溢，造就了肖张这方土地。肖张村名，相传成于西汉，原名萧张村，后演化为现名。肖张镇名，因驻肖张村而来。肖张镇，隶属于河北省衡水市枣强县，地处枣强县北部，距县城 10.2 千米。东与马屯镇接壤，南与枣强镇为邻，西与冀州区毗连，北接桃城区，行政区域面积 34 平方千米，辖肖张、程杨、屈家纸房、东李纸房、后河西、西李纸房、西赵庄、东赵庄、景村、前河西、刘家纸房、河西店、梁纸房、南辛庄 14 个行政村。

不断进行农业产业结构调整，为镇域农民铺就致富路。自古以来，肖张镇境以粮食种植为主，棉花、花生、大豆等经济作物为辅，除索泸河沿岸大田水资源相对充沛，大多数耕地为旱地，农民靠天吃饭，粮食产量极低。中华人民共和国成立后，镇境注重土地改良、良种培育、水利建设，将大多旱田改造成水浇地，粮食产量大幅提高。1997 年，全镇农业总产值已达到 0.43 亿元，被市县评为"市两高一优农业先进乡镇""市县农业开发先进乡镇""林果生产先进乡镇"。进入 21 世纪，镇境农业向特色农业、订单农业发展，形成东李纸房村的"东方红"牌红薯、"康愉"牌中华白杏等品牌。2015 年，镇党委、镇政府借助精准扶贫政策再次调整农业产业结构，采取"农户 + 专业合作社 + 企业"的模式，引导农户种植有机酒用高粱、高油酸花生，带动贫困户依靠产业扶持脱贫。2021 年年末，全镇粮食总产量 10238 吨，现价农林牧渔业总产值 9861 万元。

二三产业协同发展，镇域经济再上新台阶。肖张村自古以来以集镇著称，是镇境的经济中心，阴历逢一、六集日，商贾云集；日常还有坐商经营。中华人民共和国成立初期，对私营工商业进行社会主义改造时，将大多从业者纳入商业系统或者供销社系统，个别转行或回乡务农。人民公社化时期，镇境社队企业发展迅速，毛刷厂、玻璃钢厂数量为枣强最多，产品质量不断提升。1980年，公社玻璃钢冷却塔厂所产的"雪莲牌"SBLT—50 型玻璃钢冷却塔，成为枣强县第一项通过技术鉴定的工业产品。1986 年，肖张村玻璃钢制品规模居枣北之首，成为玻璃钢产品专业村。1995 年，县委、县政府规划肖张村为衡大路经济开发区，分工业、商业两个区域。1997 年年末，沿衡大路两侧累计发展个体户、商业摊点 215 个，私营企业 12 家。2013 年，在原衡大路经济开发区的基础上，建设冀东南物流园区，2015 年发展为肖张工业园区。2017 年，在工业园区的基础上扩建北京中关村（枣强）产业协同创新基地（以下简称"衡水创新港"），总规划面积 46 平方千米，涵盖肖张镇全域。截至 2021 年年末，园区已入驻企业 32 家，其中规模以上企业 3 家，累计申请各项发明专利 93 项，在全国创新、创业各类大赛中获得百余种奖项，已发展成为衡水市南北创新轴"两核五园"战略布局的重要一环。

四

"风声雨声读书声，声声入耳；家事国事天下事，事事关心。"1925年上海"五卅惨案"的消息传到了肖张教堂附设的抡才学校，在共产党员的带领下，以校长任道真为核心的全体师生，在集市上游行示威，抗议帝国主义者的暴行。1937年卢沟桥事变后，肖张的知识分子李会山挺身而出，步行到延安学习。同年11月，李会山毕业，贺龙将军委任他回家乡参加抗日战争，被安排到东纵独立团任连长。1938年2月，程杨村李晓明、李衡甫与枣强县十余名青年教师、学生到冀南抗日军政学校学习。学习结束后，李晓明等肖张籍学员被委派回原籍建立抗日根据地。7月，李衡甫建立肖张区第一个中共党支部。此后3个月，党建工作快速发展。至9月肖张区委成立时，肖张区已建立11个党支部。是年年末，肖张区主要村庄都有了党的基层组织，为枣强县党员数量较多的5个区之一。

艰苦卓绝的抗日斗争中，肖张儿女铮铮铁骨战强敌、前仆后继赴国难，演绎了诸多可歌可泣的故事。1940年，革命烈士张永言牺牲后，被葬于家乡刘家纸房村东南，其墓葬已被列入河北省第三次全国文物普查衡水市不可移动文物点，属革命文物。抗日战争时期，程杨村党支部党员人数一直保持在30名以上，将程杨村建成牢不可破的抗日堡垒村。"程杨青年连"是枣强县第一支农民抗日武装，100余人的队伍，仅程杨村人就有六七十人。肖张志士在抗日战争和解放战争中牺牲的、有档案记载的有60余人，背后的无名英雄更是不计其数。抗战胜利后，肖张区党组织积极响应号召，进行了土改运动，斗地主分田地，翻身得解放的农民一边积极生产，一边以巨大的人力和物力支援全国解放战争，其间扩军九次，肖张区都积极组织青壮年参加人民解放军。1949年初，肖张区组织了担架队，长途跋涉分赴中原和太原战场，在枪林弹雨中抢救伤员，历尽千难万险，有的献出了生命，肖张村李元福就是其中一员。

1959 年 10 月，作家出版社出版的由李晓明与韩安庆合著的长篇小说《平原枪声》，就是以李晓明等亲身经历的枣强抗战历史为蓝本，再现了中国共产党领导冀南人民与日伪军坚强斗争并取得最后胜利的过程，反映了冀南人民进行抗日斗争的机智勇敢和必胜信心。其中马英原型人物之一李晓明、赶大车的老孟原型人物张永言等皆是肖张儿女。小说多次再版并被改编为连环画、电视连续剧、电影、评书等，在全国广为传播，影响了几代人。《平原枪声》因枣强诞生，肖张因《平原枪声》而闻名，2019 年镇党委、镇政府在肖张村委会附近建红色文化教育基地——平原枪声历史纪实展览馆。肖张人民永远都不会忘记，今天的美好生活是无数革命先辈用鲜血和生命换来的，一直坚持研究与传承红色文化，为子孙后辈上好肖张党史课做出应有贡献。

五

"玉不琢不成器，人不学不知义。"肖张镇明清时期已有学堂，曾考取进士 1 人、举人 6 人、贡生 10 人、副榜 1 人，诸生多人。民国初期，肖张村、程杨村等中心村设有国民小学。1921 年前后，肖张教会抢才学校设中学部，周边区县多有子弟入抢才中学学习，抗日战争时期从抢才中学走出去的进步师生成为枣强地区革命骨干。从肖张村走出去的中国科学院院士、历史地理学家侯仁之对北京市的水利建设、旧城改造做出了贡献，还参与了承德、邯郸、淄博、芜湖等城市的规划研究，对这些历史名城的改造建设工作提出了卓有成效的见解。2015 年以来，肖张镇考取名校的学子不计其数，更不乏复旦、上海交大、北理工的佼佼者，每年在读硕士、博士研究生 5 名以上。

"经济基础决定上层建筑，上层建筑要适应生产力不断发展的要求。"中华人民共和国成立后，肖张镇境经历农业合作化、人民公社化的发展，政治建设与社会经济水平不断提升。改革开放以来，中国的政治体制改革和民主政治建设一直坚持服务于经济建设这个中心。中共十八大以来，肖张镇加强农村基层组织建设，不断完善村民自治制度，提高农民自我管理能力，在大力发展乡村振兴建设、管理好农村集体财产、负责好弱势群体的救助、弘扬中华优秀传统文化等方面都取得了骄人的成绩。

2021年，是中华人民共和国成立72周年，肖张镇境面貌发生巨大变化，经济得到快速发展、社会事业更加完善。新时代，肖张镇将在枣强县委、县政府的领导下，以习近平新时代中国特色社会主义思想为指导，坚持稳中求进工作总基调，贯彻新发展理念和高质量发展要求，以服务"衡水创新港"，发展生态城镇为主旨，推动辖区绿色发展、创新发展、高质量发展、以人民为中心的发展，更加奋发有为地开创幸福美丽现代化新肖张建设的新局面！

镇情篇

政区建置

建置沿革

民国前　传说肖张村于西汉时期得名。1984 年版《枣强县地名资料汇编》载，肖张村元代发展为镇，时属燕南河北道真定路冀州枣强县。明初，景村村域、南辛庄村域（时属仲景村）属北直隶（京师）真定府冀州信都县，余村村域属枣强县。洪武二年（1369 年），废信都县，其辖域直属冀州。崇祯年间，南辛庄成村，名南仲景村，属冀州。

清初，冀州有 24 社，下分 4 路 72 官村，后改为 57 官村，景村属冀州东路南北杨官村。雍正二年（1724 年），承袭明制，县下设保甲。嘉庆八年（1803 年），赵庄（后分东西赵庄）属枣强县县东地方客市保；肖张保辖肖张村，纸房保辖甄纸房（今屈家纸房村）、梁纸房、刘纸房、李纸房（后分东西李纸房），大滕村保有河西店，河西保有前河西、后河西、城阳（今程杨）、景村，均属枣强县西关地方。光绪三十二年（1906 年），县下设区，镇境除南辛庄均属枣强县肖张区。

民国时期　民初，承袭清光绪三十二年区划，镇境除南辛庄均属直隶省冀直隶州枣强县第七区。1914 年，取消保甲制，流常区南半部析出吉利区，全县分 8 个区，镇境除南辛庄均属直隶省大名道枣强县第八区。1928 年 6 月，南京国民政府改直隶省为河北省，镇境除南辛庄均属河北省枣强县第八区（驻肖张镇）。1931 年，奉省令，枣强县将 8 个区改划为东、西、南、北、中 5 个区，镇境除南辛庄均属肖张、流常合并后的北区。数月后，又恢复为 8 个区，称"自治 8 区"。1934 年 3 月，又合并为"自治 4 区"，镇境除南辛庄均随肖张区并入城关区。1936 年年末，再度恢复为 8 个区。

1937 年"七七事变"爆发，日本发动全面侵华战争。10 月下旬，国民政府枣强县县长祝循安携家眷、同僚及武装力量南逃。1938年1月，县境陷入混乱。1939年2月，国民党骨干分子在枣强县城东建立"国民党枣强县委员会"。4月1日，石友三组建由他控制的"枣强县政府"（因组建时间晚于抗日民主政府，被称为"第二政府"），并在肖张、流常等地设区公所，推行保甲制，与共产党领导的抗日武装力量频繁制造摩擦。1940年2月，共产党领导的抗日武装力量在城南歼灭石友三部的部分武装，余部溃逃南窜。

日伪时期 1937年4月18日，日伪"枣强县公署"成立，属伪河北省津海道。1940年3月起，日伪军先后在肖张、北流常、大王均、恩察等村设据点，在据点所在村及附近推行"大编乡"，镇境编入伪河北省渤海道。1943年，伪华北政务委员会先后建立1个直辖行政区、2个特别行政区、7个道，伪枣强县属真渤特别区，县下设8个区，第八区驻肖张（以下简称"肖张区"[1]），辖1镇4乡。

抗战时期 1938年8月，由共产党领导的枣强县抗日民主政府成立，仍设8个区，镇境除南辛庄均属枣强县第八区。1940年7月，为适应抗日战争形势，以县城至冀县的大道和县城东向烟王庄、王寿、后旧县的大道为界，将枣强县划分为枣北、枣南两县。枣北县置7个区，属冀南行政主任公署第五专署，镇境均属枣北县第五区。

综上，自1937年展开全面抗日战争至1940年2月，镇境存在3个政权，3种行政区划。1940年2月至1945年7月，镇境同时存在抗日民主政府行政区划及日伪政府行政区划。

---

[1] 基于一段时间内，县辖区划名称以数字命名，且多有变更，为提高辨识度，除隶属关系外，均以"肖张区"为简称。

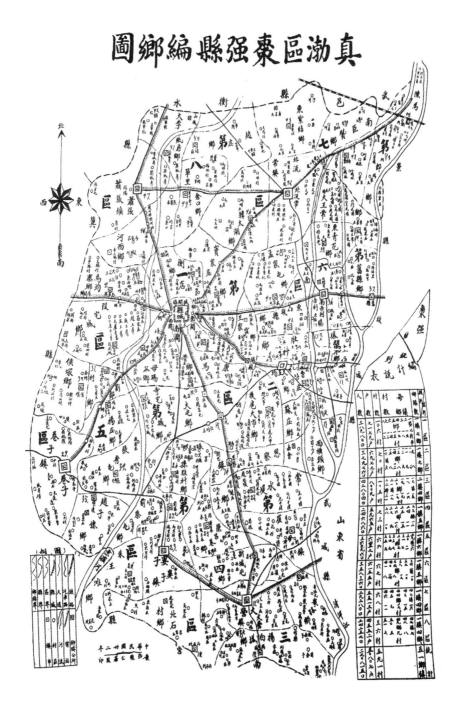

1943 年枣强县伪公署印制的枣强县编乡图

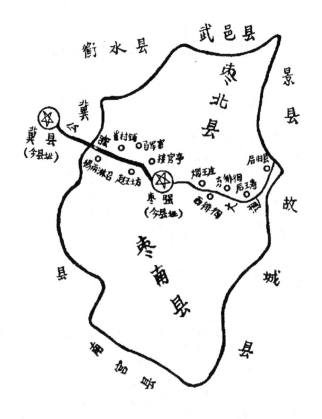

抗战时期枣南、枣北县界示意图

解放后 1945 年 7 月,肖张地区解放。是年 10 月,枣南县、赵陈县[1]复并为枣强县,恢复战前 8 个区的建置,镇境属晋冀鲁豫边区人民政府冀南行署第五专署枣强县第八区。1949 年 10 月 1 日中华人民共和国成立,枣强县仍为 8 个区,镇境除南辛庄的隶属仍承抗战前,其余均属河北省衡水专区枣强县。1952 年 12 月,衡水专区撤销,镇境除南辛庄均改属石家庄专区枣强县第八区。

---

[1] 1943 年秋,为纪念在枣北县西江官村对敌作战中光荣牺牲的冀南军区五分区司令员赵义京和副司令员陈耀元,枣北县改名为赵陈县。

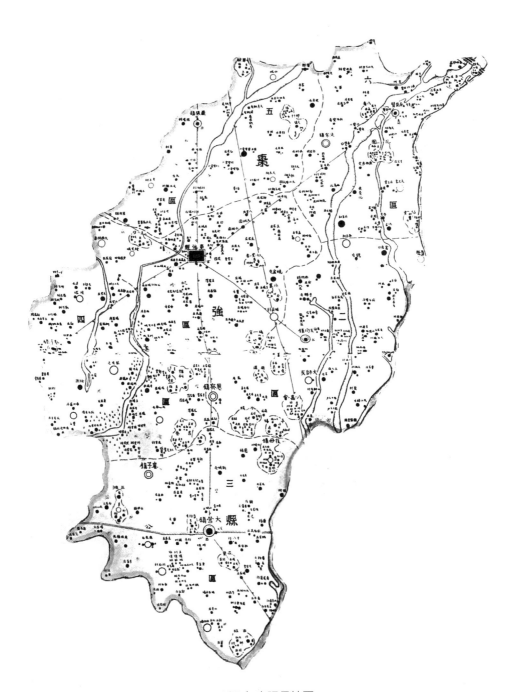

1953 年枣强县地图

1953年5月10日，枣强县建置76个乡，并将8个区改为6个区，镇境除南辛庄外，其余分属枣强县第五区肖张镇及程杨、大城、纸坊等乡。

1956年10月，枣强县撤区并乡，将75个乡合并为26个乡，镇境分属枣强县肖张、大城以及冀县魏家屯等乡。1958年8月26日，撤乡建社，枣强境内设枣强（东风）、大营（红旗）、流常（卫星）3个人民公社，共分26个管理区，肖张管理区属流常公社。9月15日，枣强、衡水、冀县、武邑合并为衡水县。1961年5月，冀县从衡水县析出，原枣强境域属冀县。原枣强境域建5个工委，下设26个小公社，肖张管理区改建为肖张人民公社属流常工委。

1962年1月1日，枣强县恢复独立建置，南辛庄划归肖张公社，形成今之镇境，属河北省石家庄专区枣强县，同年6月改属衡水专区枣强县。1967年12月，改属衡水地区枣强县。1983年12月，撤社建乡，肖张公社更名为肖张乡。1990年12月27日，撤乡建镇，更名为肖家镇。1996年7月，属衡水市枣强县。1997年3月18日，更名为肖张镇，至2021年年末隶属关系未变。

有清以来肖张镇隶属及建置沿革一览表

朝代/日期	所属省	所属地市	所属县	建置
清	直隶省	冀直隶州	枣强县	无考
光绪三十二年（1906年）	直隶省	冀直隶州	枣强县	肖张区
1913年3月	直隶省	（废府、州，直辖县）	枣强县	第七区
1914年3月	直隶省	冀南道	枣强县	第八区
1914年6月	直隶省	大名道	枣强县	第八区
1928年6月	河北省	（废道，直辖县）	枣强县	第八区
1937年3月	河北省	第14督察区	枣强县	第八区

续表

朝代／日期	所属省	所属地市	所属县	建置
1938 年 8 月	冀南行政主任公署	第三专员公署	枣强县	第八区
1940 年 7 月	冀南行政主任公署	第五专员公署	枣北县	第五区
1943 年秋	冀南行政主任公署	第五专员公署	赵陈县	第五区
1944 年 5 月	冀鲁豫行署	第五专署	赵陈县	第五区
1945 年 10 月	晋冀鲁豫边区人民政府	冀南行署	枣强县	第八区
1946 年 9 月	华北行政区	冀南区	枣强县	第八区
1948 年 8 月	河北省	衡水专区	枣强县	第八区
1952 年 11 月	河北省	石家庄专区	枣强县	第八区
1953 年 5 月	河北省	石家庄专区	枣强县	第五区 肖张镇 程杨乡 大城乡 纸坊乡
1956 年 10 月	河北省	石家庄专区	枣强县	肖张镇 大城乡 河西乡 纸坊乡
1958 年 8 月 26 日	河北省	石家庄专区	枣强县流常人民公社	肖张管理区
1958 年 9 月 15 日	河北省	石家庄专区	衡水县流常人民公社	肖张管理区
1961 年 5 月	河北省	石家庄专区	冀县	流常工委肖张人民公社
1962 年 1 月	河北省	石家庄专区	枣强县	肖张人民公社
1962 年 6 月	河北省	衡水专区	枣强县	肖张人民公社
1967 年 12 月	河北省	衡水地区	枣强县	肖张人民公社
1983 年 12 月	河北省	衡水地区	枣强县	肖张乡
1990 年 12 月	河北省	衡水地区	枣强县	肖家镇
1996 年 7 月	河北省	衡水市	枣强县	肖家镇
1997 年 3 月	河北省	衡水市	枣强县	肖张镇

注：至本书止笔，肖张镇建置未变化。

政区变迁

清光绪三十二年（1906年），枣强县分为8个区，首置肖张区，区下设保甲。1914年，枣强县各区以数字命名，肖张为第八区，辖36个村。1931年，第八区辖肖张村、景村、大滕村、前河西、梁纸房、大李纸房、艾单驼、程杨村、寺滕村、东滕村、后河西、屈纸房、张单驼、孙单驼、齐官屯、马家庄、河西店、刘纸房、李纸房、王单驼、山城村、军卫、郭家庄、张邢村、史家屯、刘里仓口、赵庄、杨邢村、高邢村、张家庄、张里仓口、涧里、安邢村、客市村、傅里仓口、单里仓口36个村。

1934年3月，第一区（城关）与第八区（肖张）合并为"自治第四区"，原第八区（肖张）辖域编为1镇4乡，即肖张镇、大李纸房乡、赵庄乡、河西乡、单里仓口乡。1936年年末恢复第八区，辖域恢复1931年的36个村庄。

1940年7月，枣北县第五区驻肖张，辖域除今之镇境14个村，还包括今属衡水市的仲景、单驼、军卫等8个村庄。1945年10月，枣强县第八区驻肖张，恢复为抗战前的第八区辖域。

1953年5月，第五区驻肖张，辖太湖、里仓口、杜烟、寺上、马均寨、程杨、纸房、邢村、客市、大城10个乡。1956年7月，置肖张镇，大城、河西、纸坊等乡，辖肖张、程杨、屈家纸房、东李纸房、后河西、西李纸房、西赵庄、东赵庄、景村、前河西、刘家纸房、河西店、梁纸房13个行政村。

1958年8月，撤乡建社，置肖张管理区，辖域未变。1961年5月，更名为肖张人民公社，所辖行政村更名为生产大队。1962年1月，原属冀县魏家屯公社的辛庄生产大队划归肖张公社，至此，肖张公社共辖14个生产大队，66个生产队。1983年12月，辛庄村更名为南辛庄村。至2021年年末，肖张镇辖域未变。

2021 年肖张镇所辖行政村名录

村名	位于镇政府驻地方向、距离（千米）	户数（户）	人数（人）	耕地面积（亩）
肖张		834	3508	4700
刘家纸房	北偏东　1.5	153	530	1118
西李纸房	北偏东　2.1	197	874	2225
梁纸房	东偏北　2.5	112	359	1020
屈家纸房	东偏北　2.6	354	1254	3085
东李纸房	东北　3.3	378	1150	2580
东赵庄	东北　5.7	208	753	2230
西赵庄	东北　5.2	245	746	2221
前河西	南偏西　3.3	238	766	1484
后河西	南偏西　2.3	273	936	2136
河西店	南偏西　3.7	117	382	1200
程杨	西　1.0	699	2412	5880
景村	西南　3.4	235	820	2752
南辛庄	西偏南　3.5	96	520	750

注：以镇政府驻地为地标，按北—东—南—西方位排序。

党政军群团组织机构

中国共产党基层组织

1938 年春，民族革命战争战地总动员肖张区委员会（以下简称"区战委会"）建立后，经枣强县早期共产党员扈惠民的介绍，程杨村李晓明、李衡甫及屈家纸房村刘剑展 3 人同时加入中国共产党。同期，李衡甫胞妹李柱入党，为肖张地区第一名女党员。是年 5 月，中共枣强县委成立后，肖张区委成立，李晓明任区委书记。7 月，建立了肖张区第一个党支部——程杨村党支部。至9 月，肖张区委有张春久、单一介、王砚溪、宋江、单泽普、安金朋、李振乾（李晓明父亲）、李景新、周礼轩、李汉卿等 130 余名党员，全区 36 个村建立了 11 个党支部。是年年末，肖张区主要村庄都有了党的基层组织，还有一些村庄有了个别关系，是枣强县党员数量较多的 5 个区之一。

1939 年 3 月 8 日，日军占领县城后，党组织遭到破坏，抗日工作无法开展。3 月下旬，在上级领导直接帮助下，逐步恢复党组织。为适应游击战对敌斗争需要，建立了小区（中心村，相当于乡）党的组织机构。9 月，张永言任区党委书记。1941 年年末，日寇"扫荡"及反动会道门武装到处搜捕抗日干部，区党组织遭到破坏。后在上级党组织指导下，肖张区党组织通过思想整顿、发挥党员骨干力量作用，再次打开局面，逐渐恢复、健全党组织。限于当时环境条件，采取"严格考验、慎重发展"的方针，从不怕牺牲、敢于对敌斗争的积极分子中吸收党员，党员质量较高，党组织战斗力较强，党组织的战斗堡垒作用和党员的先锋模范作用得到充分发挥。同时吸收一些女性党员以便于隐蔽活动。程杨村党支部是枣强境模范党支部，党员人数始终保持在 30 人以上。1943 年，经安金朋介绍，肖张村张仁升入党，随后又有刘凤鸣、辛德顺入党。是年，肖张村党支部建立，张仁升任第一任党支部书记。1949 年前后，镇境主要村庄均建立了党的基层组织。

1966 年春，县委从县、社两级中挑选了 60 余名年轻、有文化的干部，充实到公社领导班子，使公社书记、社长中有一人由年轻且有初中以上文化的人员担任。对大队领导班子，重视培养有小学毕业以上文化程度的青年人，在工作中进行考验，把工作能力较强的吸收进来。1967 年 1 月 27 日，枣强县受"一月风暴"影响发生夺权事件，随后肖张公社的造反组织也夺取了公社党委、公社管委会的权力，公社党政组织瘫痪。1968 年 8 月 18 日，枣强县革命委员会成立，肖张公社革委会随之成立，实行党政合一、高度集中的一元化领导方式。1971 年 3 月，肖张公社党组织恢复后，革委会主任由党委书记兼任。是年，肖张公社党委有 14 个党支部，61 个党小组。

1992 年，肖家镇党委辖 14 个村党支部和 3 个镇直党支部。1998 年 3 月，全镇共有党员 721 名。2003 年 4 月，镇党委有 14 个村党支部和 4 个镇直党支部，36 个党小组。

2018 年，完成 14 个村党组织换届。换届后，党支部书记 50 岁以下的 10 人，占比 72%；高中以上学历的 12 人，占比 86%；农村致富带头人、外出务工返乡人员、企业家村官等三类人员共 13 人，占比 93%；实现农村"两委"正职"一人兼"10 人。其中，作为全镇村庄人口最多的肖张村，实现了"一人兼"。是年，肖张镇党委辖 18 个党支部。

2021 年年末，肖张镇党委辖 1 个党总支、15 个农村党支部和 1 个镇直党支部，有党员 780 名，其中预备党员 32 名，女党员 101 名，少数民族党员 1 名，大专及以上学历党员 136 名。

人民代表大会

肖张镇人民代表大会届次比县人民代表大会晚一届。1954年7月5日县首届人民代表大会第一次会议召开前，肖张区以乡（时肖张地区有4乡）为单位分了选区，用举手表决的方式选出了出席县人大的代表。1956年12月，县第二届人民代表大会一次会议召开后，肖张所属各乡党组织会议代行人民代表大会选举职能，各乡选出首届乡长1名，副乡长1～3名。乡级第二届人民代表大会，因1958年9月肖张地区并入衡水县，时为人民公社管理区，时任主任等职由上级主管公社组织选举。1962年12月、1963年9月公社党委组织的选举列为肖张公社第三届、第四届人民代表大会。将1968年8月公社革委会成立列为第五届人民代表大会，将1982年1月公社党委组织的选举列为肖张公社第六届人民代表大会。

1987年11月，肖张乡第七届人民代表大会选举人大常务主席1人。1990年至2021年，肖家（张）镇召开过第八届至第十六届人民代表大会第一次会议，时间分别是1990年3月、1993年4月、1996年2月、1999年2月、2002年4月、2007年5月、2011年3月、2016年6月和2021年6月。各届内还有第二、第三次会议。第八届至第十一届任期3年。2004年10月，全国人大修订地方组织法，将乡镇人大任期由原来的3年改为5年，并要求县乡两级人大同步换届，因此第十二届任期延长为5年2个月，届内召开了5次会议。

镇人民代表大会会期2天，听取和审议镇政府工作报告和财政预决算报告、人大工作报告，并通过相关决议。进行换届选举，产生人大主席1名、镇长1名、副镇长若干名。1996年1月第十届一次会议起，设人大副主席2名。

2015年8月29日，十二届全国人大常委会第十六次会议通过了关于修改地方组织法、选举法、代表法（简称"人大三法"）的决定。"人大三法"的修正，明确了乡镇人大主席团不仅仅是乡镇人民代表大会会议的召集者和主持者,在人民代表大会会议期间要依法履职行权,在闭会期间也要履职尽责。

人民政府

区/乡/镇人民政府 1949年8月,枣强县人民政府成立,全县设8个区,各区设区政府,职能、人员与抗日民主政府时期相同,县人民政府委派啜金波任肖张区长。区下设乡,内有县政府委派的常驻指导员、乡长、副乡长、秘书。乡以下的行政村机构与以前相同。1953年4月,王金展任区长。1956年7月,肖张乡人民委员会成立,陈建亭代理肖张乡长。10月,区级建制撤销。撤区并乡后,肖张乡人民委员会机构扩大,设各种职能的助理员。村政权机构中,因实行合作化,一般村有2~3人,每个生产队有1名会计。1958年8月,撤乡建社,政社合一[1]。

1983年12月,撤社建乡,设立肖张乡人民政府,设乡长、副乡长、秘书、武装部部长、司法助理员、民政助理员、统计员、水利助理员、粮食管理员、农业技术员等;设公安派出所、财政所、税务所、工商行政管理所、信用社、供销社、卫生院、中心校、计划生育工作指导站、文化站等。政社分开后,增设属于农工商联合体的联合社社长和经济委员会主任及财会专职人员。村级设村民委员会,设主任、副主任、治保主任、民兵连长、会计等职。1990年12月27日,撤乡建镇,设镇人民政府(以下简称镇政府)。

2020年5月,肖张镇政府设政务综合办公室(党务综合办公室、财政所)、应急管理办公室(经济发展办公室)、自然资源和生态环境办公室3个内设机构,综合行政执法队(综合指挥和信息化网络中心、社会治安综合治理中心)1个执法机构,行政综合服务中心(综合文化服务站)、农业综合服务中心、

---

[1] 人民公社既是行政组织,又是经济组织。一个牌子履行两种完全不同的职能。

退役军人服务站 3 个事业单位。

肖张管理区 / 人民公社管理委员会　　1958 年 8 月，枣强县人民委员会根据上级指示精神，取消乡建制，成立规模较大的人民公社，把全县 522 个农业合作社合并为 3 个人民公社，肖张地区各高级农业合作社（以下简称高级社）[1] 并入流常人民公社，人民公社设管理委员会（以下简称管委会），置肖张管理区，并成立管委会。有办公室、武装部、保卫部、财贸部、农业部、文教卫生部、农业技术推广站等机构。村级为生产大队管理委员会，有大队长、副大队长、妇女队长、治保主任、民兵连长、文教委员、会计、保管员等职。生产大队下属各生产队设队长、副队长、妇女队长、会计、保管员、记工员等职。同年 9 月，枣强县建制撤销，肖张管理区随流常公社划归衡水县领导。

1961 年 5 月，置肖张人民公社（以下简称肖张公社），设公社管委会，主要领导成员设主任、副主任。1962 年 3 月后，公社管委会陆续增设水利、会计、畜牧、计划生育等助理员，被称为"公社八大员"。1964 年 4 月，公社主要职务改设社长、副社长。1966 年 4 月，重新任命各公社社长。由于受"四清"运动的影响和处在"文化大革命"发动阶段，公社政权组织领导班子尚未调配齐全，职能作用不能正常发挥。1967 年 1 月，肖张公社管委会被"造反派"非法夺权。1968 年 8 月，成立肖张公社革命委员会（以下简称革委会）。

1981 年 12 月，枣强县第七届人民代表大会第一次会议宣布撤销枣强县革委会，选出县人民政府，所属肖张公社革委会改为管委会。设主任 1 名、副主任 1～2 名、委员 3～5 名。1983 年 12 月，人民公社撤销，建立乡镇人民政府，肖张公社管委会改为肖张乡人民政府。

肖张人民公社革命委员会　　1968 年 8 月，县革委会批准成立肖张公社革委会实行党政合一的领导方式。1976 年 10 月，公社革委会主任由同级党组织书

---

[1] 农业合作化后期的高级农业合作社，肖张地区基本一村一社。

记兼任。1979 年年初，摒弃"以阶级斗争为纲"的指导思想，把全党工作重心转移到社会主义现代化建设上。肖张公社在抓经济工作的同时，开始加强政权组织建设，纠正政权组织建设存在的问题。1979 年 12 月，公社革委会主任不再由同级党组织书记兼任。1981 年 12 月，公社革委会复为公社管委会。

政协联络组

1983 年 12 月，中国人民政治协商会议枣强县委员会正式建立。1993 年 4 月，经中共枣强县委研究决定，在全县 26 个乡镇建立乡镇政协联络组，镇政协联络组成立。主要负责组织辖域的县政协委员开展经常性活动，及时向镇党委、镇政府反映委员和各界人士的意见、建议，完成县政协交办的各项工作。1996 年 1 月并乡扩镇后，全县 26 个乡镇联络组合并为 11 个，镇政协联络组未做调整。

人民武装部

1949 年后，枣强县人民武装部下属 8 个武装部，肖张地区为第八区武装部。1953 年 4 月，区武装部配备专职武装部部长，受同级党委和县武装部领导。1954 年 10 月至 1956 年 10 月，区武装部不设部长，只设 1 名武装助理。1961 年 5 月，肖张公社设武装部。"文化大革命"开始后，武装部工作受到影响。1972 年，恢复公社武装部工作。1986 年 4 月，人民武装部改为地方建制，工作任务不变，机构单设，乡武装部受枣强县委、县政府和中国人民解放军河北省军区衡水军分区双重领导，辖 14 个民兵连。2021 年年末，肖张镇人民武装部设应急排 1 个，有基干民兵 30 人；民兵连 1 个，共 500 人，分 4 个班，每年人员略有调整，但总人数不变。

政法机构

旧政权治安机构 明、清两代，乡村实行"保甲制"，集行政与治安于一体。1928年，县设公安局，下设8个分局，第八分局驻肖张，设局长1人和巡警若干人。1931年，县公安局辖5个分局，肖张设有分驻所，设所长1人，雇员1人，局、所派数名巡警常驻。1936年秋，各村成立"守望队"，队员至少5人，担任村内防务。1937年"七七事变"发生后不久，镇境国民党政权下的治安机构基本解体。1939年春，日本侵略军占领县城，建立伪治安机构伪警察局，肖张设分所，驻肖张村西街，设警长1名，有警士10名。1945年7月，驻肖张据点的日伪军先后逃往衡水，日伪治安机构消亡。

人民政权治安机构 1941年春，抗日县政府在各区设公安助理员，村设公安员。1952年10月，镇境较大村庄均建立治安保卫委员会（以下简称治保会），有成员3～7人，设主任1名。各区设公安特派员。1956年10月，区撤销，区公安特派员随之撤销。1962年1月，肖张公社设公安特派员，各村治保会组织未变。1982年6月，肖张公社建立派出所，有干警2～5人，原公社公安特派员撤销。2021年年末，有所长1名，干警3名。

审判机构 1980年4月，县法院为肖张公社配备司法工作人员。1982年，肖张人民法庭建立，为县法院派出机构。2014年10月，马屯镇法庭撤销，辖区并入肖张法庭，辖区达161个村。2021年年末，肖张法庭有正式干警3名，书记员2人，专职法警1人，收案124件，结案114件，结案率92%，平均审理天数16.8天，调撤率75.8%，无涉诉涉访案件。

司法行政机构 1980年11月23日，肖张公社设兼职司法工作人员1人。1986年，配备专职司法工作人员1人，并组建乡司法所，行政上由乡政府领导，业务上受司法局指导。2005年9月，镇司法所荣获"2004年度全国优秀司法所"

称号。2021年年末，有工作人员3名。历任所长分别为张兵、王国栋、刘庆辉、宋长江。

群团组织

工会 1997年前，各乡镇无工会组织。1997年10月，肖张镇工会委员会建立以来，设主席1名，一直由镇党委组织委员兼任。2006年，枣强县总工会开创农民工入会新局面，镇工会对全镇14个行政村农民工摸底调查，逐人登记。是年，较大行政村建立村级工会组织。

共青团 1949年10月，中国新民主主义青年团枣强第八区（驻肖张）委员会成立（以下简称团委）。1957年8月，肖张乡团组织更名为中国共产主义青年团枣强县肖张乡委员会。1967年1月，肖张公社党政机关被非法夺权后，团委受"造反"组织冲击，被迫中止活动。1973年1月，根据中共衡水地委政治部关于召开团代会的指示，肖张镇公社团委重新组建，团委书记由镇团代会选举产生，下设团支部14个。1996年1月并乡扩镇时，肖张镇团组织机构未调整。1997年3月，团镇委下设1个团总支，14个团支部。至2021年年末，无调整。

妇女联合会 枣强县民主妇女联合会，是全国解放战争时期在枣强县妇女救国会的基础上建立起来的。1949年10月，肖张区设有妇女联合会（以下简称妇联）。1958年8月至1961年6月，肖张管理区下未设妇联组织。1961年5月，肖张公社建妇联组织，并配备专职主任。1967年1月，肖张公社妇联被迫解体，1972年恢复建立。1983年12月，肖张乡妇联辖12个村妇代会。1996年1月并乡扩镇时，肖张妇女组织未调整。2003年4月，镇妇联下辖14个村妇代会。至2021年年末，无调整。

1973 年 5 月 18 日，县第五次妇代会肖张公社代表合影

农业

农业发展综述

自古以来，镇境村庄一直以农业种植为主要经济来源，农业种植结构基本以粮食作物为主，辅以少量蔬菜、瓜类、棉花以及油料作物。镇境农事活动基本上是沿用手工工具。

50 年代末，进入人民公社化时期，逐步使用现代化农业机械。1963 年，肖张公社有耕灌用动力机械 5 台（其中煤气机 2 台，锅驼机 3 台），水泵 2 台，农产品加工机械 59 部（其中磨面机 1 部、轧花机 31 部、弹花机 27 部），运输工具 289 辆。

1949 年前，镇境几乎没有农田水利设施，土壤盐碱化面积近 4000 亩，在全县排第 4 位。人民公社化期间，境域大兴农田水利建设，索泸河周边村庄挖渠引水灌溉农田，兴建小型扬水站，各村打机井，将大面积旱田变成水浇地，改善了土壤性状。1972 年，程杨村打成全县最深的一眼铁管机井，深 350 米。1973 年，程杨村第一个使用潜水泵（上海产，2 寸，扬程 50 米）汲水灌溉。1976 年冬，县委号召大力开展蓄水工程建设，扩大浇地面积，县委书记挂帅，亲临第一线，在肖张村土地庙北修建容水 6 万立方米的水库，一次性灌溉面积达 300 余亩。1978 年后，地下水水位不断下降，浅水井逐渐废弃，境域开始打深井、挖水渠灌溉农田。

贯彻落实家庭联产承包责任制后，肖张乡种植业以红薯、果木和大棚菜为新的经济来源。1984 年春，在肖张村试验地下塑料管道节水灌溉技术，后在全镇推广。1986 年 11 月，卫运河——千顷洼引水工程施工完毕，扩大了境域

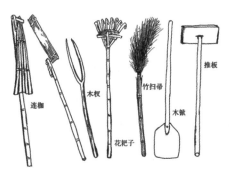

杈、耙、扫帚、木锨、推板

耧

木轱辘车

铡刀耙

沿渠村庄农田灌溉面积。到 1995 年，全镇农业总产值达到 0.4 亿元。

1998 年，全镇总播种面积为 3.37 万亩（其中吨粮田 1 万亩，优质红薯生产基地 1 万亩），另有 5500 亩新栽种果树和 160 亩大棚菜，当年农业总产值 0.43 亿元，先后被市县评为"市两高一优农业先进乡镇""市县农业开发先进乡镇""县林果生产先进乡镇"。1998 年至 2000 年，肖张镇对低产田进行改造，通过水利建设、平整土地、深耕、秸秆还田、植树、电力设施改造，新增灌溉田面积 0.1 万亩，改善灌溉面积 0.05 万亩，年新增粮食 79 万公斤，新增棉花 1.2 万公斤、油料 1.5 万公斤，年增加值 146.2 万元，年增收约 48 万元。

进入 21 世纪，在确保粮食生产基础上，种植业向特色产业和订单农业发展。2000 年，全镇农业播种面积为 3.88 万亩。其中，培育红薯育苗温床 1100 余个，种植春夏红薯近万亩，仅种苗一项比上年增收 200 余万元；大棚菜种植达 600 余亩，增收约 150 万元。同年，与三豆集团签订 200 亩红小豆种植回收合同；与黑龙江晓勤苗木签订 155 亩大叶金丝垂柳回收合同，为农民增收拓宽了新路径。

2001 年，农业结构调整步伐加快，把养殖奶牛，种植红薯、红枣作为农业增产、农民增收的新的经济增长点。在肖张村北建成占地 100 亩的奶牛养殖小区，并建大型现代化挤奶厅，小区内优质奶牛存栏 330 头。养殖小区的发展带动周边 7 个村的 320 户农民进行奶牛养殖。同期，以东李纸房村、梁纸房村为中心建成省科委命名的"脱毒红薯繁育基地"，引进优质脱毒红薯，对传统红薯品种进行改良。全镇脱毒红薯种植面积达万亩，年产优质脱毒红薯 2000 万公斤。是年，以肖张、南辛庄村为主的 4000 亩枣粮间作示范基地建成，种植了 16.9 万余株优质马莲小枣。

2011 年，全镇农业总产值达到 1.2 亿元，比上年增长 17%；农业增加值 1.1 亿元。2013 年，实施农村小型水利重点建设项目，为肖张、程杨等 7 个村的 16 眼深井更新提水设备，铺设 32000 米防渗管道。2016 年，液态金属农业产业园种植冬枣树、国槐、白蜡、柳树 2000 余亩，结合林下种植，既改善了生态环境，又提高了经济效益。2017年，全镇实现农林牧渔总产值1.43亿元。2018年至2020年，基本完成镇境水系连通工程。

2020年，因地制宜发展高效农业，种植高效益山楂13.33公顷。种植"免施农药酿酒高粱"1000余亩，亩产约600公斤，毛收入达每亩1290元。种植高油酸花生2.67公顷，亩产400公斤左右，毛收入每亩2400元，有效带动了农民增收。

2020年秋，免施农药高粱、高油酸花生丰收

2021年，完成景村及前河西村索泸河扬水站相关工程，两项工程为辖区12个村实现了地表水全覆盖，为农业高效高产服务提供保障。农业生产结构进一步优化，采用"支部＋合作社＋农户"的发展模式，通过专业合作社进行统一种植、管理、销售，重点培植高效益作物。全镇共种植"免施农药酿酒高粱"1200余亩、蜜薯500余亩、金银花500余亩，在肖张村、前河西村、后河西村和东纸房4个村新引进"冀花"系列高油酸花生种植，共计3176亩。高油酸花生平均每亩纯收益约1200元，比普通作物每亩增收约800元。截至2021年年末，全镇耕地面积1783公顷，耕地灌溉面积1593公顷，粮食总产量10238吨，现价农林牧渔业总产值9861万元。有农业技术服务机构1个，从业人员1人。有家庭农场7个。有实际经营活动的农民专业合作社14个，成员111人。

程杨村农业灌溉喷淋系统（2021年摄）

特色农产品

红薯 镇境沿索泸河两岸沙滩面积广阔，适宜红薯种植和生长，各村普遍种植。人民公社化初期，西赵庄大队根据村内土壤性状及红薯耐干旱、耐贫瘠、亩产量高的特性，号召社员大力发展红薯种植，积累了一定经验，一度成为枣强县红薯种植示范村，镇域曾流传"沙土地的红薯稀溜甜，赵庄人种植经验辈辈传"的俚语。1959年至1961年三年困难时期，正因西赵庄大面积种植红薯，才使村民免于挨饿，度过灾荒之年。

东李纸房村位于索泸河东岸，沙质土壤，种植的红薯远近闻名。二十世纪70年代，种植"徐红18号"，平均亩产1300公斤，口感差，俗称"噎死人"，但淀粉含量高，是做干粉的好原料。全村320户，家家垒苗床[1]育苗，育苗总量三四千万株。县内及周边市县，甚至沧州等地的农民都开车前来购买秧苗。

---

[1] 红薯苗床：烧火或铺垫碎秸秆、床温保持28℃。

东李纸房村红薯田（2021 年摄）

1989 年，全村种植红薯 1500 亩，平均亩产 1700 公斤，户均收入 1.2 万元；秧苗收入 8000 元，两项合计户均收入 2 万元左右。进入 90 年代，外出打工的村民增加，红薯种植面积减少至 1000～1200 亩，户均收入 1.5 万元左右。

1998 年，村内通过科技部门引进"徐红 1 号""郑红 11 号"等优良红薯品种，采用塑料膜覆盖新技术，建立育苗温床 500 余个，面积 3.6 万平方米。1999 年，在县科技局帮助下从省科委引进"北京 553"脱毒红薯，建立脱毒红薯示范基地，通过改造育苗技术，东李纸房村红薯质量、产量均大幅提高，成为衡水市红薯育苗的最大集散地。成品红薯平均亩产 2700 公斤，年总产 2700 万公斤，其中可制红薯干和烤红薯的食用型产量 1200 万公斤，销往石家庄、北京及周边地区。次年，在全县迅速推广，共计栽种 3 万余亩，仅肖张镇就推广近万亩，因而肖张镇被列为省脱毒红薯基地。

2006 年，因部分农户转种棉花，红薯种植面积减至 800 亩。是年，在河北省工商局注册"东方红"牌商标，成为衡水地区品牌特色农产品。

至 2021 年，东李纸房村红薯田已成为周边市县的亲子农事体验活动基地。

东李纸房村红薯丰收季 亲子体验活动（2021 年摄）

"康愉"牌中华白杏包装

东李纸房甜杏 镇境杏树栽种历史悠久，以东李纸房村面积最大，抗日战争时期，茂密的杏林一度成为抗击日寇的天然屏障。改革开放以来，东李纸房村把发展甜杏产业作为农业结构调整的主攻目标，在扩规模、增存量的基础上，大力进行品种改良。2013 年，村民自发组织成立合作社，并注册了"康愉"牌商标，走品牌化经营之路。

2021 年，东李纸房村杏林面积 1000 余亩，有中华白杏、金太阳黄杏、大红杏三大类十几个品种，产品通过网络电商途径，打造精品销售路线，远销全国各地。

西赵庄沙瓤西瓜 西赵庄村盛产优质西瓜，有专业西瓜大棚种植基地，在衡水地区享负盛名，周围消费者称之为"沙口甜"，只要西赵庄沙土地西瓜在枣强及衡水市康宁街上市，就会立刻围上一群人，争相购买。

西赵庄人种植西瓜总是能把握种子、技术、管理、投资、土质五大关键，尤其是在良种选育上特别用心，常用"心细功夫到，事必有成效"来形容。

工业

传统手工业

1923 年，日本东京发生大地震，枣强县一张姓旅居天津的商人派人前往日本收购废钢材，大量运回枣强县，使全县铁匠大增。肖张村有小良子、刘秃子等 3 处烘炉，为肖张村的主要手工业。50 年代初，镇境仍以传统手工业为主。

60 年代中后期，肖张公社、各生产大队纷纷兴办以传统手工业技术条件为基础的社队副业，走以工养农的发展路线，以饲养棚、队部作为厂房兴办笔刷厂、编织厂等副业，为农业生产，尤其是水利建设提供了大量资金。

80 年代，在京、津、沪等大城市从事特种工艺的专业人才回到家乡，分别在肖张村、屈家纸房村传授内画鼻烟壶工艺品的制作，传承和发展传统手工业。

现代工业

1967 年 7 月，肖张第九生产队办起笔刷厂，随后各小队纷纷开展副业。至 1970 年，境域有笔刷厂、编织厂、提钩压勺、皮毛加工厂、油毡厂、避雷器厂、玻璃钢厂、米面加工厂等类型社队企业。这些社队企业，是镇境现代工业的雏形。此阶段，虽然生产设备简陋，但适逢社会主义发展初期阶段，百废待兴，各种生产资料供不应求，各队兴办的企业为集体经济一度带来较大发展，大幅提高了社员平均收入水平。

肖张化工厂《玻璃钢产品说明书》

八九十年代，肖张公社（乡、镇）以经济建设为中心大力发展乡镇企业。1980 年 8 月 29 日，肖张公社玻璃钢冷却塔厂所产"雪莲牌"SBLT—50 型玻璃钢冷却塔，通过北京土木建筑学会技术鉴定，是枣强县第一项通过技术鉴定的工业产品。是年，肖张村玻璃钢厂技术员张洪双研制的玻璃钢风机试验成功。1985 年，肖张乡积极引导企业横向联合发展，创新提出奖励不分集体或个人，境内企业纷纷与大专院校或大企业横向联合，引技术、引人才、引项目、引资金。1987 年，"雪莲牌"SBLT—50 型玻璃钢冷却塔被衡水地区经委授予"优质产品"称号；肖张张力仪表厂研发的 JII—200 型机械指针式织物张力仪，荣获衡水地区科技进步奖二等奖。1988 年，枣强县京师联合化工厂产值达到 180 万元，肖张聚酯干网厂产值超过 500 万元；肖张玻璃钢厂、程杨橡胶厂产值超过 10 万元；JII—200 型机械指针式织物张力仪荣获河北省科技进步奖四等奖。1995 年，全镇工业产值 2.366 亿元。1996 年，肖张聚酯干网厂实现利税 1000 万元。1997 年，全年工业产值 4.011 亿元，肖张镇被评为"枣强县三亿元乡镇""衡水市科技达标先进乡镇"。

进入 21 世纪，肖张镇以打造工业园区为契机，大力发展规模企业和特色产业。2000 年，镇政府对伯阳化工厂、冷却塔厂、针织厂和第三化工厂 4 家集体企业进行改制，使原企业的 200 余万元资产得到盘活和利用，成为新的经济增长点。是年，肖张镇新增个体私营企业 15 家，其中年产值 100 万元以上的企业 3 家，共引进省外资金 1600 万元，技术项目 5 个，人才 21 人。2001 年，新增个体私营企业 9 家，其中产值 100 万元以上的企业 2 家。形成以玻璃钢、化工、纺织器材、印刷、建材、医疗器材、橡胶、液化气配件等行业为主的工业格局。全镇工业企业固定资产总量达到 5000 万元。

2011 年，肖张镇工业总产值 3.12 亿元，比上年增长 15%，工业增加值 2.9 亿元。有规模以上工业企业 1 家，职工 352 人，实现工业增加值 1.5 亿元，比上年增长 20%。2013 年，完成工业固定资产投资 2.3 亿元，同比增长 13.8%，开工亿元项目 3 个。2017 年，全镇重点企业主要包括商贸物流、聚酯干网、精细化工、实木家具、机械制造、桥梁橡胶制品等多种行业，其中投资亿元以上企业 5 家，10 亿元以上企业 3 家。骨干企业有液态金属、华强网业、圆通物流、探花阁家具、昊天电力等 20 余家。

2021 年年末，全镇有工业企业 24 家，其中，规模以上 3 家。肖张镇枣强玻璃钢冷却塔厂，年产值超 100 万元；肖张镇肖张贴面厂，年产值 50 万～100 万元；肖张村肖张玻璃钢厂和程杨村橡胶厂，年产值 10 万～50 万元。

企业园区

概况 2015 年，以肖张村、程杨村为核心区域圈建肖张工业园区，当年引入菜鸟物流配送中心、液态金属等 4 个项目。随后逐渐形成以菜鸟物流配送中心为核心的物流产业园区和以液态金属为核心的工业产业园区。2017 年，县委、县政府围绕京津冀产业协同发展大格局，主动承接北京非首都功能疏解和高科技研发成果的转移转化，建立枣强县北部科技创新中心——北京中关村（枣强）产业协同创新基地（以下简称衡水创新港或中创基地）。

衡水创新港规划面积 46 平方千米，分为北区和南区。北区涵盖肖张镇全域，主要承接高新技术项目的孵化加速和创客团队入驻；南区地处枣强镇，主要承接成熟项目的转化落地。2017 年 9 月，组建成立管委会。2017 年 11 月 8 日，在肖张镇液态金属园举行衡水创新港揭牌仪式。2020 年 4 月，县委明确了以肖张镇为主体实施管理职能。

衡水创新港坚持以政府为主导、平台为依托，以市场化运作模式，与北京中关村丰台科技园建立了平台合作关系，构建起"技术创新＋产业培育＋产业基地"的全链条孵化体系。至2021年年末，衡水创新港初步构建起新材料、现代物流、智能制造、信息技术、文化创意五大产业板块，形成"京研冀造、研发孵化、众创空间"三种发展模式。

至2021年年末，衡水创新港先后荣获"省级众创空间""双创示范基地""青年创新创业实践基地"等荣誉称号，成为衡水市南北创新轴"两核五园"战略布局的重要一环，是枣强县承载京津冀科技创新成果协同转化的重要承载区。

管理机制 衡水创新港成立伊始，采取平台式运营方式，依托中关村海淀留学生创业园建立了海创菁英（枣强）创新中心，依托贝壳菁汇（北京）生态创新科技有限公司建立了中关村贝壳菁汇（枣强）创新中心，以及北京态金科技公司在枣强建立的河北依米康液态金属技术有限公司。三类平台各有侧重，第一个平台侧重于成熟的高新技术企业，第二个平台侧重于扶持科技孵化企业，第三个平台侧重于液态金属相关类型的新能源、新材料企业。各个平台，通过提供政府资源、行业资源、企业资源、合作伙伴、中介服务、金融、院所等优势资源，为进入衡水创新港的企业服务。政府给予相关资金和政策鼓励，为各个平台招商及服务提供有力支撑。基地平台、入驻企业和政府三者形成利益相关方、生命共同体，创造出多元化的盈利模式。

2020年4月14日，县委办公室印发《衡水创新港运行管理机制》（以下简称《管理机制》），成立由2名县级领导任指挥长、肖张镇党委书记任第一副指挥长的衡水创新港建设协调指挥部。指挥部下设办公室，由肖张镇镇长兼任办公室主任。为方便推进工作，提高办事效率，由指挥部各成员单位确定一名分管副职兼任指挥部办公室副主任，负责企业入驻、建设、生产相关的审批管理等事宜，作为涉及本部门事务的具体承办人员，给予全面协调处理。其他一般工作人员从肖张镇政府调配管理。办公室下设综合部、招商部、项目部三个部门，在创新港集中办公。主要负责衡水创新港人事、财务、宣传、对外联

北京中关村（枣强）产业协同创新基地（2018 年摄）

系、招商活动、项目管理、企业服务及考核等工作。

《管理机制》明确了以肖张镇为主体，按照"镇区合一、事权统一、逐步到位"的原则，有效整合衡水创新港开发建设优势与乡镇社会管理优势，凝聚工作合力。肖张镇与衡水创新港人员全部统一调配使用和管理，财务收支采取统一预算管理，独立核算，县委、县政府只对肖张镇进行考核，不再对衡水创新港进行单独考核。而南区的企业，由枣强镇实施管理职能，衡水创新港只行使项目引进和业务指导职能。

是年，依据《管理机制》文件精神，成立了衡水创新港建设投资有限公司，具体负责衡水创新港基础设施建设，服务于企业的投资、融资、担保以及项目合作等事宜。

服务模式 2017 年年末，衡水创新港平台建设逐步完善，以液态金属产业园和城镇化建设为依托，创优服务，全程跟踪项目推进，以确保尽快推进工程建设，吸引高新企业入驻园区，推进全镇经济转型升级。在建设过程中积极配合各部门工作，做好道路、水利、电力、网络等基础设施建设，组织劳动力，根据企业用工需求，开展订单式培训，为企业提供优质劳动力。

2018 年，园区以三大平台优势、中关村创新基因和基地全方位服务吸引高新企业纷至沓来。管委会对拟入驻中创基地的项目，从编制审批申报资料到注册执照、立项备案、选址意见、规划许可、环境评价、土地预审等进行全程跟踪对接，提供保姆式全天候服务，极大地缩短了项目从引进到投产的时间。为解决企业融资难问题，县政府出资 5000 万元，成立枣强县工业企业产业引导基金，并带动贝壳产业投资基金、海创产业投资基金投入运行，基金总规模达 2.5 亿元，为初创企业产业化提供强大资金支持。

2021 年年末，在县委、县政府不断的资金支持下，衡水创新港实现了水电路网建设，所打造的 10000 平方米的省级众创空间、30000 平方米的中试车间，实现了创客和项目免费入驻；所建设的 600 套专家公寓，配套齐全，各类人才可拎包入住。

科技成果 2020 年，在省创新创业大赛中，昊瑞坤等三家企业分获省赛一等奖、三等奖；昊瑞坤数字科技有限公司出品的全球最大的 3D 打印雕塑"生命之花"，亮相衡水市第五届旅发大会；伊卡洛斯、绿能嘉业产品成功应用于北京冬奥会，向世界展示了"枣强制造"。

2021 年，岳泓智机"油气管道智能焊接专用机器人"项目，经市、省赛，成功进入创新创业大赛全国赛，并荣获全国"优秀企业奖"（全国 115 家）；中灌智水测雨雷达项目代表衡水市参加 2021 中国国际数字博览会。

2021 年年末，已入驻的企业取得了多项成果。其中，承接北京转移转化项目 11 个，津冀转化项目 4 个；有 5 家企业获高新技术企业认证，15 家获科技型中小企业认证，4 家企业获 3A 企业认证。园区企业累计申请专利数达到93 项；两家企业参编行业标准制定（昊瑞坤参编《3D 打印水泥基材料界面结合强度试验方法》制定、岳泓智机参编《油气管道焊缝强度测试方法》制定）；所申报的项目在创新赛事中获得数十种奖项。

人才建设 聚焦人才队伍建设。截至 2021 年年末，园区内集聚各类创新创业人才 130 余人，其中硕、博以上占 20%、中、高级职称人才占 11%。在组织部门的政策指导下，为 5 名人才申请了衡水"湖城英才卡"，连续三年实施了"衡水创新港'借企引智'"等人才工程项目，吸引了"CCTV 中国创业榜样"王敏、"新时代中国经济优秀人物"张磊、"数字河北·青年标兵"李明辉等一批青年优秀人才到创新港投资置业，引进 2 名物流行业领军人才担任"九号仓"高管，引进国家"万人计划"、中科院"百人计划"等高级人才为园区企业担任技术顾问。

搭建产学研协同创新平台。截至 2021 年年末，已同承德石油大学建立了"衡水创新港高技能人才培训基地"，为县域主导产业培育专技人才百余名；与山东大学共建"技术创新中心"，从成果转化、研发平台等方面，开展广泛深入的合作；与衡水学院、衡水职业技术学院建立人才实训就业基地，引进 15 名物流管理专业、5 名 3D 打印专业大学生在创新港实现对口就业。

招商引资 2017 年，衡水创新港建立后，成功引入京津产业合作企业 3 家，分别为北京态金科技有限公司及公司旗下北京暖爸爸科技有限公司和河北维酷新技术材料有限公司。2018 年，全年共吸引 200 余批次近 5000 人次参观考察、投资洽谈，达成合作意向 60 余个，签约项目 45 个，总投资 386 亿元。成功引进北京海创菁英（枣强）创新中心、北京贝壳菁汇（枣强）创新中心、北京绿能嘉业新能源有限公司、北京唯众良品网络科技有限公司、北京态金科技公司、圆通物流等 28 个高新技术项目落地投产，并设立两支产业投资基金。

2019 年，有 31 个项目落地衡水创新港，其中 17 个已投产达效。九号仓物流、探花阁、北京绿能嘉业、北京态金孵化中心等一批老企业不断壮大和拓展生产规模、加大研发力度，快速成长；同年，时空要塞、岳鸿智机、河北伊卡洛斯太阳能、申科电力等一批高新项目入驻投产；中燃能环保科技、天威卓创、北京申电科技、河北国润医药等一批企业完成注册，就绪开工；衡水匀道农业科技、北京鸿宇百川、虹程科技电子器件等一批项目办理了前期手续。2020 年，Ⅰ号加速器内有 4 家企业入驻，Ⅱ号加速器建设完工。截至 2021 年年末，衡水创新港入驻企业 32 家。

旅游资源

2017 年以来，肖张镇借助农业园区植入旅游元素，逐步向旅游园区转变。充分利用传统的果树种植资源和区位优势，加大特色农业和观光旅游农业的开发力度，带动全镇经济社会快速发展。先后举办梨花节、杏花节、采摘节等活动，打造可看、可游、可体验的"赏花＋采摘"近郊旅游品牌，为周边市县区群众提供旅游打卡地，不断提高村民收入。2019 年 9 月，结合平原枪声纪实展览馆打造集红色教育、果品采摘、农业休闲观光于一体的文旅融合发展的现代农业。2021 年 5 月，建成探花阁传统建筑技艺展览馆，进一步推动镇境文化资源、文化要素转化为旅游产品。

千亩果品采摘观光园及梨花节

2015 年，肖张村充分利用果园集中连片的优势以及特殊的交通条件，建设千亩果品采摘观光园，采摘果品以无公害绿色皇冠梨、早熟苹果为主，搭配桃、杏，采摘时间为 7 月下旬至 11 月上旬。2016 年，果品采摘观光园被河北省林业厅命名为"省级观光采摘园"。2017 年，果园内有树龄超百年的老梨树 60 余亩，有皇冠梨、黄金梨、雪花梨、晚秋梨、红梨等品种。2021 年年末，肖张镇千亩果品采摘观光园面积达 1000 余亩，其中优质皇冠梨树 600 余亩。

每至 4 月中上旬，一树树梨花竞相绽放，宛若茫茫花海与绿树、蓝天交织的淡雅画卷，引得游人驻足花下拍照留影。借此优势，自 2017 年，每年春季肖张采摘园内都会举办梨花节，游客在一睹梨花淡雅芳姿的同时还可欣赏精彩的文艺表演。2021 年 4 月初，枣强县文化广电和旅游局以花为媒，组织举办"踏春寻花趣"——枣强县肖张村赏梨花活动。活动现场，广大文艺爱好者以舞蹈、歌曲、戏剧、旗袍表演等节目来赞美春天。

肖张村省级观光采摘园（2017年摄）

2021年4月，肖张梨花节开幕式

梨花节架鼓队演练

千亩杏林生态采摘观光园及杏花节

2017年，东李纸房村利用原有杏林基础，建设千亩杏林生态采摘观光园。2018年，首届杏花节成功举办，其间不仅可以游园、赏景，还可以观看来自各乡镇村锣鼓队、歌舞队及县群艺馆歌唱演员、曲艺名家、戏曲爱好者的精彩表演，新时代精神文明实践活动与中华优秀传统文化相结合，使得东李纸房村

东李纸坊村杏林内观光台（2021 年摄）

的杏树林不仅成为果农的致富林，也成为村内以"三产融合"的思路发展乡村旅游、振兴乡村文化的典型案例，成为乡村特色文旅名片。2021 年，在杏林开发建设了观光台，并规划了赏花路线，在举办杏花节、采摘节的基础上，利用网络平台、电台宣传，形成集娱乐、观光、餐饮、住宿、休闲、旅游于一体的现代农业休闲旅游园区。

2023 年 3 月 17 日至 19 日，肖张镇以东李纸坊村千亩古杏林为基础，以"儒乡杏花开·'杏'福约您来"为主题，举办"枣强县（肖张）第一届杏花旅游节"。其间，配套美食市集、商品展销、文化展览、摄影书画采风等内容，以传承特色民俗文化、手工技艺为着力点，促进农文旅产业融合发展，推动文旅消费增长，亮化品牌，助力镇域经济发展。

2023 年 3 月，"枣强县（肖张）第一届杏花旅游节"开幕式及商品展销

杏花节主题书画采风及社会大课堂实践活动（2023 年 3 月摄）

万亩海棠休闲观光园

2013 年，程杨村建成 1800 亩海棠园。2015 年，新植国槐、核桃 2500 亩。2017 年，种植苗木 700 余万株，精选"世标一号""奥运红""绚丽""福寿果"等 6 个品种作为主打产品，间植国槐、核桃 166.7 公顷，建设起万亩海棠园。

探花阁传统建筑技艺展览馆

位于衡水创新港企业园区，2021 年 9 月建设完成。展览馆展区面积 2000 余平方米，分为中国传统建筑营造技艺展区、现代馆、藏品馆、体验馆、传统

探花阁传统建筑技艺展览馆内传统雕刻工艺及建筑模型展示（2021 年摄）

建筑图书馆等，展示实物 1000 余件，图片资料 2000 余幅。馆内大量丰富多彩的图表照片、栩栩如生的斗拱建筑、微缩模型、古建筑藏品等实物，集中展示了秦汉至明清的古代木结构建筑技艺，为研究中国乃至世界木结构建筑技艺发展提供了重要参考。展馆内设有木工教室，供参观者体验和实际操作中国传统工匠的木工技法。游览期间，不仅可以欣赏精美的古建筑艺术，还可以亲自体验、感受千百年来华夏民族坚韧不拔、厚德载物的民族精神。

境域既无名山大川，又少名胜古迹，是制约旅游经济发展的短板。而探花阁传统建筑技艺展览馆，既展示了历史底蕴，又呈现出绚丽多彩的中华优秀传统文化，为推动境域旅游高质量发展注入了新动力。

商贸

肖张大集

明清时期，肖张逢阴历一、六有集市，属于小集，5 天一集。集市分布在肖张村内街道两旁，以十字街为中心，南街为菜市、木料市、车市及杂货摊；西街外是牲口市和粮食市。集市货物以当地农副土特产品为主，也有少量从外地贩来的货品。市集期间有杂耍、拉洋片、说书、耍猴等传统民间文艺活动。民国时期，虽因帝国主义侵略、军阀混战、盗匪作乱，时兴时衰，但因群众生活、生产的需要，市集一直持续开展。抗日战争期间，集镇受控于日本侵略者，日伪军对赶集的人们肆意掠抢、侮辱、刁难，使集市贸易遭到极大摧残。1940 年后，在抗日民主政府的领导、管理下，集市逐渐繁荣，对稳定群众的生产、生活起到一定作用。抗战胜利后，县民主政府工商部门在工商团体配合下，积极恢复集市贸易并获得新的发展，为枣强县的八大集市之一。

　　1949 年后，随着国民经济的恢复和发展，农村集市贸易日趋繁荣活跃，每逢集日，农民喜气洋洋，将各种农副土特产品运到集市上进行交易。外地商贩纷纷涌进集市出售货物，供销社在集市上摆出摊位。"大跃进"时期，集市贸易名存实亡。三年困难时期，工业品严重短缺，农副产品上市量更小，且物价高昂，集市一片萧条。其后数年虽经调整，政策有所放宽，但仍旧商品短缺，赶集的人并不多。在各类交易中，粮食交易较为活跃。"文化大革命"期间，"左"倾思潮泛滥，视集市贸易为"复辟资本主义的温床"，对集市贸易实行种种限制，曾实行"社会主义大集"[1]，不仅违背商品交换的价值规律，又伤害了农民的经济利益。改革开放后，人们的思想逐步解放，商品观念不断增强，恢复了传统集市。工商部门积极服务，加强管理，开拓市场，增加设施，集市贸易日渐兴旺发达。由于交通发展，集市迁移到衡大路西、东场东的空地。此间，市场规模不大，唯春节前年货集繁华热闹。80 年代初，

---

[1] 1974 年中央文件精神：一切机关、团体、企事业单位，一律不得到农村和集市采购国家统购和派购的农副产品；而生产队需出售国家统购和派购的农副产品，一律向当地商业部门交售。从而形成的"社会主义大集"，实际上就是官方指定时间、地点，由代表国家的商业部门与生产队集体和农民个体按国家定价交换商品。

肖张大集之理发（2022年5月摄）

集市迁移到衡大路东,地面铺上了红砖。1988年,肖张集市被评为地区级"文明集贸市场"。

2012年,集市迁至"新民居小区"东侧。至2022年年末,肖张集市一如既往,逢一、六开市。

肖张供销社

1950年,县供销社在肖张设基层供销社,供销店分布在肖张村十字街的西南角、东南角、东北角,售卖百货、布匹、烟酒糖茶、五金等。供销社办公室、收购站、粮站在北街路西。1955年供销社在肖张村东庄外公路西建土房两间,开办饮食店,代卖衡水至枣强班车票。1967年,肖张供销社迁至衡大路东侧。

1982年6月1日,供销社体制改革,注册为集体企业。1988年,有职工39人,纯销售额127万元。是年,被评为"枣强县双信"单位。1989年后,供销社实行"社有民营",产权不变。1991年,又实行"两全承包制",以班组为单位承包,按规定向镇供销社缴纳承包费。2000年后,改班组承包为个人承包,内部职工优先,但必须挂供销社的牌子,必须服从供销社统一管理,必须执行供销社章程。

2005年,县供销社成立"枣强县农业合作经济组织联合会",统领全县供销社系统的协会、专业合作社的工作。同时,实施商业部提出的建设"万村千乡市场工程",2006年年底,县供销社整合资源,建立82家"农家店"、45家"农资店",实行统一挂牌、统一配货、统一超市货架等新型经营体系,但产权集体所有制并未改变。2014年3月19日,主管部门变更为县供销合作社联合社。2016年5月26,投资入股枣强县佑河供销农民合作社联合社。2021年年末,肖张供销社负责人裴小伟。

1977年3月24日，肖张供销社全体员工合影

肖张食品站

70年代初，县食品公司在肖张设食品站。改革开放后，国家对指令性计划起主导作用的经济运营模式逐渐改变。国营商业中由国家计划分配管理的商品品种逐渐减少，至1989年只剩下生猪和食盐两种。之后，政府对企业实行简政放权，把企业的经营、财务、人事、物价的管理权还给企业，扩大企业自主权，企业开始由计划经济向市场经济转变。1994年，国有商业零售门店推行"国有民营"，肖张食品站由个人买断库存商品，利用原食品站经营场所，完全由个人经营，除年终上缴承包费给食品公司外，其他收入完全由承包者支配。

肖张商业街

1984 年，在县委支持下，肖张乡在衡大路边建商业区，率先在衡大路（现肃临公路）东建起 4 座小楼，开设肖张饭店、艳阳楼五金商店、布衣铺、邸氏修车铺等。同时，号召沿衡大路各村在公路边建商业摊点。

1995 年，南自中干渠北至衡水界碑约 3 千米，划为肖张商业区，衡大路两侧楼房拔地而起，沿途商品琳琅满目，一派繁华。1997 年年末，沿衡大路两侧累计发展个体户、商业摊点 215 个，私营企业达 12 家。2009 年 5 月，肖张商业街初步形成，有大小商店门市、饭店酒楼、美发美容、电器维修店面以及企事业单位 250 余家。时至今日，肖张商业街依旧繁华如初。

平原商贸城

2006 年，肖张镇投资在原供销社址建成平原商贸城，建有商贸楼 24 栋，占地 21 亩，硬化路面 500 平方米，逐渐形成集蔬菜批发与集市于一体的综合性集贸市场。2012 年，随着集市迁址，楼舍改为民居。

枣强县粮丰粮油购销有限责任公司肖张粮油分公司

原为 1958 年 9 月在肖张村域衡大路公路西侧建的国家粮库，占地面积 4000 平方米，容量 600 吨。1989 年后，国家收购粮食政策一再调整，且自是年 10 月 1 日起河北省地方粮票停止使用，1993 年 5 月 1 日起全国粮票停止流通。1990 年 5 月 23 日，肖张粮库并入县粮油总公司肖张粮油分公司。

2001 年 5 月 1 日国家取消"市镇居民粮食供应转移证明"，至 2003 年 4 月 1 日玉米、小麦先后退出不保护价收购，从而使粮食完全市场化。粮食部门实行政企分离，粮食企业自负盈亏。2005 年 12 月 2 日，肖张粮油分公司被整合纳入国有控股的枣强县粮丰粮油购销有限责任公司，更为现名。2021 年年末，负责人曹世展。

金融

钱庄

清末民初，境域有"聚丰"钱庄，俗称"聚丰银号"。钱庄的主要业务是存款、放款和汇兑。存款有活期、定期两类。放款 10 个月为期，短期有半年、3 个月、1 个月之分。最低月息 1.5 分，一般为 3～5 分。还有更高者。钱庄兼营商业，如买卖土布、旧棉絮、食盐、粮食、皮毛等，其资金多为他人活期存款。因此，钱庄的商业活动十分灵活，收益也大。1937 年"七七事变"后，钱庄关闭。

河北枣强农村商业银行股份有限公司肖张支行

1946 年，在冀南银行枣强支行支持下，肖张区建信用社，仍俗称"银号"。1953 年，在华北银行[1]支持下，肖张区本着"农民在资金上互帮互助"的宗旨试办由农民组建的信用合作社，吸收入股，10 斤棉花一股。工作人员二三名，皆农民，不脱产，实行入股社员民主管理，主要为入股社员服务。之前的"银号"解体，人员转至供销部门。1956 年农业合作化后，信用社改称乡银行。1958 年人民公社化后改称公社信用部。1958 年至 1962 年，枣强县与衡水县、冀县

---

[1] 由冀南银行总行与其他边区银行于 1948 年合并而成。

时合时分，县内公社也时大时小，信用机构随之分合增减，但公社、大队和生产队均有信用组织。1979年，肖张公社信用社隶属县人民银行领导。1980年，信用社改为农业银行的基层机构。1996年，复由人民银行管理。

2003年，人民银行退出，信用社由政府管理。2007年5月11日，政府组建农村信用联社，肖张信用社属之。2015年10月23日，改为股份合作制分支机构，更名为枣强县农村信用联社股份有限公司肖张信用社，有职工7人。2017年5月27日，改为股份制分支机构，有职工11人。2018年7月17日，肖张信用社改制，更为现名，迁至衡大路75号。2021年年底，有职工8人，负责人姚淑华。

中国农业银行股份有限公司枣强支行肖张分理处

1949年年末，华北银行枣强支行改建为中国人民银行枣强支行（以下简称人行枣强支行）。1951年10月，人行枣强支行设肖张营业所。1964年1月，县人行所属肖张营业所划归为县农业银行（简称县农行）管理。1965年，县人行与县农行合并。1980年，人行又与农行分设，肖张营业所归农行管理。1988年，县农行下设肖张储蓄所。2009年7月，更名为中国农业银行股份有限公司枣强支行肖张分理处。2021年年末，农行肖张分理处已撤销，有24小时自助银行一处。

中国邮政储蓄银行股份有限公司枣强县肖张镇营业所

1986年，枣强县邮电局肖张镇支局正式恢复办理储蓄业务，后经集团公司改制设立邮储银行分支机构，更名为中国邮政储蓄银行股份有限公司枣强县肖张镇支行。2008年6月4日，更为现名。自肖张镇营业所成立以来一直秉承"人民邮政为人民"以及"服务'三农'"的服务理念厚植城乡,为城乡居民提供便利的储蓄、普惠保险、支付结算等业务,牢固树立"以用户为中心"的思想,不断满足广大用邮客户的需求,提升客户体验,为客户创造价值。负责人先后为张爱军、孟小龙、王婷婷、孟小龙、王占林、齐立男。

农民收入与支出

收入

镇境解放前大多为自耕农,人均耕地 3 亩左右,广种薄收,聊以糊口。部分自耕农和贫农可以靠手工加工皮毛、土纺土织、打制铁器、编筐织篓、副食品加工等,或利用农闲时间做零工的收入补贴家用。一般年景,自耕农的收入要比贫、佃、雇农多些,但遇灾年荒月,农田大幅度歉收,甚至绝收,其收入与贫、佃、雇农相差无几。解放战争时期,镇境实行土地改革后,农民收入普遍提高,其中部分村、户能实现"耕三余一",即耕作 3 年所得余粮可供一年食用。农业合作化时期,政府大力提倡多种棉花,农民收入大幅增加。1957 年,镇境农民年人均收入为 50 元左右。人民公社化后,在一个相当长的时期中,由于生产关系与生产力不相适应,限制了群众生产积极性的发挥。工副业尚处于起步阶段,农民收入仍然主要依靠种植业,增长十分缓慢,年收入一直徘徊在五六十元。

进入 80 年代,随着家庭联产承包责任制的普遍实行,农民收入增长加快。在改革、开放、搞活的新形势下,镇境工业、商业、服务业,劳务输出等迅速发展,农民经济来源扩大,收入大幅增长。1982 年,农民年人均纯收入超百元。1989 年,肖张乡农民年人均收入为 541 元。

1990 年以来，镇内产业结构不断调整，逐渐实现工农并举、百业兴盛，农民年收入快速增长，1995 年，农民年人均收入 2188 元。随后，镇内居民收入受市场经济影响，城乡居民之间、城镇居民之间、农村居民之间以及不同类型家庭之间的收入差距越拉越大。以 2006 年为例，镇境农民以家庭经营收入为主，年人均纯收入 3386 元，与农民年人均纯收入最高的新屯乡的 4579 元相比，相差 1193 元。

支出

随着农民收入的增长，其支出也不断增加。一直以来，镇境农民支出主要有生产支出、生活支出和其他支出 3 个方面。

生产支出主要是家庭经营支出，多用于一、二、三产经营，所占比重 2000 年前一产最高，约占 80%；其次是二产和三产。至 2021 年年末，一产占比约为 50%、二产约为 35%、三产约为 15%。此外，税款与承包费用逐年下降；购置生产性固定资产支出及建造生产性固定资产雇工支出比重，以落实家庭联产承包责任制为界，逐年增加。

生活支出方面，1990 年前占比次序为食品消费支出、衣着消费支出、居住消费支出、家庭设备、用品消费支出、交通和通信消费支出、文化教育、娱乐消费支出、医疗保健消费支出、其他商品和服务消费支出。随着农民收入增加，生活品质提升，生活支出结构发生巨大变化。2021 年年末，农民居住消费支出、交通和通信费支出以及文化教育、娱乐消费支出在生活消费支出中所占比重大大增加，其中住房消费支出、文化教育支出增幅最大。

其他支出，主要包括财产性支出和转移性支出。2021 年，两项支出分别占当年人均总支出的 5% 和 0.5%。

交通运输

公路

明清官道　古时，肖张非关塞要隘，亦非重镇，元代之前很少有典籍记载道路发展状况。元代交通发展的主要标志之一，就是建立了递运铺。肖张铺在枣强城[1]西北二十五里，此时出现一条"县城—江庄—后河西—肖张—景官—衡水"的道路。

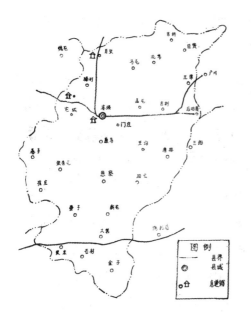

元代枣强县急递铺与道路示意图

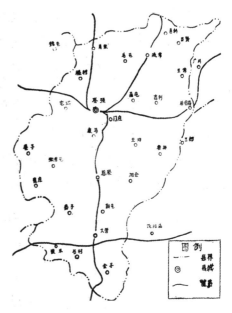

元明时期枣强道路示意图

---

[1] 金天会四年（1126年），枣强城（今旧县村）因清凉江河水泛滥而废毁。天会十年（1132年），枣强城向西迁至索泸河东畔的刘马村（今枣强县城）。

明初，出现一条自大名经过镇境的"大名—县城—横店—里仓口—赵庄—武邑"后经河间至京津的道路，道宽可容五马三轿（约5～6米），是一条自枣强经肖张境入武邑通往京师的"大官道"。

战时公路及区村交通沟　民国时期，因军阀混战，清代形成的道路网时通时阻，且见荒废。1938年日军侵入枣强后，为"强化治安"和扫荡掠抢筑起多条战时公路，将其据点与县城连接。其中有2条从境内经过，一条自县城途经杜烟村、肖张村至衡水，另一条自肖张途经流常、臣赞至马朗。

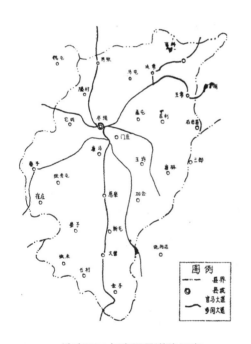

清雍正二年枣强县道路示意

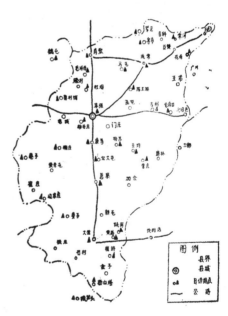

抗战时期枣强主要公路、日伪据点分布图

抗日战争进入相持阶段后，针对敌军的"蚕食""扫荡""封锁"政策，中国共产党组织领导军民在公路上与敌开展英勇的破交战、交通战。敌军白天修，抗日军民晚上破，使敌军疲于奔命，在公路上寸步难行。从1940年至

抗战时期，修建抗日交通沟（资料图）

1944 年的 4 年间，在几条主要公路上反复挖沟累计达百条。

为有力打击敌军，保存自己的武装力量，广大抗日军民在村与村之间，挖了交通沟。这种特殊的交通形式，在抗日战争中起到了既能打击敌军，阻止敌军机械化部队的进攻，又有利于八路军、游击队的隐蔽活动，战时可攻、可守、可退，与"地道战"旗鼓相当，对于坚持平原游击战争，发挥了巨大作用。交通沟宽约 3.5 米、深约 1.5 米，沟底能跑畜力平板大车。原村与村之间的大道，一时间变成了四通八达的交通沟。直至 80 年代仍有很多交通沟存在。

乡村道路发展 至明代中叶，境域田间路、村与村之间道路已初具规模。至清中叶，境内镇村道路网盛极一时。抗日战争胜利后，1945 年 10 月枣南、枣北合并为枣强县，随着解放战争形势的变化，区党政机关号召全区人民填平原交通沟，修通枣强经肖张至衡水路段，加宽、垫平、以利通行为标准，迎接大军南下，境域乡间大道逐渐恢复通行。

1958 年"三面红旗"运动中，因土地调整和农田设施建设，乡路有所改变和发展。1969 年，镇境乡级道路普修。到了 70 年代，农业机械化程度的提高以及交通、战备工作的加强，使得乡级道路有了统一的规划和建设。规划建设后的乡级道路条理清楚，宽阔顺直，从根本上改变了过去弯曲的"羊肠小道"面貌。

1972 年，新建肖张—王常路，途经马屯、流常，全长 18 千米，路宽 6 米。1984 年，修通到马屯的乡级渣油面路，全长 6 千米，在肖张村南与横大路相接。1989 年，肖张与周边乡镇都通了渣油路。这些乡路，或相连接，或相贯通，基本上形成了四通八达的公路网。

2010 年 6 月至 10 月，肖张—马朗乡级道路改建提级，采用四级公路技术标准，设计车速 20 千米 / 小时。镇境段长 9.762 千米，基宽 8 米，路面宽 6 米，两侧各设 1 米的土路肩。

2021 年初，肖张—马朗（武馆线—吉科段）乡级道路改造提级，起点为武馆线（肖张村境），终点为吉科村，镇境段长 3.329 千米。采用三级路标准，设计车速 30 千米 / 小时，改建后路面宽 6.5 米，两侧土路肩各 0.75 米。同期，广川至肖张农村公路改造，起点枣景公路（景县广川镇境），与 S282 肃临线交叉后，继续向西至新肃临线，途经肖张村、程杨村。采用三级公路标准，路基宽 8 米，路面宽 7 米，设计车速 30 千米 / 小时。

2021 年年底，镇境乡道总长 24.284 千米，其中肖张—马朗段长 9.762 千米，肃临线—景村段长 5.026 千米，屈纸房—武馆线段长 2.76 千米，魏屯—广川段长 6.736 千米。

省道、国道的发展变迁 1952 年，夏津、武城、恩县划归山东省后，衡武路（衡水—武城）只通至大营以南县界处（今金子乡沙土顶村），后因金子公社段处偏僻只通至大营，演变为衡大路。后因洪水灾害侵蚀路基，1957 年

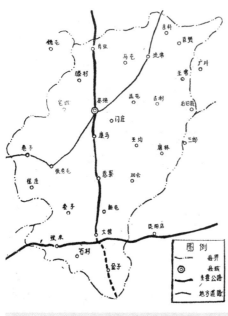

枣强县 1958 年公路恢复示意图

对衡大路进行裁弯取直，对肖张段（段长约 5.5 千米）原来多处低洼路段做了程度不同的路基提高，依然为土路。

1963 年秋，一场罕见的特大洪水淹没了田野、村庄，公路交通断绝。党中央和省、地交通部门拨专款抢修水毁工程。衡大路抢修重点在索泸河流域，此段决口 11 道之多，最深处 4.5 米，宽 30 多米。断绝了衡水专区通往县城的要道，原河西店与杜烟间的木桥（杜烟桥）被冲毁，五孔砖涵因河心北移失去作用。衡水公路管理处拨专款抢修了杜烟桥，并将沿线决口处用土填平，9 月 27 日正式竣工通车。

1969 年，经上级主管部门批准修筑衡大公路肖张至枣强段，此路段从肖张中学门口至枣强县机械厂，段长 11.5 千米，肖张境内段长 5.26 千米。提质标准为路基宽 8.5 米，油面宽 5.5 米，灰土层厚度 14 厘米，宽 6.2 米，表处层（油面）厚 1.5 厘米。工程自 1969 年 4 月开始至 11 月完工，历时 7 个月，投入劳动力 55438 工日，先后动用新屯、娄子、吉利、王常、流常、嘉会 6 个公社的民工。此路段是县内第一段渣油路，为县内后续油面路发展迈出了关键的第一步。

1985 年 3 月 6 日至 4 月 5 日，衡水地区交通局组织规划、施工，历时 1 个月，对衡大路枣强北段进行加宽改建，加宽段长 8.4 千米，肖张境内段长 5.26 千米。加宽后，路基宽 17 米，边沟各宽 4.5 米。2006 年，镇境衡大路拓建为肃临公路肖张段，将道路加宽，建成四车道省级路，为二级公路。

2008年投资建设的大广高速公路，双向6车道，设计车速120千米/小时。河北段于2010年12月24日正式建成通车。肖张段由东李纸房村入境，在河西店村入枣强镇境，段长7千米，在肖张村东设S282/衡水南/肖张出口。

2016年8月27日，国道240（保定—台山）竣工通车，为一级公路，路面全宽24.5米，途经镇境程杨、肖张、后河西、前河西、景村5村。2017年10月，大广高速衡水湖连接线建成通车，为一级公路，经肖张村、程杨村境域。

随着京津冀交通一体化建设进程的推进、衡枣经济带的开发和大广高速公路的建成通车，镇域经济快速发展，肃临公路肖张至枣强南段交通量激增，而穿越城镇段道路两侧建筑物密集，街道化里程长，横向交通干扰严重，制约了镇域经济及交通运输的发展。2017年7月，肃临线改造为一级公路，镇境段调整至肖张村西与程杨村东穿过（被称为新肃临线），镇境段长3.7千米，2019年年底建成试运行，设计车速80千米/小时。改造提级后，路基宽23米，路面21.5米，全线采用沥青混凝土路面。

客运 50年代的客运主要以马车为主，途经镇境的客运路线主要是衡水—枣强，票价为约0.02元/人·千米，设肖张站。但因公路晴通雨阻，常不能正常运行。60年代，基本实现机动车载客，此后衡水至枣强方向客运线路，均在肖张设站。1966年4月，衡水—枣强—清凉店、武邑—衡水环行班车路线开通。1970年8月10日，衡水—枣强—王均—德州对开班车开通。1982年，北京市长途汽车公司每天由北京至枣强县大营分站对开两次班车。1983年，衡水—枣强—大营—邯郸和郑口—大营—新河—石家庄班车线路开通。1984年，大营—天津客运班车开通。这些客运路线的开通，将肖张与邯郸、石家庄、北京、天津、德州等大中型城市紧紧联系在一起。

2000年以后，随着市内交通运输线路的发展，客运沿途站点间距缩短，使镇境居民乘坐公共交通工具出行更加方便。2021年年末，途经镇境的公交线路有103路（衡水汽车站—枣强汽车站），镇境设后河村、肖张镇南、肖张镇、肖张镇北4站；快3路（火车站—肖张北），镇境设肖张北站。

公交后河村站点（2021年摄）

公路养护及管理 中华人民共和国成立初期，百废待兴，与人民生产、生活息息相关的公路交通亟待恢复、发展。1949年10月起，镇境公路由河北省交通局衡水公路管理段衡水管理所负责公路的养护、车辆管理与征收养路费工作。1950年5月，根据省指示，开始试行"护路村"养路组织。护路村按其自然路段的长短确定养路员人数，一般以每千米一人为标准，养路员没有任何待遇和报酬，只在自己的管辖路段内，通过每年的路树整枝，剪下来的树枝归养路员所有，日常工作仅是在公路上洒水、平垫坑槽等维护公路，雨季防抢公路水毁工程。衡水公路管理站[1]对衡水—武城公路（含肖张段）采取了"远修近养"的办法，组织离路较远村庄的村民利用春秋两季进行普修，填平加高低洼路段，由沿线 2.5 千米内的村庄派人日常养护，维持交通运输。1955 年，枣强县发动农民工对衡水—武城公路（含肖张段）进行普修。是年 11 月 29 日，国务院发布《关于改进民工建勤养护公路和修建地方道路的指示》，规定农村男女劳动力每年出 5 个义务建勤工，畜力车出 2 个义务劳动日。从而确定民工建勤养路、修路制度。

1956 年 3 月，枣强县建立起交通科，肖张乡设交通委员会，组织群众开展修建道路、桥涵，栽植行道树等经常性的养护工作，并负责雨季防护抢修和禁止铁轮车行驶公路等项工作的具体实施。七八月间，遭遇特大暴雨，镇境公路损毁，公路交通陷入停顿状态，在上级党政统一领导下，军民一体以工代赈给付公路。是年 11 月，撤销"护路村"制度，改养路队养护公路。1959 年，在肖张中学北建土房一间，设公路养路站，有工作人员 8 名。

2021 年年末，肖张镇农村公路管理机构有工作人员 4 名，管理人员经费纳入县财政预算。各路段采用"路长制"管理，村级"路长"一般由村党支部书记兼任。

桥梁

1965 年 4 月 17 日，建成衡大路后河西中干渠桥，为 3 孔 -6.6 米（孔径）钢筋混凝土井柱盖板桥，全长 19.8 米，桥宽 6 米，行车道双向，投资 24071.71 元。1985 年中干渠拓挖为卫千渠时，此桥接长 2 孔 -6.6 米（孔径），仍按原结构形式修建，投资 3.25 万元，由衡水地区水利局工程队施工。改建后，桥

---

[1] 衡水公路管理站：1950 年更为此名。

总长 33 米，载重为汽 −10 吨、拖 −30 吨。

铁路

京九铁路自东李纸房村入镇境,向南经屈家纸房村入马屯镇,段长 3.7 千米。1992 年 8 月 31 日开始施工,1993 年 11 月镇境段铺轨完成。邯黄铁路自景村入镇境,由东李纸房村出镇境,段长 4 千米,与京九铁路在镇境交会。

公共服务

邮政

清代前为驿递,或称递铺、邮驿、驿传。为封建王朝传递官方文书的机构。清康熙十一年(1672 年),枣强设递铺 3 处,其中肖张铺是衡水、武邑的交接铺。光绪三十二年(1906 年),大清邮政枣强邮政代办支局在肖张增设邮政代办铺商。期间,虽然有邮政机构,但只办理为数不多的商民邮件,没有专人专线投递,由收件人到代办所领取。1912 年,撤销递铺,改大清邮政为中华邮政,肖张仍为邮寄代办铺商。1914 年,肖张邮寄代办铺商改设为邮寄代办所。期间,仍未专设投递线路,仅冀州至德县的邮路,途经枣强,将来往邮件交接至代办所,部分村民已可以从信差手中收到信件。

1938 年 6 月 13 日,肖张邮寄代办所改设为邮政代办所。10 月中旬,中共冀南区五地委书记信锡华等 6 人赴冀南区党委路过肖张村时,被反动组织"白吉会"捕去,并押送到县城。共产党地下交通员李建北在送信途中获悉后,急行 30 余千米到南宫县韩庄向冀南区党委负责人李菁玉汇报了情况。次日,军分区部队攻打枣强县城,将信锡华等人营救脱险。为适应抗日游击战争形势需要,1939 年 3 月 1 日,建立隶属于冀南军区五分区军事交通总站(对外称抗日游击大队)的枣强县武装大队军事交通分站,肖张设交通点,交通点设有交通员,主要负责文件、书报传送。1946 年 1 月,县交通局接管县中华邮政局。2 月 27 日,由原县中华邮政局和县交通局人员组成县人民邮政局。原邮政局人员负责民间邮政业务,原交通局人员负责党政军文件、信函、报刊投递。1951 年,枣强县局定为三等乙级局,肖张代办所设为二级代办所,设专职投递员。1953 年 4 月,县邮政局、电话局合并为县邮电局。1954 年 11 月,衡水至大营委办汽车邮路(委托邮政专线外的汽车代运邮件)开始运行,肖张代办所投递员每天到车站接、交邮件两次。1956 年 3 月 5 日,肖张二级代办所改设为邮电所,位于肖张村南街路西。

1963 年 8 月 9 日,洪水切断衡水至枣强邮路,邮运工作被迫中断,邮路改由清凉店用船运回枣强,直至 27 日衡水至枣强邮路恢复。是年,全县乡邮投递线路调整为 26 条,所有村庄逐日送到。

1964 年肖张邮电所迁至西街路南。期间,营业场地仅 2 间房,20 平方米左右。1973 年 10 月,肖张公社各大队均设立信报站。1976 年,肖张邮电所迁至衡大路西侧(肖张村南),有房 3 间,共 45 平方米。1990 年,又迁至衡大路东肖张信用社北侧,新址共占地 0.9 亩,建筑面积 214 平方米。

1992 年 6 月 15 日,肖张邮电所通信楼土建工程动工,9 月 28 日竣工。建房 10 间,面积 240 平方米。供暖设备于同期安装完毕并投入使用。是年,共有房屋 18 间,建筑面积为 374 平方米。

1993 年,肖张邮电所共有职工 6 人。设 1 条兼职市内投递线,36 个投递点。设信箱 1 个,经办信函、包裹、汇兑、电话、电报及收订各种报刊业务。

1998 年 4 月,邮电分营,肖张设邮政支局,实现"村村通邮"。镇境乡邮路线:东赵庄→西赵庄→东李纸房→梁纸房→屈家纸房→刘家纸房→西李纸房

肖张邮电所（1993 年摄）

1997 年 5 月 4 日，肖张邮政局寄出的普通信件

→程杨→南辛庄→景村→后河西→前河西→河西店。2006 年，邮政储蓄实现与全国联网，肖张邮政支局设有储蓄网点。

2015 年 5 月，中国邮政河北省枣强县肖张邮政支局更名为中国邮政集团公司河北省枣强县肖张邮政支局，主要经营邮政基础业务、邮政增值业务、邮政储蓄业务及国家邮政局批准开办的其他业务。2021 年年末，有职工 5 人，其中支局长 1 人，储蓄柜员 3 人，邮政营业员 1 人。

电信

1931年，以县城为中心架设8个区公所电话线路，时肖张区公所通电话，主要是为国民党县党部和政府预防各种不测，达到"一方有警则顷刻周知"，不为民众所用。抗日战争时期，上述线路遭破坏，抗战胜利后修复。1957年，枣强至肖张电话线路开通。1963年8月9日，镇境遭遇洪水，县局至支局电话线路被阻断，1964年5月1日至12日，修复流常至马屯、肖张杆路，计5杆程千米，6.5线对千米。

1988年6月24日，肖张邮电所增农话交换点，设50门磁石电话交换机1台。1990年年底，镇境实现农业电话自动化。1991年7月8日18时，镇境遭受飓风和特大冰雹袭击，县城至肖张所的载波被阻断，至9日凌晨2点通信恢复正常。1992年3月18日，肖张邮电所自动电话交换机割接开通，总容量112门，实装24户。随后，各村相继安装公用电话，普遍设在村委会或者临街的商店内。1992年前后始有无线寻呼。1998年4月邮电分营，中国联通集团河北省通信公司枣强县分公司在肖张设立营业厅。

中国联通集团河北省通信公司枣强县分公司肖张营业厅　1998年4月14日，肖张营业厅设立。是年，设数字程控电话交换机656门，数字移动通信站1个，有载频2个，有中继电路480路，共有农话用户623户。

1999年7月6日，固定电话与移动电话分营。其后，公司针对肖张镇境光纤宽带用户进行全面提速，300兆宽带速率起步，1000兆超高速率引领，不断推进4K天翼高清、天翼智能组网、家庭云TB级存储等业务，加快培育以智能终端、品质服务、生态合作为核心的宽带新优势，发挥示范引领和带动作用，持续打造家庭宽带市场的行业标杆。2006年4月18日，此营业厅撤销。

中国移动通信集团河北有限公司枣强分公司肖张营业厅　2004年10月22日，河北移动通信有限责任公司公司枣强分公司在肖张设营业厅，经营移动电话通信业务（包括语音、数据、多媒体等）。2006年12月26日，更为现名。2011年，建成3G基站。负责人先后为周云轩、赵志杰。2016年，此营业厅撤销。

中国联合网络通信有限公司枣强分公司肖张营业厅　2004年12月21日，中国网通（集团）有限公司枣强县分公司在肖张设营业厅，员工3人。2008年11月18日，更为现名。主要经营固定网本地电话业务（含本地无线环路业务）、公众电报和用户电报业务、国内通信设施服务业务、固定网国内长途电话业务、固定网国际长途电话业务、IP电话业务（限Phone—Phone的电话业务）、900/1800M Hz GSM第二代数字蜂窝移动通信业务、因特网数据传送等业务。2010年3月10日，增加WCDMA第三代数字蜂窝移动通信业务、卫星国际专线业务、因特网数据传送业务、国际数据通信业务、26GHz无线接入等业务。2014年9月25日，增加LTE/第四代数字蜂窝移动通信业务（TD-LTE）。截至2021年年末，已建网基站19个，其中4G网基站12个，5G网基站7个。信号覆盖范围4G网达100%以上，5G网达100%以上，基本实现无缝隙覆盖。负责人先后为李维亮、刘立根、彭宝义。

供电

1968年，肖张公社肖张大队与毗邻的衡水县景官大队架通10千伏输电线路，安装50千伏安变压器一台，供田间机井和大队办公照明用电，是县内最早的高压线路和变电设施。1972年，老杨庄变电站竣工投运，装变容量为1800千伏安，供县城内部分工副业生产和生活用电，也供肖张等12个公社的部分村队用电。1987年，建起流常35千伏变电站，装变容量为3150千伏安，供肖张等 5 个乡用电。至此，全镇各村农田灌溉用上了电，全部村 / 居民实现用电照明。

供水

1949 年前，境域各村饮水主要依靠老水井，较大村庄有 2～3 眼水井。一般建村即建水井。50 年代初，肖张、程杨等村建砖井。90 年代中后期，镇境较大村庄修建饮用水深机井，建水塔（或蓄水箱），铺设主管道，敷设分支入户，但不能 24 小时供水，村民在自家院里建水泥蓄水井。

2012 年春，肖张镇联村供水工程开工建设，于 2014 年秋投入运行。2016 年枣强县启动农村水源置换工程，建农村地表水厂，敷设地表水输送管路，肖张镇水厂由此建成。2019 年 10 月，枣强县全域实现自动化供水，并正式切换使用国家"南水北调"工程送来的长江之水，且实现了 24 小时供水。2021 年年末，全镇自来水用户共计 4108 户。

供气

1949 年前，镇境各村炊事、取暖使用薪柴，村民拾柴、砍柴获得燃料，部分家庭曾依靠卖柴为生。秋收季节，村民会将麦秸秆、玉米秆等收集起来，作为燃料存储。人民公社化时期，物资配给，部分家庭有少量取暖煤。2000 年后，肖张镇有液化石油气供应站，各村设点，凭本供应平价液化石油气，每户每月一罐，价格 55 元。若有不足，可购买市场价液化石油气，每罐 100 元。2017 年，镇境天然气管道入户，国家配备壁挂炉。2021 年年末，全镇有管道燃气用户 4798 户。

社会事业

教育事业

明清时期，肖张镇共考取进士1人（李岳，武科）、举人6人（李程、江咸、高九澄、李廷奎、辛奎壁、李庆余，均武科）、贡生10人（李柽、李甫海、李肇遴、李凯、江曙、江澂、张居谦、李体信、王绳直、李书田）、副榜1人（艾培元），诸生多人。

肖张镇有文字记载的小学教育始于清同治初年，肖张村李姓家族十四世李莲海发起的肖张镇初级小学，位于肖张东街外东场，李莲海任教师，有学田十几亩，出租所得作为教师的薪水和日常开支，曾因教育成绩显著，县衙授予"教育勤劳"匾一块悬挂于门楣之上。校舍一直沿用到民国初期。

民国时期中小学课本
（时肖张教堂抡才学校设育德中学，任道真任校长之后使用这套中小学课本。）

1910年，英国伦敦传教会肖张教区重建，附设"抡才"学校，后增中学部，名育德中学，分男校、女校，不仅招收枣强县及故城县、衡水县、武邑县等周边县的学生，还有来自山东武城、恩县、高唐县等地的学生，更有人不远百里，送八九岁幼童进抡才学校就读者。日军占领枣强后，英籍传教士撤回英国，抡才学校停办。

1912年前后，政府要求各村普及小学教育，开办国民小学校。1914年，肖张村在东街外关帝庙内设肖张国民初级小学，设1~4年级，共1个班，学生20余人，1名教师，实行复式教育。1919年，肖张区有国民学校的村庄有程杨村，教员臧德成等2人；后河西村，教员刘鸣鹤；前河西村，教员张继林；河西后纸房村，教员张锡伍；景村，教员李凤镐；大（东）李纸房村，教员李邦藩；肖张镇小学，教员李运藻；屈纸房村，教员屈锦云；刘纸房村，教员张居庆。另有河西店村国民学校，教员资料无记载。抗日战争全面爆发后，各村小学相继停办。

1946年后，各村逐渐恢复小学教育，多利用闲置房舍开设初级小学校，多属1间教室，1位教师进行1~4年级复式教育。同期，在肖张西街原辛德凯大院建高级小学校，并在院南建房舍一排，设教员室。

1949年前后，肖张乡有完全小学1所，位于肖张村，所属14个村均有初级小学。1957年，在肃临线公路（肖张段）以东设立肖张农业中学（简称农中）。1969年，农中改为肖张高级中学。同期，在"三河一景"（前河西、后河西、河西店、景村）、刘西坊、东西赵、屈家纸房、东李纸房、程杨小学增设初中。1979年肖张高中设初中班。同期，各村学校陆续撤并初中班，学生转至肖张镇中学，至1984年全部撤并完毕。

1995年，全镇有小学14所，小学教师74人，在校生1844人，入学率、巩固率、完成率、合格率均达到100%；有初中1所，初中教师42名，在校生781人，入学率达到98%，巩固率、完成率、合格率也达到了相应标准。1996年，肖张小学通过省教委、市教委"普九"验收。

随着农村学生逐渐减少，1999 年开始小学合班并校。先撤梁家纸房教学点，到 2003 年陆续撤并了南辛庄、景村、河西店、前河西、刘家纸房、屈家纸房、东赵庄、西赵庄等教学点，保留肖张、程杨、后河西、西李纸房、东李纸房 5 所完全小学；成立肖张、程杨、后河西、西李纸房、屈家纸房、西赵庄 6 所幼儿园。2003 年 12 月，肖张小学附属春蕾幼儿园通过省、市验收。

2005 年，在肖张镇中学院内西侧，成立肖张镇高级小学，汇集肖张、程杨、西李纸房、后河西 4 处小学的五、六年级学生，实行寄宿制。2007 年，东李纸房小学的五、六年级学生并入。肖张镇中学也于 2005 年从初中三年级开始逐渐实行寄宿制。2012 年，肖张镇中学因危房改造，被撤并至枣强第二中学，肖张镇高级小学更名为肖张镇中心小学，合并镇内所有四年级学生。2016 年，根据 2015 年省督导评估专家意见，肖张镇中心小学合并了镇内所有三年级学生。

至 2021 年年末，肖张镇共有 1 所中心小学，5 所村级教学点，6 所幼儿园。全镇共有小学专任教师 91 人，小学在校学生 680 人。

医疗卫生

清末，境域民间医疗以中医、中药为主。比较有名的中医有纸房村王姓中医世家、后河西徐庭魁中医世家。药铺有肖张村西街路北史雨开设的医药铺，肖张村南街路东全璨周开设的医药铺和前河西村张振熙创办的"大黑熙药铺"。1910 年，肖张教堂重建后，附设的教会医院影响至周边县。1931 年，肖张村傅震山在枣强县城开办枣强人创办的第一所西医院——同德医院。1952 年前后的社会主义改造期间，部分民间中医纳入医疗系统，医疗机构实行公私合营或撤销。六七十年代，肖张公社设卫生院，县医疗系统培养赤脚医生，各村建卫生室。

1985 年，河北省中医院肖张分院建成，并开办医学培训班。2006 年，全镇有卫生室 14 个。2011 年，肖张镇农村安全饮用水普及率 100%，农村卫生厕所普及率 90%，新型农村合作医疗参合人数 14008 人，参合率 99%。是年年末，肖张镇有各级各类医疗卫生机构 14 个，其中卫生院 1 所，病床 16 张，专业卫生工作人员 21 人。2013 年，前河西、程杨等村卫生室达标。2018 年，全镇有医疗卫生机构 12 个，床位 20 个，执业（助理）医师 5 人。

2021 年年末，全镇有卫生院 1 所，村卫生室 14 个，床位 22 张，从业人员 30 人，其中执业（助理）医师 10 人。

肖张镇卫生院 1953 年，肖张教会联合诊所改为肖张乡卫生所，有工作人员 7 人。1960 年，卫生所迁至肖张南街。1970 年，肖张公社卫生所扩建。1974 年卫生所由肖张南街迁至肖张西街，1979 年由卫生所更名为卫生院，有职工 9 人。1985 年，肖张乡卫生院增设瘫痪、肝炎治疗专科，并在肝病预防与治疗上进行专项研究。1996 年在肃临线西侧重新建设卫生院，1997 年建成后迁至新院址，更名为肖张镇卫生院，有职工 10 人。

肖张镇卫生院（2021 年摄）

1985 年，肖张卫生院编撰的
《肝病防治知识》手册

2000 年，肖张镇卫生院在治疗肝胆病方面有了新突破，就医辐射面达方圆 100 千米。是年，镇卫生院被县卫生局评为"先进卫生院"。2003 年，先后购置了 500 毫安 X 光机、三导心电图、脑电图、血球仪等设备，并于 2014 年将卫生院扩建为二层门诊住院综合楼，有职工 12 人。2016 年至 2019 年，实施医疗条件提升工程，新建肖张镇卫生院二层门诊住院综合楼。2020 年，将 500 毫安 X 光机换为 DR，三导心电图升级为十二导联心电图，购置全自动生化分析仪、五分类血球仪、电解质分析仪等一系列高精尖设备。2021 年年末，肖张卫生院有职工 16 人。历任院（所）长王之和、王宗元、朱会民、王石庆、李景峰、李义。

社会保障

80 年代前概况 抗日战争中，抗日民主政府曾经给予特困农户发放救济粮，也曾发动向富户借粮运动，使大多贫困户缓解困难。解放战争中，结合土地改革、大生产等群众运动，曾用土改的收获和生产所得对困难户给予救济。土地改革以后，特困户大大减少，党和政府在大力组织发展互助组、合作社的过程中，组织老弱孤寡户入组入社，使他们在生产、生活上有了依靠，社队也从征得的地方自筹粮款中拨出部分接济他们。合作化以后，合作社、人民公社实行"五保"制度[1]，"五保户"根据本人自愿原则，或入肖张敬

[1] 即保吃、保穿、保烧、保住、保医（葬），供给标准不低于当地一般农民实际生活水平。

老院集中供养，或在村中分散供养。

灾害救济上，典型事件为1963年8月上旬的洪灾救济。灾后，在县委的领导下，通过修旧房、盖简易房和借房等方法，解决了灾民住房问题，并发放了盖房补助。为解决灾民临时食粮和日常生活需要，及时下放了粮食并供应煤炭、食盐、火柴、煤油灯等生活必需品和生产资料。对烈军属、"五保户"和生活困难的灾民发放了救济款，解决了灾民吃、穿、烧、住的困难。抗洪斗争期间，上级党委、人民解放军、石家庄地区派飞机给灾区空投食物。

农民"五保"供养　落实家庭联产承包责任制后，政府对农村丧失劳动能力和无依无靠者，本着"依靠国家、依靠集体保障和群众社会互助"的原则，沿用50年代农业合作化以来就实行的"五保"供养政策。1989年，在敬老院集中供养标准为每人每年35元，在村分散供养标准为每人每年300元。2006年，在敬老院集中供养标准为每人每年125元，在村分散供养标准为每人每年1200元。所需供养资金由县财政列支。

2011年，肖张镇农村"五保"集中供养3人，支出1万元，比上年增长20%；农村"五保"分散供养78人，支出11.7万元，比上年增长21%。2017年始，"五保"供养人员并入特困人员救助供养人员统一供养。

社会救济　落实家庭联产承包责任制后，对因病、因残、因灾、因不幸事故等原因而造成的困难户或个人，经本户（人）申请，村委会、乡（镇）政府出具证明，县民政局审批，给予临时困难救济。1999年，困难农民低保线为年人均收入为500元。2006年，困难农民低保线为年人均收入为683元。2013年，全镇贫困户、残疾人、孤儿、鳏寡老人生活困难逐步得到解决。

2016年，全镇有低保42户、83人，发放低保金14190元，有特困户67户、73人，发放特困金39560元。2018年，有低保54户、103人，发放低保金23485元，有特困户52户、54人，发放特困金21300元。

2021年，全镇城乡居民基本养老保险参保6391人，城乡居民基本医疗保险参保 10957 人。领取城乡居民最低生活保障的有 131 户、218 人，发放低保金 82056 元。有特困人员 68 户、74 人，发放特困金 40108 元。共发放残疾人护理补贴和生活补贴 14892 元。临时救助 7 户、7 人，共计发放救助金 11963 元。

精准扶贫

基本情况

2015 年，肖张镇辖 14 个行政村，乡村人口约 1.4 万人，综合贫困发生率 1.09%，全镇耕地 3.0012 万亩，党员 775 人，共有 5 个贫困村，建档立卡贫困户 252 户、543 人，其中低保户 42 户、75 人，"五保户" 52 户、54 人，残疾数 104 人，当年脱贫 3 户、9 人。2016 年脱贫 72 户、173 人。

是年，镇党委、镇政府成立以书记为组长，镇长、主管副职任副组长的脱贫攻坚领导小组，作为辖区脱贫攻坚战的主要指挥机构，带领各村"两委"班子，在驻村扶贫工作队、帮扶包保单位、扶贫专干等扶贫力量的协助下，以"精准识别、精准施策、精准帮扶"为原则，对全镇 277 户贫困户进行分配，工作队帮扶 55 户，镇机关帮扶 166 户，水务局帮扶 56 户。

领导小组通过开展系统信息录入工作，按照"四因三缺"[1] 的标准，精准识别帮扶对象，针对不同情况进行分类，进行精准帮扶。对丧失劳动力的贫困户给予救济，争取符合条件的贫困户纳入低保户，组织爱心企业家开展慰问活动。对有耕地、有劳动能力的贫困户积极联系农行、农村信

---

[1] 四因三缺：因病、因残、因学、因火，缺技术、缺劳力、缺资金。

用社等金融部门，为贫困户创业提供 3 万元以下的小额贷款，帮助贫困家庭发展种植、养殖、加工等小规模创业活动，切实增强贫困户的造血功能。同时，联系公路养护、超市门卫、保洁员等工作岗位，解决贫困群众的就业难题。

2017 年，肖张镇有 4 个贫困村退出[1]，综合贫困发生率分别为屈家纸房 1.19%、东李纸房 1.15%、西赵庄 1.67%、东赵庄 1.84%，共计脱贫 114 户、218 人。2018 年，梁纸房村退出贫困村序列，全镇脱贫 31 户、76 人。2019 年脱贫 27 户、60 人，2020 年脱贫 5 户、7 人。至此，镇境贫困户全部脱贫。

2021 年，镇党委、镇政府聚焦"两不愁三保障"[2]，继续巩固脱贫攻坚成果。集中开展贫困户"两不愁三保障"落实情况摸排工作，未曾出现返贫户。

落实"两不愁三保障"

2014 年至 2017 年，新建房舍 25 户、维修 57 户，总投资 83 万余元。截至 2021 年年末，无危房改造申请；义务教育阶段无辍学学生，无因学支出自付大于收入未纳入贫困户或脱贫的情况；贫困户（含脱贫户）参保率 100%，无因病支出自付大于收入未纳入贫困户或脱贫的情况；贫困户、"五保户"、残疾人补贴全部落实到位。

---

[1] 退出贫困村标准：贫困发生率低于 3%，则整村脱贫。

[2] "两不愁三保障"："两不愁"即不愁吃、不愁穿，"三保障"即义务教育、基本医疗、住房安全有保障。其中，住房安全有保障规定，建档立卡贫困户人均住房建设面积不超过 25 平方米。

产业扶持

2016年9月，帮助贫困户入股衡水晓杰农业技术有限公司，每户本金2000元，3年分红21%。2017年、2018年，为脱贫户中整户无劳动能力户申请3千瓦光伏发电，每户年均收入4000元。

2018年，帮助270户贫困户入股吉祥现代农业合作社，本金4165元，周期5年，每年分红10%。此外，人均半亩林工程涉及全镇4村、5户、10亩，小杂粮项目18户，生态扶贫（地下水压采项目，小麦休耕补贴）30户。

2019年，按照"一乡一品""一村一业"产业发展规划，扶持了一大批特色产业，助力扶贫工作。其中，扶贫高粱项目涉及3个村，共计707亩，带动贫困户18户、94亩；后河西村200亩的山楂树园区建设项目带动了当地80户村民加入其中，包括4户贫困户，亩均效益可达2000元；特色养殖业扶贫牛项目带动贫困户21户。

2020年，东赵庄村充分发挥扶贫工作队的作用，针对村内资源条件和产业发展特点，培植特色种植产业，因地制宜引进"京薯553"甘薯新品种，种植面积300余亩，带动50户贫困户，年人均增收2000元。肖张村高油酸花生播种面积600亩。在种植管理的过程中，贫困户还可以到合作社打工，又为他们增加了一条增收途径。在镇党委、镇政府的支持和村干部的带动下，河西村、东李纸房村也加入到高油酸花生种植中。4个村共种植高油酸花生2200亩。通过发展高油酸花生种植，带动贫困户30余户，实现当地农业持续增产、农民持续增收。

专记：梁殿星——身残志坚 自强不息 成就脱贫路 西赵庄脱贫户梁殿星生于1951年，4岁时因小儿麻痹症致残，行动不便，多年来靠几亩薄田和养羊、打零工养活一家老小。2013年，随着女儿日渐长大费用不断增加，他自己和年过九旬的母亲需要常年看病、吃药，家中负担越来越大，日子越来越困难。

2014 年，镇政府把梁殿星纳入建档立卡贫困户，为他们全家办理了低保，他的女儿还获得"雨露计划"教育培训补助；每隔一段时间，镇里会把产业扶贫等各种补贴送到梁殿星手中，他家的生活一下子有了改观。多年来，扶贫干部的暖心帮助让他十分感动，好强的他在本村办起了小磨坊，为村民磨米、磨面。

2018 年，镇里大力发展高粱产业，梁殿星第一个报名种植 3 亩高粱，当年实现收入 3000 多元，获村"自力更生脱贫奖"。此外，梁殿星还在高粱合作社当拖拉机驾驶员，每次收入 200 多元。当年 10 月，梁殿星成功脱贫。

2019 年，梁殿星耕种的 5 亩高粱净收入 5000 余元，再加各种补贴，累计年收入 6000 元以上。令人欣喜的是，这一年他的女儿大学毕业后就职于安徽合肥一家公司，月收入 2000 多元。梁殿星家的生活又上了一个台阶。

回首这些年生活的变化，梁殿星特别感恩，常常说："还是国家的扶贫政策好！唯有努力，才能对得起党和政府、对得起扶贫干部们的付出！"

文明镇村创建

2004 年 3 月，肖张镇启动文明生态村创建活动。2006 年 11 月 9 日，省委书记白克明到肖张村视察文明村创建工作。是年，肖张村成为第一批"省级生态文明村"。2016 年，在全镇 14 个村和企业、部门设立光荣榜、宣传栏，宣传身边涌现出的好人好事，弘扬社会主义核心价值观。是年，河西店村范宁家庭被评为"省文明家庭"。

2018 年以来，镇境先后建成肖张镇新时代文明实践所及 14 个村级新时代文明实践站，成立 14 支村级志愿者服务队，招募志愿者近千人，开展涉及政策宣讲、普法宣传、扶贫帮扶、村庄清洁等多项志愿服务活动，大力弘扬社会主义核心价值观。2020年，在全镇14个村开展评选"十星级文明户"和评选"文明村"活动，2个村获市级文明村、9个村获县级文明村称号。

2021年10月，肖张村入选"2020年度河北省卫生村名单"。

2006—2021年肖张镇获评"文明村镇"称号一览表

年度	村镇名称	荣誉称号
2006	肖张村	省级生态文明村
2013	前河西村	全县农村面貌提升精品村
2015	程杨村	市级文明村
2017	肖张镇	市级文明乡镇
2017	肖张村 程杨村 河西店村 前河村	县级文明村
2019	后河西村 屈家纸房村 梁纸房村 景村 南辛庄村	县级文明村
2020	肖张村 程杨村	市级文明村
2020	肖张村 程杨村 前河西村 河西店村 屈家纸房村 后河西村 景村 梁纸房村 南辛庄村	县级文明村
2021	肖张村	河北省卫生村
2021	东赵庄村 东李纸房村	县级文明村

文体设施与队伍

1930年，大李纸房村成立河北梆子剧团。50年代初，肖张、程杨、后河西等较大村有剧团、高跷队等民间艺术团队。镇内设有文化站，设有专职人员。律有文化馆，文化馆位于肖张村南街老盐店处，馆内图书室有图书百余册，一度为普及速成识字班场地、电影放映场地。六七十年代，各村有毛泽东思想宣传队组织表演歌舞、样板戏、快板书等文艺活动。

文化站经常辅导各村文体团队，开展球类、棋类比赛。重大节日组织乡镇级文体活动，下村巡演、放映电影等，组织团队参加县里举办的大型文体活动，举办科普图片展、书画展、先进人物事迹展等。1999年，肖张休闲文化广场建成，配有健身设施，广场上常活跃着锣鼓队、秧歌队等文体队伍。2006年，枣强县城元宵节花会，镇文化站组织架鼓队、秧歌队参加活动，热闹非凡。

2011年年末，肖张镇有文化站1个；公共图书室14个，藏书14万余册；文化行业从业人员18人；有体育场地1处；90%村庄安装了健身器材，经常参加体育活动的人员占常住人口的30%；电视综合覆盖率100%。

2013年，后河西、东李纸房等村新建群众锣鼓队。2016年，共建成"农村书屋"14个，配置图书16000册、光盘1200张。各村文化活动场所配备投影仪、幕布和音响等设备，实现多媒体阅读；安装健身器材3套，指导肖张、西李纸房、前河西3个村先后组建锣鼓队、秧歌队，吸收业余文化爱好者180余人。

2017年，建成集宣传、文化、党员教育、科学普及、普法教育、体育健身等功能于一体的镇综合文化站，使用面积220平方米。在后河西村新建休闲广场1处，县文体局配备健身器材1套。2018年，景村、南辛庄两村休闲广场建成。

2017年改建提质的肖张、程杨两村的文化广场整洁、新颖，并绘制了文明新风文化墙，配有篮球架、棋牌桌、乒乓球台、健身器材等设施，建有大舞台。2021年，肖张、程杨两村的文化广场均入选"最美文化广场"。是年年末，有镇综合文化服务中心1处，村综合文化服务中心14处，有锣鼓队8支，秧歌队3支，广场舞队5支。

后河西村健身休闲广场（2017 年摄）

程杨村"中国梦"文艺活动（2017 年摄）

环境建设

2013 年，投资 200 余万元完成前河西村省级重点村改造和后河西村市级重点村改造；投资 100 余万元完成景村通村公路、主干街和 8 条小街小巷的硬化工程，彻底解决了群众出行问题。

2016 年，治理了肃临线两侧门店，统一了牌匾设计，拆除了私搭乱建，沿线门店管理规范，环境卫生整洁，提升了人居环境。同年，全面启动并建设完成的河西店村新型农村社区，成为全镇新农村建设的旗帜，也是全县新民居改造的示范村。社区内村民服务中心、卫生室、幼儿园等一应俱全，当年年末基本完成搬迁入住。

2017 年，以东李纸房村、梁纸房村、屈家纸房村为重点村打造人居环境示范片区，多次组织开展爱国卫生运动、人居环境大整治等活动，对卫生死角进行集中清理。

2018 年，在肖张村、东赵庄村、东李纸房村 3 个村启动美丽乡村建设。以守好"绿水青山、筑牢生态屏障"为宗旨，紧盯重点区域和关键部位，落实"六控"措施，加强畜禽养殖污染治理，巩固"散乱污"企业治理，杜绝已关闭"散乱污"企业死灰复燃。借助"雪亮工程"，与镇派出所合作，共享辖区近 200 个视频监控资源，新建"高空瞭望"项目，实现镇境监控全覆盖，通过"一屏智联"延伸"多口联动"，广泛用于秸秆禁烧巡视、散煤治理、重点人员管控等各个方面，节省人力资源的同时不断提升治理效能，为改善镇境乡村人居环境做出了积极贡献。

2021 年，春季植树造林 1960 亩，清理大广高速沿线 11 个村涵洞卫生及各村内外垃圾杂草、残垣断壁，并彻底清除各村主干道和两侧胡同 20 米内的垃圾存放点、坑塘垃圾、杂草。同年，完成 1496 座农村无害化卫生厕所改造，在东赵庄村完成农村垃圾中转站建设，全镇垃圾由第三方清理，可保持全天整洁。全镇人居环境有了大幅提升。

榜样引领

克己奉公的刘金荣 70年代任肖张大队贫协主席，兼管集体果园，终年在果园劳动。他严于律己，为家人定下一条特殊家规，果园挂果季节，除他以外，家中老幼一律不准进果园。他干起活来废寝忘食，常是家人找到果园叫他回去吃饭。

衡水市十佳杰出医院院长候选人镇卫生院院长李义 2005年于衡水卫生学校毕业后，一直在肖张卫生院工作。通过成人高考完成了大专、本科专业知识学习。参加工作后，为夯实自己的医学知识基础，更好地解决广大患者的疾苦，曾多次到省市县各级医院进修学习。

2009年加入共产党，时刻以党员身份严格要求自己，牢固树立为人民服务的思想，急患者之所急，想患者之所想，参加工作以来，积极发挥共产党员的先进性思想，为数例贫困患者自掏腰包给予免费诊治，获得广大患者的好评。

李义

2013年9月，被枣强县政府评为"枣强县枣强好人暨第四届道德模范"，2016年，被任命为镇卫生院副院长。2020年，被任命为镇卫生院院长。

多年来，始终坚持救死扶伤的医学理念，坚持"以人为本""以病人为中心"的管理、服务理念，为更好地解除患者的疾病痛苦，学习了钩活术、小针刀、筋膜理疗等医术，并成为中国民间中医医药研究开发协会会员，钩活术专业委员会委员、民间中医特色先进工作者。任院长后，用专科技术引领医院发展，带领全院职工学专科、抓业务、再创新台阶，把一个辖区万人左右的乡镇卫生院年业务流水从 90 万元提升到了 180 余万元。

衡水市十佳基层医疗签约医生候选人镇公卫科主任王圣霞　生于 1983 年，专科学历，2006 年 6 月份毕业于河北工程大学医学部，2006 年 8 月参加省"三支一扶"计划，服务于肖张镇卫生院，2022 年任肖张镇卫生院公共卫生科主任，负责镇卫生院基本公共卫生健康教育、卫生监督协管、传染病及突发公共卫生事件管理与上报等工作。工作 16 年来，视医院为家，视患者如亲人，对自己负责的各项工作，都能尽忠职守、尽职尽责、兢兢业业。自开展签约服务以来，做了大量工作，手机 24 小时开机为签约用户服务，为签约居民手机设置一键呼叫功能，经常利用休班或下夜班的时间为签约居民做随访服务，免费监测随机血糖、监测血压，深受签约居民喜爱。

王圣霞

　　敬老尊老模范李景铁　男，1949 年出生，程杨村人，是有口皆碑的老实人、厚道人。村里的井无人看管，他不声不响地卷起铺盖到井屋里住；40 岁的时候，收养了一个被遗弃的女婴；1977 年 4 月起，义务照顾 80 多岁的无儿无女的孙老太太两年多，每天打扫卫生，端菜送饭；2003 年，又挑起照顾 79 岁半身不遂的孙焕玲的重担，每天为她清理大小便，洗衣服和被褥，料理她的一日三餐。获衡水市首届"厚德衡水典型人物"，衡水市第三届道德模范。

　　敬老尊老模范范宁　生于 1968 年 6 月 8 日，河西店村人。1990 年毕业于河北财经学校，就职于枣强县审计局。范宁的父亲 2006 年患脑溢血，后又患脑萎缩，且症状愈加严重，生活上已不能自理，母亲患白内障，且年事已高，也需要人照顾。85 岁高龄（2015 年）的婆婆患脑血栓已有二十余年，还患有心脏病、腰椎损伤等疾病，长年需要人照料；儿子在外地上大学，丈夫平时

范宁与母亲（2018 年摄）

工作非常忙，顾不上家；哥哥范党育于 2008 年因公殉职。面对这样的情况，范宁无怨无悔，勇敢地挑起了照顾三位老人的重担。父亲脑溢血大小便失禁，范宁每天很早就起来洗老人尿过的被褥和脏衣服，伺候老人起床、煎药、端便盆，做饭、喂饭，上午和下午先后两次搀扶老人出来遛弯晒太阳，白天抽时间上街买菜、买药，晚上为三位老人按摩，洗澡、洗脚，伺候老人吃药、上床睡觉。2010 年夏，婆婆摔伤腰，诱发心脏病，卧床三个月，不但吃饭、吃药要喂，就连大小便都不能翻身，天气又炎热，她每天为老人擦洗两遍身体。那一年，范宁累得腰椎间盘突出，老人心疼她，主动提出要雇人或进敬老院，她坚决不同意。

在生活中，范宁以自己优良的品质，教育和引导孩子积极向上，健康成长。在她的影响下，儿子小小年纪非常有孝心、爱心和上进心，利用寒暑假期主动照顾老人。范宁所到之处，总是以一种积极向上、和蔼可亲的形象与同事和左邻右舍相处，遇到同事或邻里有困难，她总是鼎力相助，得到了周围邻居的普遍称赞。她原就职于税务部门，后在审计局工作，留给人们的印象都是踏实肯干、兢兢业业、任劳任怨、工作上精益求精，受到了领导和同事们的一致好评，多次获得"先进个人"称号和荣誉证书。

敬老尊老模范李桂棉 河西店村张知忠的妻子，数十年如一日孝顺自家父母，照顾别家有困难的老人。在 2012 年北京万名孝星命名活动中，被北京市人民政府命名为孝星。

李桂棉是北京某社区居委会主任，面对理解慢的老年人，她总是不厌其烦地耐心解释，并主动坚持把"为老服务券"送到行动不便的老人家中，赢得社区老年人的认可。宋艳芬老人是广外南社区的一位孤寡老人，李桂棉对老人照顾有加，定期到老

李桂棉与宋大妈（2020 年摄）

人家问需求，大年三十为老人端水饺。老人也常到社区唠家常，把社区当作自己的家，把李桂棉当成自己的女儿一样讲贴心话。

遇老人身体不适，李桂棉坚持带着老人按时到垂杨柳医院进行治疗，有时中午才能结束，她就带着老人一起去吃饭，然后将老人送回家安顿好后才安心离开。她说，自己的母亲不在身边，宋大妈和自己的母亲同岁，每当看到宋大妈时，就像是看到自己的母亲一样亲切。她和老人没有一丝血缘关系，但她把宋大妈当成自己的亲人一样照顾，感情胜似一家人。

村庄篇

肖张村

肖张村，北与桃城区半壁店村相邻，东隔索泸河与屈家纸房村、梁纸房村相望，南邻中干渠与后河西村接壤，西邻程杨村。自1938年5月抗日民主政权建立，肖张村一直是区（乡、镇、公社）驻地。村东临京九铁路、肃临公路，大广高速公路、邯黄铁路穿村而过。

至清末，索泸河肖张村段常年有水，水面最宽约百米，水深六七米，清澈如镜，曾是河北东南部的黄金水道，往来商船川流不息，使肖张村成为方圆数百里的物资集散和商贾云集之地。50年代初，全村共有大小自然沟渠36条，比较深的有22条，多数沟渠常年有水。1958年前，每到雨季，"三河一景"（前河西、后河西、河西店、景村）的雨水都顺着沟渠向北灌注到肖张村域，致使村内时常积水深约60厘米，村民只能蹚水而行。1958年，政府发动几十万民工挖掘的中干渠从村域穿过，村内积水现象得到缓解。

民国期间，村内曾有肖张教堂、教会医院、教会学校。日军侵占枣强后，教会人员撤回英国，医院、学校停办。教区被日军侵占，做据点、建炮楼。村内曾建容纳千人的大礼堂，是枣强县少有的大型文化活动场所，曾改为中西医结合医院，后为村小学教学场所。

2019年，中共枣强县委筹建平原枪声历史纪实展览馆，坐落于村委会对面。村内杰出人物有任道真、侯仁之、李会山、任燕风等。

2021年年末，村域面积约6平方千米，呈长方形分布。地势平坦，由西南向东北倾斜，平均海拔23米。土壤大部分为红黏土或含有机质成分较多的黑淤泥沉积，透水性差，地下水停滞，水质较差、水量较小。村东的索泸河岸有少许沙丘。全村耕地面积5265亩；聚落面积为895亩，其中有别墅小院24套。村内有文化活动中心、健身广场、社区卫生服务中心等设施，有2支广场舞队，每支队伍20余人。

肖张村鸟瞰图（2023 年 3 月摄）

肖张村办公场所（2021 年摄）

村名由来

肖张成村时间无典可考，相传成村于商周时期，曾名"粮广店""集贤镇""萧张村"。

粮广店 据传，商周时期，索泸河是冀东南地区重要航道。在今肖张村域，人们沿河而居，日久天长，逐渐形成村落，有百余户人家，并有集市，是方圆百里的物资集散地。由于河运方便，设码头，南来北运的粮食多集中在此，而得名"粮广店"，以示"粮食多"。

集贤镇 因粮广店粮食越聚越多，需要运输、存储、收粮、放粮，在村中设三老、延缘处理行政事务、排解纠纷。后设里，逐渐形成外围村落，呈现一片繁华景象，一时群贤毕至，能人众多，于是改村名为"集贤镇"。

萧张村　据传是村民为纪念萧何、张良纳张耳，村中未曾遭遇战乱而改村名为"萧张村"。公元前 207 年，赵地张耳复赵国不久，遭秦兵围困巨鹿，被项羽解救。公元前 206 年，西楚霸王封张耳为"常山王"，驻信都（今冀州区旧城），更名"襄国"，后遭陈馀袭击，败走后加强周边防务，集贤镇成为张耳驻军之地。是年，刘邦建立汉朝，大局初定，派宰相萧何、军师张良、大将军韩信征张耳，经萧何、张良周旋劝降，张耳归顺刘邦，被封为大将军，镇守冀州。村庄未受毁灭之灾。

李维昌、李晓岚等编写的《萧张志》更倾向于曾名"萧章村"。康熙十四年（1675 年）《冀州志》载，枣强境域有"萧章墩""萧章堡""萧章铺"等，枣强县知县赵杲曾参与修订此志。乾隆年间，参与重修《冀州志》的大学士、吏部尚书刘於义也不曾对"萧章"提出异议。由此可见，村名或因村内有萧姓和章姓得名。有史料载，明洪武、永乐（1368～1424 年）年间，枣强曾大量移民山东。山东《滨县地名志》载，原滨县 672 个自然村有 412 个村由枣强移民所建。上海复旦大学历史地理研究所曹树基教授著文《从移民地名解读我国移民史》中记载"阳信、沾化两县几乎是枣强移民的一统天下"。滨州市陈户镇萧姓，沾化县罗村镇萧姓，淄博市峨庄乡下端士村萧姓，西岛坪村萧姓曾到枣强寻祖。他们的家谱中记载"祖上于洪武年间迁自直隶真定府枣强县城北"，但城北何村无记载，具体村落无考。现枣强城北衡店、杜烟、单仓口等村镇历史上均无萧姓，从而增大了肖张曾有萧姓，不过早已迁出之说的可能性。据村内长者回忆，清代村内文人鹿鹤翔生前说过，东街曾有章姓，后迁出。如果村内确实有过萧姓、章姓，或曾名"萧章村"，后因章姓迁出，张姓居多，而更名"萧张村"。70 年代因汉字简化，更名为"肖张村"。

人口

人口总量　明洪武二十四年（1391年），肖张村620人，后经历战乱、移民，人口波动较大，至万历四十四年（1616年），全村402人。清朝初年，全村803人。其后生活较为安定，人口数量大幅增加，至乾隆末年，人口已增长至1500～1800人。民国时期，军阀混战，村内人口又呈下降趋势，1928年村内尚有人口1300人，1936年减至1100人。抗日战争期间，日军残杀百姓，其间遭遇1943年特大荒旱，村内饿死、病死、外逃人员较多，人口不足千人。1949年后，村内人口逐年增加。1949年年末全村人口1356人，此后60年，除1951年、1959年至1962年人口数量比上年减少（1959年至1962年都比上年减少近百人）外，其他年度均有增加。1973年全村人口超过1800人，1990年年末为2836人。2021年年末，有834户、3508人。

性别构成　从性别分布看，自1949年始有性别结构统计至2009年的60年中，有55个年度常住人口总数中女性多于男性。其中1951年，男女性别比（以每100位女性所对应的男性数目为计算标准）为68，其他年度性别比为88～99.5。男性多于女性的年度是1977年、1984年、1986年至1988年，这5年性别比为100～102。从年龄看，30～50岁人口中，男女比例较为平均。55岁以上老年人，女性明显多于男性，年龄越长，女性占比越高。

年龄构成　旧时婴儿成活率低，大多家庭都有婴儿夭折情况发生。1949年后，生活水平逐渐提高，特别是医疗条件的改善，大大提高了婴儿的成活率，婴幼儿童、少年在总人口中曾呈逐年增加之势，在实行计划生育、提倡少生优生后，其在总人口中所占比例又逐渐变少。1949年后，高寿人数逐渐增多。尤其是80年代后，高寿人数大增，人均寿命为72.3岁。2021年12月底，村内80岁以上老人有80多位。

文化构成　历史上，村民多是文盲、半文盲。抗日战争时期，中国共产党和抗日民主政府以及抗日群众团体积极开展识字、学文化运动，使一部分文盲能认识一些常用字，一部分接受了相当于高小水平（相当于现小学五、六年级）的文化知识。1949年后，小学教育基本普及，升入初中的人数大幅增加，部分村民就读高中、中专、大专、本科，也有部分村民在生产工作之余参加非全日制进修，全村人口的文化结构发生了质的变化。改革开放以来，普及九年制义务教育，大部分青年接受中等教育，部分青年到高等院校学习，甚至攻读硕、博研究生学位。据不完全统计，70年代以前，肖张村的大、中专生有56人；1970年至2021年，大专以上学历271人，其中博士5人，出国留学7人。

姓氏

截至2021年年末，村内有李、张、刘、魏、辛、赵、王、贺、鹿、艾、郭、付、石、任、杨、齐、岳17姓氏，其中李姓、张氏、刘氏、魏氏人数较多。

李姓 分五支。其一，明永乐时，其先祖自山西洪洞迁居山东德州，后人李士贤自德州迁居程杨村，六世名守祖自程杨迁居肖张村，子四，三居西街，一居南街。其二，李迁山由山西洪洞迁居今冀州区马头里村，后又迁肖张村北庄，清末李福增、庆、考三兄弟再迁北街。其三，今冀州区段村李崇山，民国期间因来肖张村西街行医，遂定居肖张村。其四，清末，原籍天津的李霖芝来肖张村开盐店，因生意兴隆，便定居肖张南街。其五，程杨村李中雨在民国初到肖张卖灭虫药，遂落籍南街。

张姓 分六支。其一，清康熙三十八年（1699年），世居今桃城区武家庄的张云龙迁居肖张村。其二，相传，兄弟二人自山西洪洞迁居肖张村东街，后弟又迁居山东。民国期间，次支后人来肖张抄录家谱，半夜携谱返鲁。其三，相传，明永乐年间，东庄张氏先祖自山西洪洞迁此定居，与今桃城区野营村张氏同宗。其四，张金玲于清末自今马屯镇傅仓口村迁居肖张村东街。其五，相传，张恩义于明万历年间自山西洪洞迁居肖张村东街。或误，明末不存在洪洞移民，或为再迁。其六，明永乐年间，张氏太祖仲安率长、次子自山西洪洞老官村迁居今冀州区张家宜子村。清光绪二十年（1894年），十七世张德泽自张家宜子村迁居肖张村北街。

刘姓 分两支。一支，相传由山西洪洞迁出三兄弟，长、次支定居山东，三支定居肖张村北，自称一村刘家庄，后称后街。后山东长、次支后人来肖张续家谱，因盘费用尽，携谱不辞而别。另一支王屯刘氏，因与南街李凤莲结婚而定居肖张村。

魏姓 始祖于明成化三年（1467年）自今冀州区魏家屯村迁居肖张村前庄。

辛姓 始祖兄弟二人相传迁自山西洪洞。清国子监学正辛魁壁、参加过第一次世界大战的辛九江等出自该族。

赵姓 分三支。一是南街、城壕赵氏兄弟三人相传迁自山西洪洞，长、次居肖张村南街、城壕，三弟再迁山东曲阜。二是赵明国于1941年随姐姐自今冀州区魏屯镇邢宜子村落居肖张村北街。三是赵世林于1941年自今武邑县审坡镇赵四园村来肖张村以理发为生，与李姓结婚定居北街。赵世林在1949年2月17日积极参加全县支前民兵民工团，任肖张村支前担架队队长，参加太原战役，获支前模范称号。赵丹是2008年北京奥运会志愿者，2009年"60年国庆"，作为学生代表参加10月1日庆典活动。

王姓 分两支。一是明初，有兄弟二人自山西洪洞迁至今桃城区半北店村、王家庄村。二是明末清初，十二世王立深自半北店村迁居肖张村南庄。相传王氏由山西洪洞迁居肖张村北街。因家谱在"文化大革命"中被烧毁，故只知曾祖名为王殿元。《平原枪声》王二虎的原型之一王金锁出自该族。

贺姓 始祖于清乾隆十三年（1748年），自今冀州区魏屯镇贺家村迁居肖张村北街。

鹿姓 祖源不详，相传与山东鹿氏同宗。因家谱在"文化大革命"中被毁，世系失传。

艾姓 祖籍陕西米脂县。明永乐四年（1406年），艾从宽携四子迁居枣强县紫结村，后长子荣再迁单驼村、次子林留居、三子玉再迁山东曹州府曹川县，四子敬迁居济南府济阳县。十五世艾存柱于清同治年间自单驼村迁居肖张村南街。

付姓 分两支。一支付氏原籍山东武城县四女寺镇五屯村。付庆轩于民国初迁居肖张村南街。付振山等在1931年在县城创办枣强县第一所西医医院——同德医院，曾为抗日做出贡献。另一支南街付大顺，本后河西村人，父亡随母迁居肖张村。

郭姓 原籍今桃城区郭景官村。民国期间随母来居外婆家，落户肖张村东街。

石姓 始祖相传于明初自山西洪洞迁居肖张村后街。

任姓 任道真原籍故城县古城镇，出生于南宫县任家庄村。1914年燕京大学毕业后，受聘肖张教堂抢才学校，遂定居肖张村。

杨姓 杨石亭、林兄弟二人本新屯镇娄子村人，清末民初因做小生意而留居肖张村西街。

齐姓 齐喜顺因与肖张村张金淑结婚于1972年自今安国市郑章镇王买村迁居肖张村北街。

岳姓 于清初自岳家庄落户刘氏外婆家，居肖张村后街。

农业

作物 1946年土地改革前，肖张村自耕农以农业生产为主，广种薄收，农作物主要有玉米、小麦、红薯、瓜菜、芝麻、花生等，基本上只供自家食用。棉花曾为村内重要经济作物，1936年全村人均植棉0.3亩。50年代初，村民李会同曾被县政府树为"植棉模范"。

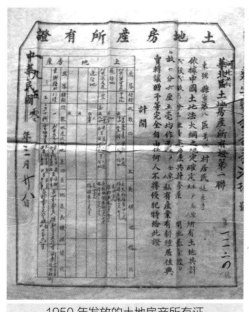

1950年发放的土地房产所有证

土地改革后，村民实现"耕者有其田"，但在农业生产中出现不同程度劳动力、畜力、农具不足等困难。1952年，村党支部书记李金浩带领村内党员率先在自愿、互利基础上试办东庄农业生产互助组，后组建初级农业生产合作社（以下简称初级社）。同期，村内还有西街刘凤鸣、李安泽组建的初级社。1956年，各初级社合并为高级农业生产合作社（以下简称高级社）。

1965年"四清运动"，地区专员高健带领地区干部、天津的大学生、部分县城干部在肖张搞试点，实现了革命生产两不误。1966年从衡水景官拉来了工业电，机井配上电，全村照明也用上了电，是枣强县第一个用电的村。1966年春，工作队带领着全村社员奋战四十天，吃住在田间，手提、肩挑井水、挖丰产沟，种上千亩分枝大红穗高粱，秋后亩产四百多斤，全村一跃跨过了"黄河"，是枣强县的大寨村。

人民公社化时期，肖张大队通过平整土地、兴修水利、提升土地肥力等方

1965 年，肖张大队"四清"工作队合影

1966 年，肖张大队劳动手册

农业生产合作社社员手册

法，扩展了耕地面积，改变了土壤性状。1965年到1969年，动土10万立方米，填平大小沟渠几十个，改造盐碱地200余亩。到70年代末，村内盐碱地全部变成了良田，玉米平均亩产量由1952年的32.5斤提升到400斤左右，小麦平均亩产超过500斤。

改革开放后，粮食产量大幅增加，从责任制前的亩产1000斤达到2000斤。棉花、油料等经济作物也有很大发展，特别是棉花，全村每年种植1000余亩，亩产籽棉500～600斤，成为村民重要的经济来源。1981年，村内经济作物种植1500亩，主要有棉花、芝麻、花生、向日葵、瓜菜、烟草、蓖麻以及药材等，总产值占种植业总产值的60%，占农业总产值的45%。

2002年，村内引进芦笋种植，每亩年收入3000～4000元，最高年度能达到5000～6000元。2009年，村内种植业产值占农业总产值的60%，其中，粮田播种面积占耕地总面积的60%，粮食作物产量占种植产量的35%，占农业总产值的20%，品种有小麦、玉米、山芋、豆类等。

2010年以来，肖张村的经济发展更加迅速，集体经济不断壮大，产业结构发生了重大变化。2020年，村内种植金银花100余亩，年纯收入8万元左右；种植高油酸花生600余亩，每亩收入1000元以上。

果树　经济林　肖张村果树主要有枣、杏、桃、梨和苹果，其次有核桃、山楂、海棠、李子、沙果、杜梨、石榴、桑树等。古代村域水草丰茂，荆棘遍地，枣树尤多。肖张枣树经世代自然生长和人工栽培，至近代已遍布全村，田园、河畔、村边、庭院，随处可见，品种繁多，品质优良，其中以马莲小枣为最佳。

1965年，大队集体在村东开辟400亩果园种植桃树、梨树、苹果树、葡萄。1979年，从东北引进优质红富士苹果树，更替百亩果园内老桃树。1995年，村沙河西岸荒田改造400亩，种植梨树和苹果树，集体果树增至700亩。2021年年末，村内果园面积达1000亩，其中，以"皇冠"为主的优质梨树600余亩，以"红富士"为主的优质苹果树400余亩，另外还有部分杏树、桃树等其他果树品种。

2000 年前后，村内引进速生杨，在村边、院边、坑边、闲散地、河坡、公路两边、田间路全部更新换代种上了速生杨，约 13 万株，单株价值百元。

土地改良 肖张村农业用地"先天禀赋"差，土壤贫瘠，并伴随较严重的盐碱、沙化现象。为了改良土壤，村内曾规定一般农田每年施农家肥一大车，后增加到两大车，还搞过所谓的"人造尿""土化肥"。1952 年，村内开始施用以硫酸铵、骨粉等为主要原料的生物肥料，村民称之为"肥田粉"。70 年代，开始施用碳铵和氨水等肥料。改革开放后，农家肥每亩施肥二至三大车。此外，还利用农作物秸秆完全还田、养殖业迅猛发展等有利因素，提升优质生物肥数量。80 年代，开始施用磷酸二铵等复合肥和棉花、小麦、玉米、花生等专用复混肥，还有微量元素硼、锌、钾肥等。

在解决土地肥力不足的同时，村内还通过排水降低地下水位，植树、种草增加植被，利用伏雨淋洗低洼地盐碱质，选用耐碱作物等方式积极治理盐碱地。

农业机械化 1950 年至 1952 年，村内利用国家下拨的贷款，买喷粉器 50 部。70 年代，成立了机务队，包揽全部耕地的拉、轧、耕、耧、耙。每小队都添置小型拖拉机，大队基本实现机械化。农产品加工方面全面实现机械化，有磨面机、碾米机、玉米粉碎机、饲料加工机等。落实家庭联产承包责任制后，农机具全部更新换代，户户都有小型拖拉机，耕、耧、收全部由机械专业户来完成，打药用机制喷雾器，除草喷打除草剂。截至 2021 年年底，村内大田作物集中连片种植，秋收季节就能见到大型收割机发挥优势。

水利建设 肖张村属于水资源缺乏的地区，饮用水、灌溉都非常依赖井水。1949 年前主要靠人力打井，50 年代主要是打砖井，有的村民为多收粮棉，支援抗美援朝、支持国家建设，将土地改革分到的好房砖面扒下来支持打砖井，被称为"爱国井"。1952 年前后，肖张村利用国家下拨的贷款，购买水车 5 部。1959 年，肖张村又添置了锅驼机和扬水工具，队队都有五轮水车。

1966年春，由河北省钻探打井队在村北、村南打铁管井2眼，是枣强县最早的深机井。70年代，村内建扬水站3处，打机井20余眼，使村内旱地全部变成水浇地。进入21世纪，村内不断引进高科技农田灌溉设备，采用喷灌、滴淋等系统，既节水又提升灌溉面积。2018年以来，村内挖通了南官道，扩充了蓄水池塘，引进了黄河水，机井也达到了百亩粮田一眼井，大大增加了水浇地面积。

工商服务业

1949年前，有村民走京串卫（天津）或者下关东、去塞外，以生产经营毛毡、五金、木器、铁器者居多。还有一部分村民受城市经济发展影响，进京经商、学手艺，以皮毛、木工等为主。

1952年，李金浩组建的初级社，投资1000元购买油碾和榨油工具，办起村内第一个集体榨油作坊。1953年，张东其组织的初级社，向国家贷款，购置弹花机，办起村内第一个集体棉花加工坊。

六七十年代，肖张队办企业进入快速发展期，玻璃钢厂、橡胶厂、油毡厂、编织厂相继建立。此外，村民李俊华组织成立"枣强县肖张乡搬捣建筑队"，成为肖张村第一个有营业执照和资格证书的建筑队。

第二、第三产业的蓬勃发展促进村内专业人才的培养，村中涌现出一大批善于经营、销售的人才。1968年，李存礼所在的八队办起笔刷厂。1972年，他开始担任业务员，当年实现2万元的销售额。1975年下半年，李存礼开始负责玻璃钢销售工作，最大一笔订单是与沈阳自行车厂签订的总额17万元、预付款8万元的供货合同。此后数年中，李存礼每年均以完成40万元左右销售额拔得头筹，为集体经济的壮大做出了贡献。同期的优秀业务员还有十队的辛俊杰，从1967年开始为小队笔刷厂推销产品，足迹遍布河北、河南、四川、贵州、江西、黑龙江、辽宁、吉林等地。

除各小队的队办工厂外，肖张大队的副业工厂也蓬勃发展。1967年开办的"大队副业摊"，主要生产笔刷、油毡、皮毛等产品，员工有70余人。1968年开办的肖张大队笔刷厂，年产值40万～50万元。1980年，肖张村在公路边知青大院建中型面粉厂，在知青后院建旅馆，在公路边粮站大门北建起5间房开饭馆，在粮站大门南盖房4间开小商店，在机务队大院建铁匠铺，队里还增添了轧花机、榨油机。1986年，肖张村玻璃钢制品业共有6个厂，12个联合体，32个个体户，规模居枣北之首，成为玻璃钢产品专业村。

肖张村社队副业为村内经济发展做出很大贡献，至1988年全村总产值达到4000万元，各企业每年缴纳税金总计20余万元，为农业生产，尤其是水利建设提供了大量资金。

2021年年末，村集体建成520平方米仓库，年纯收入3万余元。

教育

初等教育 明清时期村内有私塾。清同治元年（1862年），村民李莲海在村境域建小学校一所，名为"肖张镇初级小学校"。光绪二十四年（1898年），英国教徒在肖张教堂开办抢才学校。1914年前后，肖张村建国民小学，校址在东街外关老爷庙内，1923年水淹房倒。1924年，由村内士绅辛斌亭发起，辛德纯、李银海、李增寿等8户募捐，在村南街路西新建肖张小学，由辛斌亭任教，招收肖张村内学童。1928年，有一个班40余人，教师1人，肖张解放后收为村办初级小学，设1～4年级，1间教室，1名教师，进行复式教育。1965年，成立肖张完全小学，子女不出村便能接受完整小学教育。

中等及以上教育 光绪二十四年（1898年），肖张教堂抢才学校有初中部，学制2年，村内子弟大多在此接受初等教育，直至1941年学校被日军侵占设据点停办。解放后，有条件村民子弟到县城读中学。1966年后，初中、高中就读于肖张学校。1973年肖张学校高中班停办，1981年初中班停办，子弟需到肖张镇中学或县城读高中、初中。

清末民初大学本科、专科生 从肖张村走出去接受高等教育的学子有燕京大学任道真、李寿田，北京协和医院大学贺松岩，黄埔14期辎重专业李群祯，天津一师李宗其、鹿鹤祥、张跃凯、张守默，冀师王丙范、张晓臣、李广森、李田仓，法政专科李洪宁，泊镇九师李耆诰，北京贝曼女子高中辛荷芳，高等师范李绍砚。

医疗

1900年，肖张村有民间中医药铺两家。西街路北的医药铺由中医史雨开设，有学徒李崇山（衡水段村人）1人，南街路东药铺由吉科全庄人全璨周开设。50年代"公私合营"，全璨周撤药铺回乡。1901年至1941年，肖张村有肖张教会医院，方圆百里的百姓遇到疑难杂症都来此就医。村内还有南庄王子和在自家开设的诊所；韩敬尘在北街贺立柱房里开设的中医诊所；衡水段村人李玉领在西街路北李志和的瓦房里开设的中医诊所。50年代初，肖张村成立卫生所，所长周会民，地址在北街路西李丰臣家中，后迁至南街路西付镇山家中。

1952年12月，落实"公私合营"时，将私人诊所组织到一起，成立联营诊所，次年1月1日开业，此为枣强县第一个联营诊所，王子和、李崇山等人在联营诊所坐诊，所长为李玉领。1958年下半年，肖张村联营诊所与肖张村卫生所合并，所长为吴桂显。1965年10月，党中央号召培训赤脚医生，天津第六医院唐相森大夫和一位周姓药剂师、侯姓护士到肖张村卫生所"赤脚医生"培训班授课，有学员16名，其中，肖张、程杨每村2名学员，其他村每村 1 名学员。肖张村张久长、赵殿群二人参加培训，培训结束后，张久长在村里开办卫生室。

1985 年 1 月，肖张村与石家庄河北中医学院附属医院联合在原肖张大礼堂（1990 年，改建为肖张村小学）开办河北中医学院肖张分院。医院开业后，石家庄中医院派来 15 名经验丰富的医生坐诊，程金玲负责全面工作。1988 年初，合同期满后医院撤销。1993 年，肖张村卫生所自筹资金，在肃临路西建房 37 间，设诊室 20 间，卫生所改为肖家镇卫生院。

人物

李庆怀 生卒年不详，字镜源，号溪东，清同治十三年（1874 年）岁贡生。幼以好学闻名乡里。院试五次冠军，九次参加乡试，六次获荐举第一，曾获荐卷。惜不获。捐授训导，奖五品衔。民国初，曾充县参事。居家授徒，从游者近百人，入县学者多人。

李莲墀 生卒年不详，字丹卿，颖异忠厚，监事果断，奉公无私。光绪庚子案，解裹自任，设法救民。奖六品衔，著有《桐荫山房文集》。

史培元 生卒年不详，清嘉庆六年（1801 年）钦赐副榜。

辛魁壁 生卒年不详，字文宿，清嘉庆庚午（1810 年）钦赐副榜贡生，癸酉钦赐举人。己卯会试，钦赐国子监学正。工书法。至孝。五世同堂。

李庆余 生卒年不详，清道光二年（1822 年）武举人。

李莲海（1838—1909） 字星舫，父李庆怀，祖父李锦堂，皆宿儒。同治十年县试，方宗诚将李莲海拔置案首，后李莲海一生从事教育，县奖"教育勤劳"大匾，省奖以六品衔。李莲海为文老练简当，反复说理与吕祖谦相近，书法圆润颇似赵孟頫。身后著有《曰生居文集》二卷、《曰生居诗集》二卷。

刘卜武 生于1904 年，家庭出身贫苦，有4 男3 女。家住东街口路南的庙旁，有北房两间、东房两间。全家 9 口人睡在一铺炕上，一床被子 18 条腿。

1939 年日本侵略者进驻肖张后，刘卜武积极参加了抗日活动。县公安科科长张琴室带领着枣北抗日游击队在县城北锄奸安良，与敌伪斗争时期，动员他任肖张村村长。为掩护革命志士在村内的活动，张琴室安排他在门房屋朝街开了个水馆，并设有麻将局。他白天打点炮楼的日军、皇协军、便衣队，从而掌握日伪军的活动情况。晚上召集情报员汇总情况，随时向地下党组织汇报。

据点里有位山西籍皇协军班长，姓任，此人搜刮民财、欺男霸女，无恶不作。一天，任匪带领两个护兵找到刘卜武等，命刘当日筹齐 40 块银圆给他私用，否则枪毙。刘万般无奈，与其一同跑了多处，但借钱不多，直到傍晚还未筹齐。任匪急了，拿着手枪指着刘卜武的脑门，说："我今天非毙了你不可！"但考虑刘还能为其所用，未扣动扳机，命随从用枪托砸刘卜武，刘被打得浑身是伤，忍无可忍，跳入 11 月寒冬的大水坑试图躲避一劫。待人们把他打捞上来时，已不省人事。可任匪依旧不依不饶，将他带回"红部"，捆起双手吊在梁头上，对其进行严刑拷打。

待党的地下组织通过关系，将刘卜武保释出来时，刘已遍体鳞伤、无法自理，党组织将他藏在破庙里调养了数月，才能走动。后将其转至其岳父家，休养了一年才痊愈。不久之后，党组织择机将任匪捉住枪毙，除了一害。

张洪顺 生于 1911 年，家住肖张东庄路北。其父早年病逝，母亲抚养他们兄弟三人。张洪顺是长子，很早就当了家，担起了家庭的重担。他是个大孝子，对母亲百依百顺，无论多苦多累，从不让母亲饿着。一次赶集回来扛着饼卷，村民问起，便自豪地说："劳动所得，孝敬老母亲的！"

张洪顺膀大腰圆，两眼炯炯有神，为人豪爽，会点武功，有一身的好力气。为了养家糊口，张洪顺在北大坑脱坯售卖。他脱的坯表面光滑，有角有棱，可谓一等一的上品，是村民建房首选。说起张洪顺脱坯，还有个故事呢！

抗日战争时期，县公安科科长张琴室经常活动在肖张村，时常在北庄土地庙和驻庙的老贵在一起从事秘密活动。一天，忽见北边来一队日军，张琴室立即南撤，途中遇到正在脱坯的张洪顺，灵机一动，将手枪交给张洪顺，来不及多言，只说了一句"藏好！晚上交到张庄付维邦家"随后跑远。张洪顺随手把手枪放在脱坯模子里，用泥填平。那边，日军赶到时什么也没发现，便悻悻地回炮楼去了。这边，可把张洪顺吓出了一身冷汗。事后，张洪顺把枪擦干净，晚上送到了张庄。从此，便结识了张琴室。

后来，张洪顺买了一匹枣红马和一辆两轮小轿子车，在肖张和衡水之间拉脚，战乱期间，常常遭遇日军卡、土匪截。一天，张洪顺往衡水送人，到了衡水城被日军截住，日军二话不说，便扣了人和车，逼迫张送他们下乡搜刮民财，再运回城里。眼看连续几天无法脱身，张洪顺掏出随身钱物塞给一个队长，恳求道："家中只有老母亲一人，身体多病又没人照顾，放我一马吧！"夜晚，张洪顺赶车出城回家，走到景官道时，被两个土匪拦截。两匪一前一后，他前进无路，后退无门，只好向车前拿枪的土匪求饶。那土匪怎能听他的，恶狠狠地说："不留下买路钱，休想离开！"无奈，张洪顺只能伺机而动，假意哆嗦着捧着钱袋子靠近对方后，突然飞起一脚，把那个人的手枪踢到车边。张洪顺快速拾起枪往车辕上一砸，枪被砸成了两半。不等那人还手，他已顺势拽住对方手指，对方来没来得及反应，只听"咔、咔、咔"三声脆响，那人的三根手指就被拧断了，疼得那人大声喊娘，跪地求饶。车后的那个土匪看此情景，吓得一溜烟跑了。直到回到家，张洪顺还有些心惊肉跳呢！

后来，张洪顺在张琴室的开导下卖掉了车和马，当了一名情报员，每次参加活动他总是一马当先。1942年春，活捉叛徒刘三友子，张洪顺立下头功。当晚，在肖张村西枪毙刘三友子时，村民无不称快，同时也给炮楼里的皇协军、便衣队敲了警钟——顽固不化、与人民为敌，这就是他们的下场！同年冬，张洪顺只身用冻坷垃砸死黄翻译，未费一枪一弹。

张兰新

张兰新 生于1948年，中共党员。1966年加入中国共产党，担任肖张村党支部副书记，先后出席衡水地区学毛泽东思想积极分子代表大会、河北省贫下中农代表大会。1972年至1974年，张兰新历任滕村、马屯、流常等公社团委书记兼妇联主任。1975年，担任肖张公社党委副书记。1984年调入衡水地区纪检委工作，1988年任监察科科长。1992年，调任中共安平县委常委、纪委书记。1996年，被中共衡水地委评为"抗洪模范"，授予模范共产党员称号。同年，调任衡水市妇联主席、党组书记。1997年，先后担任河北省妇联常委，中共衡水市委委员，衡水市人大一届、二届常委，并被选为全国八大、九大妇女代表，中共河北省委第六届党代表。

张兰新在担任衡水市妇联主席、党组书记的10年间，先后荣获全国"三八红旗手"，省级表彰8次，被中共河北省委、省政府记二等功1次，市级优秀共产党员、先进工作者，记二等功1次。

李恒君 生于1949年11月，中共党员。1968年，枣强中学毕业后回村务农。当过海河民工、生产队副队长。1970年参加工作，在恩察供销社当业务员，曾徒步向县食品公司送猪。工作之余，写一些新闻稿件。1972年，因在《人民日报》发表《人民的胜利，美帝的惨败》一文，被调到枣强县革委会政治部宣传组后，陆续在新华社及省、地报纸发稿件。

李恒君

1976年调入中共衡水地委宣传部。1992年，任中共衡水地委宣传部常务副部长。1985年，任中共饶阳县委副书记。李恒君任衡水市广电局局长、党组书记兼电视台台长、总编辑后，狠抓广告创收，改善全局的设备状况，并多次同清华大学电子系专家会谈，生产出全国首台大功率发射机。在两年时间内，使电视、电台发射机在全市实现固态化、国产化，走在全省前列。2005年省台发稿，电台全省第一、电视全省第三。向中央电视台供稿方面，每年均在《新闻联播》栏目中发5篇以上。2005年，由市、县广电局共同努力，春节期间在《大营农民学外语》发稿，省电视台也同时发稿，提高枣强县在全国的知名度。退休后，任衡水老年大学校务委员。

张乃升 1952年3月生于，中共党员。1969年3月至1971年9月，任陆军某军一九六师五八六团一营营部通信班长；1971年9月至1975年5月，在天津大学无线电工程系学习；1975年7月至1982年12月，国家海洋技术中心军转地方，任助理工程师；1985年至1997年，任国家海洋技术中心工程师；1997年至2008年，任国家海洋技术中心高级工程师。

张乃升

张乃升发表《灾害性海冰航空遥感监测实时传输系统》（《海洋技术》1996年第2期）等多篇论文。

辛双贵 1959年12月生，肖张村人，号抱竹堂主。中国书画家协会会员，衡水市书法家协会会员。曾任枣强县委委员，衡水市第二、三、四届政协委员，枣强县第五、六、七届政协常委。河北科技大学毕业，1982年4月参加工作，1996年12月任枣强信用社联社主任、理事长，2008年10月任衡水桃城农商银行监事长。2019年2月退休。

辛双贵

辛双贵书法作品

辛双贵自幼酷爱书法艺术，临池不辍，入古出新，潜心研习古代名帖，深得古法古意，其书法作品推陈出新，多次获国家级、省级奖项。

李佩池 生于 1963 年 9 月，中共党员，在职研究生学历。1982 年 8 月，任流常中学团委书记。1986 年 6 月至 1997 年 8 月，先后任县政府办公室科员、

李佩池

副科级秘书、政府办副主任、研究室主任、办公室主任、政府办党组书记、政府党组成员。2002 年 2 月，任政府副县长、党组成员。2006 年 7 月，任县委常委、县委办公室主任，其间兼任大营镇党委书记，妥善解决大营税案遗留问题，保持了大营镇经济社会稳定。2007 年 5 月，任县委常委、常务副县长。2013 年 7 月，任县委副书记。2015 年 2 月至 2021 年 7 月，任县人大常委会主任、党组书记。2022 年 9 月，为一级调研员。

组织机构

村民李会山于 1937 年年末加入中国共产党，是全村第一位党员。1938 年 1 月，村民任风光（任燕风）参加东进纵队，同年 9 月入党。

村党支部建立于 1943 年，知识青年张仁升任第一任党支部书记。1944 年，村党支部有赵朋起、刘长顺、李玉岗、张仁东、刘凤鸣、刘书群、辛立忠、张长印、张仁升、李德兴、辛德顺、赵世林、刘玉福等 16 名党员。抗日战争期间，村党组织积极带领全村党员和村民与敌周旋，开展了轰轰烈烈的敌后抗战。解放战争时期，党组织领导村民参战支前，组织贫农团斗地主、分田地。1949 年以来，村党支部领导村民开展经济建设，不断发扬党的优良传统和作风，扎实做好联系服务群众工作，把全村广大群众紧紧凝聚到党的周围，发挥了战斗堡垒作用。1995 年，村党支部被市委授予第一批"红旗党支部"称号。2007 年，村党支部被市委授予"先进基层党组织"称号。2021 年年末，肖张村有共产党员 129 人。

1958 年 9 月，设肖张管理区，肖张村成立生产大队管理委员会（以下简称大队管委会），辖 11 个生产队管理委员会（俗称小队）。1983 年，撤队建村，成立肖张村民委员会（以下简称村委会），至 2021 年年末，历 8 任村委会主任。

1943—2021 年肖张村党支部成员任职情况一览表

任职时间	职务	姓名
1943—1946	书记	张仁升
	副书记	刘凤鸣
	委员	辛德顺　李德兴　辛振祥
1946—1960	书记	李德兴　辛德顺　李金浩 张东其　张克勤
	副书记	刘凤鸣
	委员	辛振祥　辛立忠　张东其
1961—1965	书记	李金浩
	副书记	张克勤
	委员	辛立忠　刘凤鸣
1966—1969.01	书记	李慎仁
	副书记	张兰新　刘金荣
	委员	李金浩　张克勤　辛起义 李恒池　李文顺　王大棉
1969.02—1978.12	书记	李慎仁
	副书记	刘金荣
	委员	李恒池　任友菡　张怀顺　魏庆柱 艾洪林　李慎选　魏延和
1979.01—1996.06	书记	艾洪林
	副书记	魏庆柱
	委员	李俊利　张怀明　刘金荣

任职时间	职务	姓名
1996.07—1997.08	书记	张怀岗
	副书记	张怀明　李恒智　魏庆柱
	委员	李世信　张洪广　张中兴
1997.09—1998.11	书记	张海臣
	副书记	李恒智　魏庆柱
	委员	李世信　张洪广　张中兴
1998.12—2014.03	书记	张怀明
	副书记	李佩玺　李维朋
	委员	李维朋　张海臣　张洪广　赵石群　李维恒　辛双红
2014.04—2018.12	书记	张怀明
	副书记	张泽清
	委员	张洪广　李维朋　张根才
2019.01—2021.06	书记	张世明
	副书记	张广安
	委员	石　宾　张继祥　张根才
2021.06—2021.12	书记	张世明
	副书记	张广安
	委员	石　宾　张继祥　魏益超

1966—2021 年肖张村委会（大队管委会）成员任职情况一览表

任职时间	职务	姓名
1966—1969.01	大队长	李金浩
	副大队长	张东其　张克勤
	委员	赵朋起　张书仁　李恒仁 张久长　李田起　李维明 张中兴　张九奇　魏延和
	民兵连长	辛起义
	治保主任	刘凤鸣
	妇联主任	周兰顺
	会计	李恒池
1969.02—1978.12	大队长	艾洪林
	副大队长	李慎选
	委员	辛起义　魏庆柱　李恒池 魏延和　刘书群　李田起 王大棉　任友菡　魏秀改
	民兵连长	辛起义　魏庆柱
	妇联主任	王大棉　任友菡　魏秀改
1979.01—1996.06	大队长/主任	魏庆柱　张怀明
	副大队长/副主任	张乃忠　李佩红
	委员	李俊利　王大棉　刘大芬 李佩玺　魏年胜　李维朋 张全水　张石恩

任职时间	职务	姓名
1979.01—1996.06	治保主任	李维朋
	妇联主任	王大棉　刘大芬
	民调主任	李佩玺
1996.07—1997.08	主任	张海臣
	副主任	鹿世华　李维勤　刘书良
	委员	李恒池　张石柱 刘大芬　赵石群
	民兵连长	李维勤
	治保主任	张石柱　李维勤
	妇联主任	刘大芬
	会计	李恒池
1997.09—1998.11	主任	李恒智
	副主任	魏庆柱
	委员	李世信　李维勤　张洪广 辛国增　刘大芬　赵石群 王俊峰　张根田
	民兵连长	李维勤
	民兵连副连长	辛国增
	治保主任	李维勤
	妇联主任	刘大芬
	经济联合社社长	李世信
	经济联合社副社长	辛国增
	会计	赵石群

续表

任职时间	职务	姓名
1998.12—2014.03	主任	赵殿明　李维朋　张海臣
	副主任	李俊华　张泽清
	委员	李佩玺　刘大芬　张洪广 赵石群　张根才
	民兵连长	张洪广
	妇联主任	刘大芬
	会计	赵石群
2014.04—2018.12	主任	赵石群
	副主任	李俊华
	委员	李配玺　刘大芬 赵石群　张根才
	民兵连长	李配玺
	妇联主任	刘大芬
2019.01—2021.06	主任	张世明
	副主任/民兵连长	魏益超
	委员	李俊华　张根才
2021.06—2021.12	主任	张世明
	副主任	魏益超
	委员	张根才　张继祥
	民兵连长	辛双红

程杨村

程杨村，位于镇境西北部。村北与滨湖新区接壤，西距衡水湖约 6 千米，东与肖张村为邻，距大广高速肖张出口直线距离 2.2 千米，北京—广州公路、肃宁—临清公路、横二路穿村而过，衡水市快速公交 3 路和 105 路公交线在程杨村设有站点。村内有三条东西向主街道，北为前进大街，中为中兴大街，南为光明街。

程杨村地处华北漏斗区，地下水深约 70 米，因有滕村古河道流经，水源充沛。农业用水一度以取地下水为主。程杨村生活用水含氟较高，村民易患花斑牙病、内分泌失调和骨骼增生疾病，直到 2013 年由肖张镇自来水厂集中提供饮用水，水质得到很好保障。

1998 年 5 月 8 日，程杨村在全县村域经济暨个体私营经济表彰动员会上，获价值 5 万元联合收割机一台（全县仅 4 个村获此奖励）。

2015 年，新建和翻修村内水泥路总面积 3.68 万平方米，硬化村内全部胡同总面积 5 万平方米，新建卫千渠桥，修建文化休闲广场和群众文化公园 2 处，修建老年人活动中心。新安装街道路灯 160 盏，安装治安监控 75 个。2017 年前后，对全村村貌进行规范化、企业化管理，使得村内更加整洁有序，尽显生态文明村之风貌。

2015 年至 2021 年，村集体为 90 周岁以上的老人发放春节慰问金，为每年高考录取学生发放一次性助学金。2022 年，村集体为每位 65 岁以上老人每月发放 50 元养老补贴。

2021 年年末，全村总面积 5.2 平方千米，其中耕地 5880 亩，聚落面积 1055 亩。全年经济总收入 39339720 元，人均收入 16310 元。村内有秧歌队 2 支，每支队伍 10 余人；架鼓队 1 支，8 人；小剧团 2 人。

程杨村鸟瞰图（2023年3月摄）

程杨村街景（2018 年摄）　　　　　程杨村村口村碑（2021 年摄）

村名由来

程杨村原名"庄科村"，曾名"城阳村""程阳村"。相传北宋时期建村，村庄旧址在村西南约 0.5 千米处，已复作耕地。后经战乱、灾害等因素，人口锐减。明初洪武、永乐年间，山西洪洞县移民迁来居住，因移民中程姓、杨姓人口较多，更名为"程杨村"。

人口

2019 年第五次人口普查记录，程杨村有 712 户、2423 人，全部为汉族。其中男性占 50.1%，女性占 49.9%，60 周岁以上老年人 438 人，占总人口的 18%。2021 年 12 月底，程杨村共有 699 户、2412 人，其中 65 周岁以上老人 383 人。

姓氏

至 2021 年年末，程杨村共有臧、李、周、闫、杨、杜、艾、宋、王、崔、岳、尹、高、张、沈、苏 16 个姓氏，其中臧姓、李姓、周姓、闫姓人口最多。

臧姓 分三支。西街臧姓先祖臧大广于明朝永乐年间携妻带子，从山西洪洞县出发向冀州一带迁徙，沿途以售卖土特产品为生，走到程杨村一带，见此地物产丰富，地势平坦，交通便利，似为发福壮大之地，便定居留下。臧大广育二子。前街臧姓与西街臧姓同族，清朝初期由西街搬到前街居住。后街臧姓先祖臧文善本是枣强城西大雨林召村人，清康熙三十八年（1699 年）举家迁至程杨村定居。

李姓 分三支。东街李姓，于明永乐年间由山西洪洞迁德州，后人李士贤自德州迁居程杨村。西街李姓，祖源及迁入时间不详。后街李姓，先祖于清同治年间由冀县南投亲落户程杨村。

王姓 分两支。后街王姓，先祖于明永乐年间由山西洪洞迁至程杨村。西街王姓，先祖原为山西颜料商人，于清末至程杨村做生意，遂落户程杨村。

沈姓 先祖于清末投亲落户程杨村前街。

杨姓 先祖于永乐年间，由洪洞迁至程杨村西街。

崔姓 分东街、西街两支，先祖均于明永乐年间，由山西洪洞迁至程杨村。

周姓 先祖原籍冀县城南周胡刘村，于明景泰年间（1455 年）至程杨村做生意，遂落户程杨村前街。

艾姓 先祖于清乾隆四十年（1775 年），由艾单驼村（时属枣强县，今属桃城区）迁至程杨村。

宋姓 先祖于清咸丰年间，由今桃城区仲景村投亲落户程杨村后街。

高姓 先祖于清咸丰年间，由今桃城区高景官村投亲落户程杨村后街。

苏姓 先祖于清光绪年间，由威县投亲落户程杨村前街。

尹姓 尹立同，1958 年退役，投亲落户到程杨村西街。

张姓 后街张姓，1965 年投亲落户到程杨村。

杜氏家族，先祖原籍衡水老桥头居住，后投亲落户程杨；后街闫氏家族，由山西省洪洞县迁入；西街岳氏家族由山西洪洞迁入；西街李姓家族由桃城区仲景村迁入。其他姓氏因家谱遗失，失其祖源。

2021 年年末程杨村姓氏、性别统计表

单位：人

街别	姓氏	男	女	小计
西街	臧	124	128	252
前街	臧	22	27	49
后街	臧	135	133	268
小计		281	288	569
东街	李	307	273	580
西街	李	77	69	146
后街	李	27	29	56
小计		411	371	782
后街	闫	129	142	271
前街	周	357	367	724
	苏	7	8	15
	杨	27	28	55
	崔	26	21	47
	岳	50	47	97
	王	18	27	45
	尹	4	5	9
	沈	4	4	8
	杜	15	11	26
	艾	25	26	51
	宋	20	19	39
	高	4	2	6
	张	4	5	9

农业

程杨村土地以潮土为主，矿物质养分较为丰富，但有机质氮磷养分缺失，易受旱涝、盐碱化威胁。土地改革后村民分到土地，村内兴建了水渠，打了机井，初步形成水利灌溉体系，为农业生产提升提供有利条件。落实家庭联产承包责任制后，多数家庭有了余钱和余粮，生产积极性更加高涨，村民认真管理、科学施肥、选用优种、及时除虫，产量逐年提升。1998年5月8日，在全县村域经济暨个体私营经济表彰动员大会上，获得联合收割机1台。

2014年，村内累计流转土地5560亩，提升了村民收入。同时，村集体所有的承包地、闲散地、沟渠一并流转，增加了村集体收入。同期，养殖业也迎来蓬勃发展，全村养猪大户3户，养羊大户10户。其中，臧金春开办的养猪场，2021年生猪存栏290余头，2022年生猪存栏263头，生猪存栏量在全镇一直名列前茅。

2015年，村集体绿化了公共墓地周边闲置的部分土地，林地面积达到5450亩，种植塔松、法桐、红枫等优质树种6000余株，绿了山村、美了家园。是年，卫千渠常年向衡水湖蓄水后，农业灌溉明显改善。

专记：枣强"三八"红旗钻井队的肖张姑娘——周焕恩　祖祖辈辈生活在黑龙港流域的枣强人把土地当成命根子，土地就是他们生存的饭碗。直至进入60年代，这里的农业生产仍然没有摆脱靠天吃饭、等雨下种的束缚，干旱的土地埋没了农民年年播种的希望。水，已成为遏制农村、农业乃至全县经济发展的主要因素。开发水资源成为当时农业发展的唯一选择。

天上无雨地里找，地上无水地下寻。为此，全县掀起了打井取水的热潮。在经历了1953年打砖井、1957年打竹管井、木管井之后，到60年代，实现了机械钻井，成为取水史上的第三次革新。1962年8月，枣强县有了第一台钻机，由石家庄地区水利局划拨，由此成立了"枣强县机井队"。

如果说，枣强县机井队是在克服干旱的客观条件下产生的。那么，"三八"妇女机台的诞生则更多源于当时的政治背景。70年代，毛泽东主席发出了"水利是农业的命脉"的指示。为积极响应这一号召，全县上下形成了机井建设的宏大场面，机声隆隆，红旗飘飘，井架遍布村庄田野，"三级书记上机台"进入前所未有的水利建设大会战。仅枣强县就拥有钻机129台，其中，深井钻机54台，从业人员1000余人。

钻井工作原本是"男子汉项目"，脏、累、险，在当时被震天动地的"妇女能顶半边天"的号召所冲淡，毛泽东主席"时代不同了，男女都一样"的号召，更为"三八"机台的产生提供了最高理论依据。在这样的大背景下，"水利机械服务站"（枣强县机井队）革委会，紧跟形势和潮流，拟组建"三八"妇女机台。报请县革委会批准后，随即招收农村女青年15人，到男钻井机台学习培训。1970年5月，正式组建"三八"妇女机台，第一任机长为李玉平，不久更换为张秀英；1971年初，组建"三八"二号机台，机长为程杨大队周焕恩，之后为杨金柱；1975年4月，组建"三八"三号机台，机长为司贵双。三个机台共有45名女青年，全部来自农村，具有高小、初中文化程度，其中相当一部分是党员、团员或村干部。她们有相对较高的政治、文化素质，为创造辉煌业绩奠定了坚实的基础。

"三八"机台的组建在全省创下了两个之最，即枣强县是河北省最早组建妇女机台的县，是全省妇女机台数量最多的县。

那么，姑娘们到底适宜不适宜？能不能从事这项重体力、高技术、危险性大的钻井工作？历史将这群姑娘推上了特殊的竞技场，她们不顾一切地向生命极限挑战，向传统观念挑战，凭着满腔热情，勇闯"三关"，克服了一个又一个困难。

一是胆量关。钻井是昼夜不停的野外作业工种。15米高的钻塔和"与星星做伴、与野兔为邻"的昼夜作业，对这些夜路不敢走的农村姑娘来讲，无疑是一种挑战。她们发扬敢闯、敢干的革命精神，攀上高高的钻塔，从开始时的颤抖到后来的上下、拆卸、安装自如。

二是技术关。轰轰的机器，飞转的钻机，看不见、摸不着的地下复杂结构，是对姑娘们的第三个考验。为此，她们勤学苦练，每天以班组为单位自学、讨论两个小时钻井技术，并多次举行技术交流和业务练兵比赛，以至后来的业务骨干技术精湛到掩上眼睛也可拆、装机器，摸索出轴承型号，一扶刹把就知道百米以下地层结构，令男机台的师傅们惊叹不已。她们总结实践出"紧打砂、慢打泥、不紧不慢打浆石"和"分层取水、集中下花管"等工艺并在全区、全省推广应用，受到衡水军分区司令员沈铁民和河北省委副书记吕玉兰等领导同志的赞扬。

三是生理关。女人有女人的生理特性，而钻井也有钻井工作的特点。一个是险，机器转动、皮带连接、高空作业、危险和事故常伴身边；另一个是累，处处是铁、是钢，一根钻杆就达 100 余公斤；再一个是苦，一年四季，野外作业，特别是冬天，零下二十多度，赤手与铁、水接触的苦处难以言表；还有一个是疲，钻井工作连续作业，一天 8 小时工作不间断，而遇到下管、事故等要连续作业 16 小时、24 小时，甚至更长。面对这些困难，"三八"机台的姑娘们，硬是靠着对党、对人民的朴素阶级感情，与天斗，与地斗，与人斗、与己斗，克服生理极限，打成了一眼又一眼深机井，使一片片旱地变成水田。各级领导和新闻单位从不同角度予以报道和赞扬，使"三八"机台成为省、地、县各行各业的典型，她们的代表也出现在各种会议的发言席上……

1972 年，"三八"二号机台在机长周焕恩等的带领下，精心操作，科学施工，在程杨村打成了一眼 350 米铁管井，这是县机井队打成的最深的一眼深井。抽水那天，十里八村的百姓纷纷涌来，亲眼看看"三八"机台的姑娘们，亲口尝尝甘甜的机井水。一位喝了一辈子砖井咸水的老大爷，手捧清澈的深井水连喝几大口，激动地说："感谢共产党、毛主席教育出来的好闺女，你们真有能耐！"

彼时，程杨大队与周焕恩同在"三八"红旗钻井队的姑娘还有周焕新。

"三八"机台成为一面旗帜，第一代"三八"机台的带头人被给予了相应的行业荣誉，周焕恩后来也到公社任妇女干部。

70年代末，随着地下水位逐年下降，机井建设转入"控制开采深水层，合理开发浅层水，加强现有机井管理和使用"的新阶段，随之，钻井队急剧减少，"三八"钻井队的3个机台也相继在1980年12月前后陆续撤销。

工商服务业

1966年，大队创办了第一家队办企业程杨皮毛厂。改革开放后，村中有志之士纷纷投身第二、第三产业。周广珍创建砖厂、宋祥顺创建河北华强网业有限公司、臧金河创建北方农药厂、艾治录创建橡胶厂，以臧金河、宋祥顺为代表的程杨村人，为村内经济做出了较大贡献。

2017年年末，衡水创新港落户程杨，村集体借助资源优势成立润程物业有限公司，为园区企业提供用工、绿化管理、小型工程等服务，达到"利企富民"的双赢效果。2018年以来，程杨村一直把服务创新港作为首要任务，在建设过程中积极配合各部门工作，抓好道路、水利、电力、网络等基础设施建设，组织全村劳动力，根据企业用工需求，开展订单式培训，为企业提供优质劳动力，到2020年年底共安排本村劳动力就业200余人次，取得了较好的经济效益和社会效益，走出一条程杨村和企业相互扶持、共同发展的致富新路。

2018年，程杨村争取到省委组织部、省财政厅农村集体经济扶持资金100万元，建设程杨润程仓储中心，建筑面积1500平方米。此项目出租给物流企业，年收益10万元。

2020年9月，阿里研究院公布2020年全国"淘宝村"，程杨村榜上有名。

2021年年末，程杨村电商经营140余户，主要销售医疗器材、康复器械和日化品。

2022年，村集体建130千瓦光伏发电，年增加收入7万余元；建成500余平方米仓储中心，年增加纯收入12万元。

河北华强网业有限公司 1985年，宋祥顺投资50万元创建河北省枣强县聚酯干网厂。1995年，发展成拥有固定资产2000万元，自有流动资金1000万元，员工300余人，产值近亿元，利税1000万元的大型企业，1996年更名为河北省枣强县华琦工业网有限公司，是全国聚酯网行业大型企业。主要产品有聚酯螺旋网、成型网、污泥脱水网、振动筛网、洗浆网带、织网机械、输送带、妇康栓系列药品八大系列20余个品种，产品畅销国内20余省、市，并远销古巴、中国台湾、中国香港等国家和地区。企业先后获得"星火科技示范企业""省级先进企业""地级文明企业""纳税大户"等荣誉称号。1988年，聚酯螺旋网获"省星火科技一等奖"和"国家星火奖"；宋祥顺获"国家首届星火科技发明企业家提名奖"，同时被县委、县政府提拔为国家干部，任肖张镇党委副书记。2003年公司更名为河北华强网业有限公司，年均产值2500余万元，利税400余万元，企业职工150余人，其中专业技术人员38名。

河北华强网业有限公司（2021年摄）

衡水北方农药化工有限公司 1990年，臧金河筹建北方农药厂，后被评为国家农药生产定点企业，主要生产杀虫剂、除草剂原液药，注册商标"冀灵牌"。公司拥有固定资产

衡水北方农药化工有限公司（2019年摄）

3109万元，员工400人，其中高级工程师、药剂师、质量检验师、药剂专家等科技人员60人，是中国"高纯度马拉硫磷原药"生产基地之一。产品深受农药生产厂家欢迎，销往全国各地及美国、印度、蒙古国等国家。

2004年，公司更名为"衡水北方农药化工有限公司"。2021年年末，公司位于程杨村北部工业园区，占地200余亩，建有职工、专家宿舍楼，生产厂房区，休闲健身区。

专记：程杨村从"1"到"198"完美蝶变 2020年，程杨村被列入阿里研究院网站公布的"淘宝村"名单。

2015年，村民闫劭巍开始接触网络电商，开网店、做直播，至2020年年底，年销售额从最初的130多万元增至2019的470多万元。2020年"双12"促销活动中，单量比平时多了一倍左右，主营产品为染发、护发、洗发等日化用品。他的小店人员不多但分工明确，他负责店铺运营，妻子负责直播，平时店里有4名员工，"双12"活动时他会临时从村里招人解决单量大增问题，同时也给村民增加了收入。

2016年，村党支部、村委会多次聘请专业人士培训、指导村民从事电商经营，使得更多村民搭上互联网的"电商快车"，能够足不出户做生意，经营的商品范围扩大到医疗辅助器械、特色农产品等。至2020年年末，村内已有198户开网店，占全村699户的28%，从业人员有500多人。从"1"到"198"，程杨村实现了从纯农业到电商的巨大跨越，完美蝶变。

2020年年末，村内启动电商服务中心建设项目，规划建筑面积2500平方米，总投资180万元，集办公、仓储、直播平台、培训等为一体。服务中心建成后，将定期聘请专业人才进行培训，走"抱团发展、规模发展"路线，进一步提高本土商品的竞争力，力争三年后实现全村从业人员过半，把"网路"彻底打造成为村民的致富路，带动大家实现共同致富。

编者按：截至本书搁笔之日，程杨村一期工程建成仓储中心，建筑面积约

520 平方米，已投入使用；刚刚落成的集办公、直播、培训于一体的综合办公楼主体框架已完成，建筑面积约 480 平方米。

教育

程杨村小学成立于清光绪三十一年（1905 年）前后，费用由村里摊派一部分、富户资助一部分、学子自己出一部分，持续几十年，为程杨学子提供良好的学习条件。1938 年程杨村党支部建立后，在经济十分困难的条件下，积极组织协调、动员闫长海、李云章、周维平、周环甫、李贞连等教师，为程杨村小学义务教学，李瑞芝为学校负责人。1945 年抗战胜利后，枣北县政府、肖张区政府积极推动教育事业发展，也为程杨村小学派来教师。1948 年，村

程杨教学点、幼儿园（2021 年摄）

党支部组织协调一部分名人、富户捐资，翻新村小学北房 5 间，县政府派来程杨村新建初级小学的第一任校长单炳林。程杨村初级小学 1～4 年级 4 个班，在校学生达 160 人。1950 年，程杨村初级小学建南房 5 间，上级主管部门派张瑞才担任第二任校长。1957 年，张瑞才调走，刘任远接任第三任校长。1962 年，张朋章任程杨小学第四任校长。1967 年，程杨村在外的教师，陆续回到家乡任教，学校增设五年级，校长由周文伯担任。

程杨村小学在正常教学的同时，积极开展勤工俭学活动。麦收季节，学校发动学生拾麦穗，既避免粮食浪费，又为学校增收粮食。暑假，学校组织学生割草，用卖草收入为学生购置文具用品。1970 年，程杨村小学增设初中 3 个年级，更名为程杨学校，在校学生 8 个年级、12 个班近 400 人，向玉明任校长。此间，程杨村学校培育出了一大批优秀学子，如杜金行、闫文星、

2017 年，程杨村考上大学的学子合影

周恒照、臧玉峰等。改革开放以后,初中统一到镇里就读,程杨学校初中部取消。1978 年,李双群调程杨村小学任校长。程杨村另辟校址,企业人士捐助部分资金新建校舍,学校整体搬迁到新校区。

1996 年,张乃哲任程杨村小学校长。2019 年 10 月 1 日,为优化教学环境,学校迁回村西。2005 年以来,由李洪淼接任校长。100 余年来,程杨村小学培育出许多优秀人才,程杨也因此成为枣强城北的"文化村"。

程杨村部分本科生、研究生名录

序号	姓名	录取年度	录取学校
1	崔庆伟	2015	河北师范大学
2	周 天	2015	河北科技大学
3	周红飞	2015	河北科技大学
4	闫茉荣	2015	河北经贸大学
5	杨 丽	2015	河北经贸大学
6	李德建	2016	河北工业大学
7	岳少伟	2016	燕山大学
8	李思韵	2016	燕山大学
9	周秋悦	2016	河北医科大学
10	李孝获	2016	河北大学
11	李晓鉴	2017	吉林大学
12	周世睿	2017	河海大学
13	崔鑫炎	2017	河北工业大学
14	臧召晨	2017	燕山大学
15	苏志君	2017	河北大学
16	臧树蕾	2017	河北师范大学
17	张 甜	2017	河北师范大学

续表

序号	姓名	录取年度	录取学校
18	闫 金	2017	河北农业大学
19	王廷玉	2017	华北理工大学
20	崔丽萍	2017	河北经贸大学
21	臧冬鹏	2017	河北工程大学
22	周世琪	2018	河北医科大学
23	宋寒冰	2018	河北大学
24	臧寒露	2018	河北农业大学
25	周 雪	2018	河北工程大学
26	李乃瑞	2019	复旦大学
27	周逸然	2019	上海交通大学
28	阎崇冉	2019	中南大学
29	苏志远	2019	河北工业大学
30	阎崇祥	2019	河北工业大学
31	李 飞	2019	石家庄铁道大学
32	周 倩	2019	西南科技大学
33	臧嘉琪	2020	河北工业大学
34	阎崇兴	2020	河北大学
35	周忠耀	2020	西北师范大学
36	周立原	2020	河北农业大学
37	李易轩	2020	华北理工大学
38	臧冬薇	2020	河北地质大学
39	高铁众	2021	河北大学
40	周利钢	2021	沈阳农业大学
41	李孝贺	2021	华北理工大学

人物

李　岳　生卒年不详，明崇祯十五年（1642年）武举人，清顺治六年（1649年）（一说顺治二年）武进士。

李　楷　生卒年不详，生于明末清初，李崼之子，贡生。清初任瑞安县丞。

李　濂　生卒年不详，李楷之子，清初任吉安府通判。

李肇遴　生卒年不详，清康熙二十一年（1682年）拔贡生，任卢龙县教谕。

李体信　生卒年不详，清道光元年（1821年）恩贡生。

李　柽　生卒年不详，字雨帅，岁贡生。

李甫海　生卒年不详，廪贡生。

李云章（1902—1985）　生于1902年，1937年加入中国共产党。1938年初，回村秘密发动群众宣传党的抗日路线，并发展3名共产党员。7月，接受枣强县委指示成立肖张地区第一个农村中共党支部——程杨村党支部，并担任第一任党支部书记。1939年，领导程杨村党支部组建枣强县第一支农民抗日武装——"程杨抗日青年连"。1949年后，两次当选为县人大代表。1985年，李云章去世，享年83岁。

李佩文（1914—1985）　生于1914年，1938年加入中国共产党。1939年，按照县委指示，李佩文回村开展群众工作，发动组织青年参军保家卫国，成立"程杨抗日青年连"，被枣北县战委会任命为连长，在抗战中带领连队抗击日军，英勇杀敌。抗战胜利后，他带领的连队编入冀南军分区十旅三十五团。1985年，李佩文去世，享年71岁。

周邦本　生于1921年，中共党员。1939年，参加枣强县抗日大队。1940年10月，任枣北县情报站组长。1942年3月，到冀南军区政工训练队学习，同年10月任枣北县政工科干事。1945年7月，调任枣北县县大队参谋。1946年春，随县游击大队编入正规军序列，任冀南军区十一补训团参谋，开赴反内战前线。

1947 年 3 月，任二纵五旅司会部参谋兼指导员。1948 年，任湖北宜昌军分区协理员。1949 年，调中南军区政治部干部处任干事。1951 年 8 月，任中南军区防空处政治协理员；1952 年 10 月，任二六三团政治处主任。1953 年 8 月，任中南军区防空军直属政治处主任。1957 年 3 月，任中南军区空军直属政治处主任。1963 年，任中南空军兴宁基地政委。1968 年 8 月，调空军第十二军政治部任副主任。1972 年 2 月，任空军航空兵第二师政委，参与保卫西沙群岛作战任务，执行战区巡逻任务。1976 年承担支援西沙作战任务，1979 年 2 月离休。

李慎乐 生于 1946 年，中共党员。大学本科学历，主任医师，副教授。

李慎乐

中国医院管理学会理事、资深委员、河北省医院协会常务理事、副秘书长、河北省医院协会医院感染专业委员会主任委员、《中国医院经营与管理》杂志主编，河北省民营医院协会名誉会长，中国药文化研究会中医药康养产业分会顾问。

1965 年 2 月，李慎乐参军，并在四七五二部队五连任卫生员。1968 年 10 月，调某军区守备一师医院任助理军医，1971 年 2 月，被选调至中国人民解放军第一〇九野战医院（后改为第二八三驻军医院）历任军医、医务处助理员、医疗所长、医务处副主任、五官科主任、副院长。1987 年，转业至河北医科大学第三医院，历任医务科科长、急诊科主任、眼外伤急救中心主任、副院长。1995 年，被评为石家庄市劳动模范。2003 年，被中央组织部、国家人事部、国家卫生部评为"全国抗击非典先进个人"。多次荣获"五好战士""优秀共产党员"等称号，并获三院"光荣在党 50 年"纪念章。2006 年 3 月退休，后受聘于河北红十字衡水永兴医院任院长。2007 年 8 月，被河北医科大学附属以岭医院聘为业务副院长。

李慎乐在《中华医院管理杂志》《实用眼科杂志》《眼科新进展》等杂志，

发表眼科专业及医院管理方面的文章近 20 篇，获河北省科技进步奖二等奖、三等奖各 1 项。

李乃毅 生于 1952 年，中共党员。1977 年任河北日报社记者、编辑。1989 年后，历任保定地区行署副秘书长，石家庄市政府副秘书长兼市外商投资管理局局长、市政府研究室主任。2001 年，任中共石家庄市委副秘书长兼市委办公室主任。李乃毅是河北省第十届政协委员、中共河北省第七次、第八次代表大会代表，创作了《何愁无知音》

李乃毅

《谁主沉浮》《大宫庄的钟声》《范仲淹》等影视、戏曲作品及《中华赋》《河北赋》《石家庄赋》等诗词作品。曾在 1983 年 3 月采访时任正定县委书记习近平，采访稿《正定县为有志之士敞开大门》一文，在《河北日报》3 月 29 日头版头条刊发，在全省乃至全国引起很大反响。

周建伟 生于 1964 年，中共党员，博士。2006 年，被评为教授。先后任河北工业大学教师发展中心主任、本科生工作部部长、校纪委委员、计算机科学与软件学院党委书记、电子信息工程学院党委书记等职。主要从事微电子技术与材料方面的研究，是河北省"微电子超精密加工材料与技术"协作创新中心、省"巨人计划"创新团队核心成员。他完成国家和省部级科研项目 10 余项，其"超大规模集成电路硅衬底化学机械研磨技术的研究""铝、钽、钨、铜及氮化钛等金属纳米磨料 CMP 技术及其应用的研究""多经多胺新螯合剂在微电子技术中的应用"等研究成果分别达到国内、国际领先水平。论文《强化教学管理，培养高素质工程技术人才的实践与探索》获河北省"教学成果二等奖""FA/0 半导体材料切削剂及技术"获天津市技术发明二等奖，"开放式计算机考试系统"获河北省科技进步奖三等奖。发表论文 40 余篇，出版论著 1 部。

组织机构

1938 年 2 月，程杨村李晓明、李衡甫、周耀西、周寰甫等人参加八路军一二九师东进纵队与冀南特委联合举办的党员干部培训班。随后，李云章、李赞州、周沛雨、阎仙樵等程杨村有识青年也参加了学习培训。学习期满后，枣强县抗日政府县长郭鲁派遣李衡甫、李云章等人回程杨村发动群众，开展工作。7 月，在中共枣强县委直接领导下，程杨村成立了枣强县最早期的农村党支部，任命李云章为程杨村党支部书记，有李云章、李赞州、周沛雨、闫仙樵、李庆吉、李善斋、李玉成、李汉卿、李景纲、臧殿池、臧殿恒、艾连发、李国振、李建华 14 名党员。

1940 年前后，在县委工作的李佩文被安排回村开展工作，利用鹿钟麟保安三旅败逃时遗弃的武器，建立"程杨抗日先锋队"，成员有党员李国钦、李国生、岳焕金，村民周双林、阎风生、崔福贵、周王锋等 8 人。后队伍迅速壮大，被收编入冀南五分区第二独立大队。同期，村党支部还组建了护村联防队、儿童团、妇女救国扶助联合会等抗日队伍。抗战时期，村党支部将程杨村建成抗日堡垒村，得到县委、县战委会的通令嘉奖。枣北县委还在程杨村设有交通站，可以随时掌握敌军动向。

解放战争时期，村党支部组织群众组建支前小车运输队、担架救护队。在解放石家庄、太原战斗中，党员和群众有组织、有领导地帮助解放军部队运送战略物资、救助伤病员，为解放事业做出了积极贡献。1949 年后，村党支部以"服务群众"为宗旨，领导全村群众恢复生产，支援全国经济建设，历经土地改革、互助组、农业合作社、人民公社生产大队，发展村办企业，不仅使大队有产业，小队也队队有副业，村民收入和生活水平均得到较大提升。改革开放后，程杨村积极落实家庭联产承包责任制，农业生产又上新台阶。中共十八大以来，村党支部带领全村发展科技创新产业和物流基地，建

程杨村党群服务中心（2021年摄）

立产业园区，走出一条特色发展道路。

程杨村组织注重自身建设，充分发挥党员示范作用，在全县率先开展"党员亮身份""党员积分制管理"等活动，增强党员的存在感和使命感，根据党员日常表现、量化公示、激先策后，对表现优秀的党员优先培养为后备干部，充分发挥基层党组织战斗堡垒作用。2018年，村党总支成立，下设2个党支部。是年，村党总支被衡水市委评为"全市先进基层党组织"。2020年，村党总支被河北省委评为"抗疫工作先进党组织"，被衡水市委评为"壮大集体经济先进党组织"。

2021年年末，村党总支辖2个党支部，共有党员112人，"两委"班子成员8人，群众代表48人；其中党总支成员6名，村委会成员3名，交叉任职1人，村"两委"成员实行日常坐班制度。

1938—2021 年程杨村党支部成员任职情况一览表

任职时间	职务	姓名
1938—1941	书记	李云章
	副书记	李景新
	委员	艾连发　李国振　臧殿池
1942—1958	书记	李景新
	副书记	周沛雨
	委员	李维新　艾连发　臧济川
1959—1966	书记	臧宁远
	副书记	周沛雨
	委员	艾连发　臧国卿　高占华　臧昆山　闫仙樵
1967—1971	书记	艾治录
	委员	臧殿桓　李鸿儒　杨国栋
1972—1975	书记	宋祥恒
	委员	闫石峰　李维新　臧殿桓　艾治录
1976—1981	书记	宋祥顺
	副书记	宋祥恒
	委员	闫义泉　臧殿桓　闫石峰
1982—1983.12	书记	闫义泉
	副书记	宋祥恒
	委员	李鸿儒　闫石峰　臧金凯
1983.12—1989.12	书记	闫义泉　李书桥　李鸿儒
	副书记	宋祥恒
	委员	李鸿儒　李景熬　臧金凯　李立水　周书东
1989.12—1992.12	书记	李鸿儒
	副书记	宋祥恒
	委员	李立水　周书东　臧金凯　李景熬

任职时间	职务	姓名
1992.12—1996.12	书记	李鸿儒
	副书记	宋祥恒
	委员	李立水　周书东　臧金凯　李景熬
1996.12—2002.05	书记	李鸿儒　杨国君　范广岭　李立水　周广玉
	副书记	宋祥恒　高留柱
	委员	李立水　周书东　臧金凯
2002.05—2006.04	书记	周广玉
	副书记	高留柱
	委员	闫义生　周忠林　臧九旺　王保芳
2006.04—2011.03	书记	周广玉　周忠林
	副书记	高留柱
	委员	周忠林　闫丙茂　闫义生　臧华林
2011.03—2016.06	书记	闫洪强
	副书记	高留柱　闫丙茂　周书强
	委员	高留柱　闫义生　周忠林
2016.06—2020.11	书记	闫洪强
	副书记	周书强
	委员	周义　李凤群　高留柱　周洪秋　李建洪　臧振岗
2020.11—2021.06	书记	周洪秋
	副书记	周书强
	委员	周义　李凤群　高留柱　李建洪　臧振岗
2021.06—2022.12	书记	周洪秋　闫劭巍
	副书记	周书强
	委员	周义　李建洪　臧振岗　高正　臧俊世

1942—2021 年程杨村委会（村公所、大队管委会）成员任职情况一览表

任职时间	职务	姓名
1942—1958.11	村长	臧济川
	社长	李维新
1958.11—1966	大队长	李维新
	委员	艾连发　臧济川
1967—1971	大队长	李津生
	贫协主席	臧昆山
	民兵连长	李鸿儒
	妇联主任	李淑卿
	妇联副主任	李淑玲
1972—1975	大队长	闫石岗　李津生
	贫协主席	臧昆山
	民兵连长	李鸿儒
	治保主任	闫石岗
	妇联主任	李淑卿
	会计	臧云洞
1976—1981	大队长	李津生
	贫协主席	臧昆山
	民兵连长	李鸿儒
	治保主任	闫丙茂
	妇联主任	刘雪琴　李素娥
	会计	臧云洞

任职时间	职务	姓名
1982—1984.01	大队长	李鸿儒
	生产大队长	李津生
	治保主任	闫丙茂
	妇联主任	史兰凤
	会计	臧云洞
1984.01—1990.02	主任	李鸿儒　闫石岗　李景泽
	治保主任	闫丙茂
	妇联主任	史兰凤
	会计	臧云洞
1990.02—1997.02	主任	李景泽
1997.02—2002.06	主任	李景坤　岳建恩
2002.06—2006.05	主任	岳建恩
2006.05—2011.12	主任	岳建恩
2012.01—2016.07	主任	岳建恩　周书强
	委员	周洪所
	大学生村官	周　义
2016.07—2021.04	主任	周书强
	委员	周洪所　臧金增
2021.04—2022.12	主任	周洪秋　闫劢巍
	副主任	臧金增

屈家纸房村

屈家纸房村，位于镇境东北部，索泸河东岸，距镇政府 2.6 千米，为镇第三大行政村。东与马屯镇接壤，南与北仓口相邻，北接东李纸房村，西北与梁家纸房村毗连，西与刘家纸房村、西李纸房村隔索泸河相望。京九铁路、邯黄铁路、大广高速公路分别环村东、村南、村西而过。106 国道、282 省道、905 县道从村旁穿过，村庄至大广高速路衡水南站（肖张）出口仅 1.4 千米。

全村地势平坦，由西南向东北倾斜，海拔 25 米左右。村西索泸河属海河水系黑龙港流域，为季节性排沥河道，除雨水较多月份，大部分时间水位较低，且经常断流。村西沿河岸有小片沙土分布，其他多为轻壤土质。村中两街两路，60 余条胡同，胡同多以院主人姓名命名。村委会大门向西，紧邻主街（中心街），中心街西尽头有一条老土路，是 60 年代前村民出入村子的主要通道。

2021 年年末，全村耕地面积 3185 亩，聚落面积 496 亩。有 392 户 1288 人，除嫁至村内的少数民族女性 3 人（回族 2 人；彝族 1 人，原籍贵州省）外，皆汉族。村内有文化活动中心、健身广场、社区卫生服务中心等设施。

屈家纸房村办公场所（2021 年摄）

村西老土路（2021 年摄）

村名由来

据传，明朝前此地即有甄家纸坊村，有甄、刘、屈三姓。明末清初，因村内屈氏家族人丁兴旺故改名"屈家纸坊村"。

姓氏

至 2021 年年末，村内有王、屈、刘、甄、李、宋、张、杨、艾 9 姓氏。

王姓 分两支。一支先祖名清，于明永乐二年（1404 年）由山西潞安府长治县秦家庄迁来，其墓葬仍在村南耕地处，墓前有老杏树 1 株、石碑 1 座，碑上文字历 600 年，风蚀日驳，已模糊不清。另一支于崇祯十五年（1642 年）迁来，居村东，祖源不详。

屈姓 先祖于明永乐三年（1405 年）举家迁来定居。

屈家纸房村鸟瞰图（2023 年 3 月摄）

王清墓（2020 年摄）

刘姓 先祖刘朝彦,于明永乐二十二年(1424年)迁来。清光绪十六年(1890年), 刘家后人、秀才刘乔年编写刘氏家谱,记载了自开基祖刘朝彦以来的家族成员发展状况,行辈清晰,一目了然。

甄姓 先祖于清顺治三年,即公元 1646 年,由武邑甄庄迁移到屈房定居。

李姓 先祖李奉清因照顾岳父母(屈家纸房村屈氏),于民国年间自西赵庄村迁来定居。

宋姓 先祖于明崇祯十五年,即公元 1642 年,迁居来此定居。

除明确祖源姓氏家族外,村内还有张姓、杨姓、艾姓,皆因家谱佚失,无法追溯其姓氏源流。

农业

1946 年前,村内除少数三五家富户(其中,民国时期在济南经商的屈姓富商，举家迁走后便与村内逐渐断了联系）外，其余村民大多为自耕农，以种植业为基本收入来源。农作物以小麦、玉米为主，少量种植红薯、花生、大豆、棉花等粮食和经济作物。此外，大多村民在自家房前屋后种植豆角、白菜、萝卜、青椒、番茄等蔬菜及瓜果，自给自足。林木以柳树、杨树、榆树、槐树等落叶乔木为主，果树有枣树、杏树、桃树、苹果树、梨树等。其中，枣树较多，村中分散多片枣林。

土地改革后，屈家纸房村从互助组、初级社、高级社再到人民公社化，走上集体化道路。1958年，与梁家纸房村合并，曾分为4个小队，不久后又分村而治，成为8个小队。社员按照集体分配的任务参加劳动，以"工分"计酬，青壮年劳力每人每天记10个工分，妇女、儿童每人每天计5～8个工分。各小队的"分值"不同，八队属于产值比较高的小队，10个工分可折算0.1元左右。大多小队10个工分折算0.08元左右。彼时各队生产的粮食要全部上缴国库，再由国家配给口粮，百姓称之为"打干送尽"。

2021年改建的村东鱼塘

落实家庭联产承包责任制后，村民有土地经营权和使用权，生产积极性大大提高。同期，农业技术快速发展，村民的收成越来越好。2015年，脱贫工作成为村内工作的重中之重，在驻村干部副县长葛茂松及各级干部引领和支持下，屈家纸房村于2020年全面脱贫，走上共同富裕的道路。

2021年，村集体投资160万元将村东一处占地9亩的大水洼改建成鱼塘，鱼塘水域面积约6亩，成为村内新的经济增长点。

教育

清朝末年，村内有私塾教馆，由村中老秀才屈锦云授课。民国初期，村内建国民小学校，位于村东道南（今刘西在家）。1942年，学校毁于战火。次年，在甄昕明南院（今甄仓水宅南）新建学校，教师有屈春兰、屈志刚、甄昕明等人。1946年，村内办女校，教师为李配云（肖张村东庄人）。1948年，男女校合并为屈家纸房村初级小学，设1～4年级。校长为单泽田（单仓口人），教师有张玉青（单泽田妻子）、高司报、高有庆、王兰锁、王兰森等。50年代初，村中办扫盲班，村民劳作之余在村小、在田间地头，一起读书识字，呈现父子同堂、母女共读的情景。

1963年，村建"河东完全小学"（河东片），位于村中部偏北，初设2～5年级，各年级双班制，生源来自屈家纸房、梁家纸房、东李纸房、东赵庄、西赵庄。学校曾设置北校区，位于村子最北边，学生为半年级（相当于学前班）至一年级。校长为周文伯（程杨村人），教师有郭长起、单福生、甄邦奎、甄树声、吴桂英、李大荣、甄兰荷、王振报。1977年至1983年，村完小设初中部，校长为艾坤奇，教师有刘泽富、甄书贵、屈广玉、屈九雪、李世华等。1978年至1981年，学校设高中部，位于村北，后因学生多、校舍不足，迁至村南。校长为王连元，教师有王书维、刘保常、张奎良等。1999年，在小学院内，增设幼儿园。

2005 年前后，因生源减少，学校合并，仅余幼儿园。园长为刘秀梅，保育员有甄红娟、李九雪、李新梅等。

80 年代以来，村内涌现出一大批中专、大专、本科毕业生乃至硕士、博士研究生，其中不乏在各个领域、各个战线做出优异成绩的佼佼者。宋庆喜、王凤林等人便是其中代表。

屈家纸房村部分本科生、研究生名录

序号	姓名	录取年度	录取院校
1	王 辉	1988	河北建筑工程学院（注册城市规划师、一级建筑师）
2	王焕梅	1991	河北师范大学
3	甄 影	1998	东北财经大学（硕士研究生）
4	王恒恩	1999	解放军第四军医大学（硕士研究生）
5	王文真	2000	河北金融学院
6	宋新菊	2000	北京信息科技大学（硕士研究生）
7	宋 刚	2000	河北工业大学
8	甄 伟	2001	河北经贸大学
9	甄建军	2004	江苏海洋大学（硕士研究生）
10	屈彩月	2006	吉林工商学院
11	屈元特	2007	湖北工业大学（注册一级建造师）
12	刘世轩	2008	解放军装备学院（硕士研究生）
13	宋凌飞	2008	河北经贸大学
14	屈铁成	2008	河北经贸大学
15	王晓蒙	2009	廊坊师范学院
16	王 丹	2009	华北电力大学（硕士研究生）
17	屈树亭	2009	河北大学
18	宋志峰	2010	河北农业大学
19	屈红利	2010	河北大学
20	刘世洋	2010	天津城建大学（硕士研究生）
21	甄保会	2011	河北工程大学
22	屈雅美	2011	华北理工大学轻工学院
23	王文月	2011	邢台学院
24	屈世成	2012	河北经贸大学
25	王晓童	2013	河北大学

续表

序号	姓名	录取年度	录取院校
26	王 进	2014	南京师范大学
27	王恒阳	2014	河北理工大学
28	屈金祥	2014	河北燕山大学
29	王柄人	2015	中国地质大学
30	刘世伦	2015	河北外国语学院
31	甄建辉	2015	河北金融学院
32	甄晓鹏	2016	太原科技大学
33	甄菲菲	2016	天津商业大学（硕士研究生）
34	甄志恒	2016	哈尔滨工业大学（硕士研究生）
35	宋庆德	2017	河北经贸大学（硕士研究生）
36	甄智学	2017	河北民族师范学院
37	艾丽君	2017	张家口学院
38	王鹏琰	2017	山东大学
39	王 晔	2018	太原理工大学（硕士研究生）
40	王 旭	2018	宁波财经学院
41	甄玉筠	2018	山东工商学院
42	王一琦	2018	大连工业大学
43	刘嘉庚	2018	河北工业大学
44	屈树学	2019	首都师大（硕士研究生）
45	甄玉莹	2019	北方学院
46	刘佳婧	2019	河北大学
47	刘之贺	2020	成都信息工程大学
48	刘 悦	2020	北京航空航天（硕士研究生）
49	宋永皓	2020	哈尔滨工程大学
50	屈树通	2020	沧州师范学院
51	王 宇	2021	长春电子科技学院
52	刘之扬	2021	华北理工大学
53	艾祎琳	2021	河北金融学院
54	王 璐	2021	保定学院
55	王 琳	2021	河北师范大学
56	刘 倩	2021	河北工程技术学院
57	甄贤杰	2022	北京中医药大学（硕士研究生）
58	刘嘉琪	2022	河北科技大学（硕士研究生）
59	宋昭宁	2022	安徽大学

医疗

清末前，村内没有医疗机构，村民小病痛以中医拔罐、刮痧及民间秘方等方式治疗，大病则听天由命。后村内出现王连恒、刘泽盈、刘锡江等医生。王连恒住村西，医术传自其祖父王庆和、其父王丛斌，擅长接骨疗伤。

1964年前后，大队设卫生室，先后由老中医宋近才、赤脚医生周秀芬和周广众负责村内卫生、医疗、防疫工作。卫生室中西医药品较全，除重大病症外，基本做到了村民有病不出村。2013年落实新型农村合作医疗后，村民就医大多到镇卫生院。

人物

屈锦云　生于1863年，字凌霄，光绪年间"老秀才"，性情耿直，酷爱读书。1889年参加乡试，1893年又参加恩科考试，被增补为教读，耕耘教坛30余年，潜心教学，受到县令嘉奖，称为"士子"，赠"春风"匾额一块。屈锦云德行远播，人皆称颂，被推举为"司善事物所主事"，相当于村中红白事的总指挥。

王庆和　生于清同治年间，精武术，与享誉京城的武术家回胜有换帖之盟。习武之人难免伤痛，王庆和便向骨科大夫学习，系统掌握了接骨正骨术，学成后常为村民疗伤。

王丛斌（1882—1955）　王庆和之子，幼年入私塾读书，熟读古诗文，后专心农务和医术，成为远近闻名的正骨、接骨名家。因村民穷苦，常付不起医药费，王丛斌便以家中四十余亩薄田的收入购买药材，施救乡民。

屈怀普　生于1911年，曾用名屈国瑞，1938年加入中国共产党。1939年至1966年任屈家纸房村党支部书记。抗战时期，一方面率领群众应付日伪骚扰，另一方面为八路军积极工作，无数次组织村内妇女赶做军衣、军鞋，

屈怀普

筹集军粮。多次冒着危险，千方百计将军需物资送往指定地点。1941年的一天，被日伪军追杀的一名八路军战士，至屈家纸房村边巧借沟道掩体，寻机击毙日伪军官一名，自己也当场牺牲。日伪军断定屈家纸房村依然藏有八路军战士，随即对村庄进行残酷扫荡，烧毁村内党员和许多村民的房宅。穷凶极恶的日伪军未搜到其他八路军战士，对屈怀普施以酷刑、灌辣椒水、踩踏腹胸，屈经受住了严峻考验，未曾透露半点信息。

此后，屈怀普怀着阶级仇、民族恨，积极支持共产党员屈俊升为带头人，组织党员王立柱、屈俊水、刘西田等人建立游击小分队，为八路军传递情报，破坏敌人的通信设施，夜晚常常袭扰屈家纸房至清凉店的日军炮楼，打一枪便走，再到下一个炮楼，搅得敌人炮楼整夜枪声不断，消耗了大量弹药。

刘西田 生于1916年，1937年经同村刘泽坛介绍加入中国共产党。1938年9月，任第八区自卫大队巡视员。1940年7月后，在枣北县公安科做敌工。初入职，被公安科长张琴室派到武邑县清凉店镇团村据点搞情报工作，在衡水县委敌工科长董书立和武邑县敌工科长王义民的帮助下，从团村据点石姓翻译处找到突破口，为枣强县抗日组织提供准确情报。为与枣强县伪警备大队和日本工作队的伪军拉关系，刘西田扮成卖烟小贩，在伪枣强县政府门口处摆摊，通过拉关系套近乎，取得伪警备队大队长董庆森的信任。

1940年9月13日，五分区杨政委在史家屯召开的枣北县委会议上，给枣北县分了53支步枪，7支手枪，但没子弹。会后，中共枣北县委把筹集子弹的任务交给了公安科。科长张琴室找到刘西田，告知县伪警备队老教官（日本军官，姓名不详，伪军都这样称呼他）那挺歪把子机枪用"65"子弹，可以从那里下手，顺便搞点"403"手枪子弹。刘西田到伪警备队找到巡官王单驼村李福起和王巡官及十五六个伪军，在李巡官家商议搞子弹事宜。两位巡官各自给刘西田 10 发"403"子弹，然后两位巡官回到伪警备队找理由将老教官灌醉，另外两位伪军乘机从老教官那里偷出 2 箱子弹，共计 360 发。刘西田装了 7 个子弹袋，把子弹袋披在身上，外边再披上夹袄，由几名伪军连夜护送出城。

1942 年冬天，抗战形势进一步恶化，刘西田一时与县委失去联系，只好暂时躲在家中。1943 年 2 月 27 日，刘被同村刘西俊之妻骗到德州被捕，被关进木笼子累计 5 个月零 6 天后，被扒光了衣服检查了全身，编到俘虏队，不久随俘虏队押送到北京万寿山，然后押往东北牡丹江煤窑。火车过山海关时刘西田机智地跳车逃脱，一路讨饭至奉天，又转至鞍山找到叔叔刘立新，借得 30 元作路费，回到家时已经阴历八月份。后来，他千方百计在流常找到张琴室，被安排在家隐蔽，以家为联络点，一边休养一边探听敌情，直到抗战胜利。

孙焕改

孙焕改（1920—2001） 女，农民，村西王门，通晓正骨医术，并擅长剪纸、绣制寿枕、莲花脚垫等手工艺术品。

周秀芬（1949—2012） 生于 1949 年，程杨村人，1963 年至 1966 年在肖张镇中学读书。其父周恩远自幼学医，1949 年前进入枣北抗日大队任卫生员，1949 年后任大营医院院长。受父亲的影响和教育，周秀芬走上行医治病、救死扶伤道路。1968 年，周秀芬嫁入屈家纸房村王家后，继续行医，为村民治病长达 23 年，是第一批获得"赤脚医生"资格证书的行医者，更是屈家纸房村唯一持证上岗的赤脚医生。周秀芬还承担着育龄妇女的检查和

周秀芬

接生工作。根据出诊记录，有一年，她接生村内及邻村新生儿超过 42 人。她曾经多次放弃到县城工作生活的机会，直至 1990 年农村居民就医条件大为改观后，才搬到县城居住。在搬迁之际，因受到祖辈老人就医赠药家风的影响，在同丈夫王泽群商议后，她毅然决然地将一摞村民看病的药费欠条全部销毁，体现了医者仁心。

屈广鸿

屈广鸿 生于 1944 年，15 岁开始独立创作碳粉画，自创碳粉绘画技法，是远近闻名的碳粉画画家。碳粉画是中国最古老的一个画种之一，据考古发现，远古人用木炭在地上绘制图案，迄今已有五千年历史。碳粉是以碳精粉为主要绘画材料，也叫擦笔画，以浓淡、深浅为主要表现形式，是民间流传至今的艺术，具有独特的地域特色。

屈广鸿与他的碳粉画（2020 年摄）

为传承碳粉画这门古老的艺术，多年来，他坚持无偿教授碳粉画爱好者，很多人慕名前来学习。2000年，他的画作在衡水市文化局参展，在"文化扎根农民书画展"中获一等奖。2006年，在衡水市委宣传部、市文化局主办的展览中，他的画作又获一等奖。新华社、《河北日报》、新浪网等多家媒体曾对其予以报道。他的技艺已被列为衡水市非物质文化遗产项目。

甄树声　生于1947年，中共党员。1963年8月至1965年7月在屈家纸房村小学任教师。后历任衡水地区党委组织部干事，河北省委组织部干事、河北省委办公厅副处级秘书，中共深泽县委书记，中共石家庄市委常委、组织部部长，中共石家庄市委副书记，河北省新闻出版局党组书记、局长，河北出版集团党委书记、管委会主任、总社社长，河北省政协常委，河北文化产业协会常务副会长。主导组建河北省出版总社、省新华书店和省外文书店的合并，各地（市）级新闻出版局（版权局）的建立等，为河北省新闻出版系统唱响改革主旋律，抓繁荣、出精品、稳导向、优结构等做出了突出贡献。主编《燕赵红色之旅》系列丛书。

甄树声

王泽群　生于1949年，中共党员。枣强县电影公司书记兼经理，河北省书协会员、衡水市书协理事、枣强县美术书法家协会副主席、中国书画家联谊会玉泉山书画院特邀副理事长。

2006年，作品入选第二届中国农民书画展、《河北省书法大赛作品集》《衡水市书画作品集》，第三届中国农民书画展获二等奖，全国教师三笔字书法大赛二等奖。

王泽群

为品好似共产堂上赖毒凌寒酸雪
霜不张斗妍复兴梦物里珠球
同志诼壬寅年月渭壹郡郡德卿

王泽群美术作品

　　宋立根　生于 1952 年，中共党员。1988 年初，任河北省财政厅计算机室副主任，同年被评定为会计师职称，任农税处副处长。1997 年，任河北省财政科学研究所正处级副所长。2000 年，获高级会计师职称。2001 年转为副研究员。2002 年，破格获研究员职称。2006 年初，任河北省财政厅财政监督检查局财政监察员、调研员。2001 年，被河北大学聘为兼职教授、硕士生导师，2005 年，被北京大学聘为兼职博士生导师，世界银行、亚洲开发银行技术援助项目专家。

宋立根

　　1998 年后，宋立根完成国家和省部级课题 40 项。获省部级以上优秀成果奖 18 项、河北省社会科学优秀成果奖 8 项、河北省决策咨询优秀成果奖 3 项、河北省哲学社会科学规划优秀成果奖 3 项。完成国际金融组织技术援助招标课题 2 项，获优秀奖。

　　宋立根具有深厚的理论研究功底及丰富的实地调研经验，是河北省少有的财政监督方面的专家。他独立或合作撰写《关于提高河北省财政运行质量的研究》《推进政府机构改革的财政思考》《实现财政收入稳定增长的基本对策》《构建全员参与全面覆盖全程监控的财政监督格局》《搭建发展区域经济"乘数效应"的平台》《深化省以下财政体制改革研究》等诸多论文，影响深远。

甄仓锁

　　甄仓锁　生于 1961 年，中共党员。1979 年，甄仓锁参军，在北京卫戍区任战士、班长。1984 年，进入北京武警总队，历任排长、副中队长、中队长，并参加国庆 35 周年施放烟花、鸣放礼炮的组织实施工作。1990 年，进入北京武警总队招待所，历任助理员、科长、副所长。2001年，任中国人民武装警察部队警察学院大队长、授上校警衔。任职期间，带领大队参加第六十四届国际刑警年会表演和反恐演习。2007年3月，转业到北京市宣武区大栅栏办事处，任调研员。在部队期间，甄仓锁荣立个人三等功6次，集体三等功2次，3次被评为优秀共产党员和优秀带兵干部。

宋庆喜

王凤林

宋庆喜　生于1964年11月，中共党员。研究生，正高级政工师。1979年毕业于河北师范大学汉语言文学专业。1986年在衡水师范学校办公室任干事，后历任衡水学院办公室主任，中共衡水学院常委兼副院长等职。

王凤林　生于1967年，中国书画家协会会员、河北省书法家协会会员，衡水市书法家协会主席团委员，枣强县摄影家协会主席，枣强县书法家协会副主席。1975年至1980年在村内小学就读，1981年考入流常重点中学，同年年末转肖张中学。后在枣强县原流常乡政府任乡政府秘书，1990年8月调县委宣传部工作，先后任文明办主任、常务副部长、政协常委。2009年调任枣强县机构编制委员会办公室主任，兼任枣强县人力资源和社会保障局党组副书记。2017年晋升四级调研员。工作期间，参与了枣强县移民文化、董子文化、裘皮文化的相关组织、宣传工作。

王凤林书法作品多次参加全国展赛，纪念书贤颜真卿1295周年诞辰国际书画名家展获一等奖，第三届中国书画艺术华表奖大赛获精品奖。作品被评为省7级。

空山不见人，但闻人语响。返景入深林，复照青苔上。

唐诗一首

宋绍松　生于 1967 年，中共党员，博士学位。解放军总参谋部某部，大校军衔。先后就读于中国人民解放军军械工程学院、石家庄陆军指挥学院，分别获得工学学士、军事学硕士、军事学博士学位。先后荣获"集团军武器装备管理先进个人""院校优秀学员"等荣誉，两次立三等功。

宋绍松著有《揭开未来战神的面纱》《美军战将龙虎榜》《战术思维研究》（与贾爱斌合作）《硝烟散尽看"伊战"》等军事专著。

宋绍松

以副主编或参编身份，参与完成《高技术战争与现代军事哲学》《陆军战略学业》《信息化战争与陆军发展》《新军事变革与训练创新》《中国军事大百科全书·军事科研（分册）》等全军重点军事现实问题研究。翻译出版《美国联合参谋军官指南》《两栖作战联合条令》等国外军事作品。发表各类文章上百篇。

组织机构

屈家纸房村组织健全，党支部、村委会、共青团、妇联在村庄建设与村民管理中发挥了很大作用。村党支部成立于 1938 年，宋书兰任第一任党支部书记。1939 年，屈怀普担任支部书记。此后历 12 任村党支部书记。

1963 年，冀中平原暴发严重洪涝灾害。屈家纸房大队因党支部书记屈怀普提前规划，带领社员建筑了护村堤埝，治理了沟渠，村域受灾较轻，守护了村民的生命和财产安全。

2021 年年末，村党支部有党员 41 人。村"两委"班子成员 5 人，分别是党支部书记兼村委会主任 1 人，副书记 1 人，支部委员 1 人；村委会副主任 1 人，委员 1 人。上级党组织派驻第一书记 1 人。

1938—2021 年屈家纸房村党支部成员任职情况一览表

任职时间	职务	姓名
1938—1939	书记	宋书兰
	副书记	屈怀普
	委员	王连恒　刘泽潭　艾金祥
1939—1966	书记	屈怀普
	副书记	刘泽潭　刘锡乾
	委员	刘泽香　刘万长　刘泽潭 屈春浩　艾金祥　宋其所
1966—1970	书记	宋绍崇
1970—1979	书记	王邦所
	副书记	刘泽功
	委员	王振泽
1979—1982.02	书记	王学荣
	副书记	刘泽功
	委员	甄增奎
1982.02—1983.12	书记	王邦所
	副书记	刘泽功
	委员	王学荣　屈秀坤　刘泽春

续表

任职时间	职务	姓名
1984.01—1988.12	书记	王学荣
	副书记	刘泽功
	委员	刘泽春　宋长恒 屈秀坤　屈广深
1989.01—1990.12	书记	宋长恒
	副书记	刘泽功
	委员	屈秀坤　屈广深
1991.01—1995.12	书记	屈广深
	副书记	刘泽功
1996.01—2005.12	书记	甄增奎
	委员	屈广正　王振泽　宋其虎
2006.01—2011.12	书记	王学荣
2012.01—2018.12	副书记	甄仓水
	委员	甄丽萍　刘泽柳
2019.01—2021.06	书记	甄仓水
	副书记	甄丽萍
	委员	甄仓库　刘世彬
2021.06—2021.12	书记	刘世彬
	副书记	甄丽萍
	委员	甄仓库　宋九玲

1938—2021 年屈家纸房村委会（村公所、大队管委会）成员任职情况一览表

任职时间	职务	姓名
1938—1939	村公所村长	刘锡乾
	贫协主席	刘泽潭　艾金祥
	民兵连长	刘泽香
	公安员	宋纪全　屈春浩
	妇女主任	屈大雪
	会计	王连恒
1939—1966	村长 / 大队长	宋其所　艾金祥
	贫协主席	刘万长　王兴利
	民兵连长	刘泽香
	公安员 / 治保主任	宋纪全　屈春浩
	妇女主任 / 妇联主任	屈大雪
	会计	王连恒
1966—1970	大队长	宋绍崇
	贫协主席	宋继山
	民兵连长	王振庄
	治保主任	刘泽春
	妇联主任	甄立军
	会计	屈俊伍
1970—1979	大队长	刘泽功
	治保主任	刘泽春
	妇联主任	刘新胜　屈秀坤
	团支部书记	屈志敬
	民兵连长	宋长恒
	会计	屈俊伍
1979—1982.02	大队长	刘泽功
	副大队长	甄增奎
	民兵连长	宋长恒

续表

任职时间	职务	姓名
1979—1982.02	治保主任	刘泽春
	妇联主任	屈秀坤
	会计	屈俊伍
1982.02—1983.12	大队长	刘泽功
	副大队长	甄增奎
	民兵连长	宋长恒
	会计	屈俊伍
1984.01—1988.12	主任	甄增奎
	会计	屈俊伍
1989.01—1990.12	主任	甄增奎
	会计	刘泽雪
1991.01—1995.12	主任	甄增奎
	妇联主任	屈秀坤
	会计	刘泽雪
1996.01—2005.12	主任	刘泽功
	妇联主任	甄丽萍
2006.01—2011.12	主任	宋长恒
	妇联主任	甄丽萍
	会计	刘泽雪
2012.01—2018.12	主任	甄仓水
	副主任	甄丽萍
2019.01—2021.06	主任	甄仓水
	副主任	甄仓库
	委员	刘泽雪
2021.06—2021.12	主任	刘世彬
	副主任	甄仓库
	委员	刘世祥

东李纸房村

东李纸房位于肖张镇最北部。村东隔京九铁路与西赵庄村相邻，村西为索泸河与大广高速相邻，南与梁纸房村相邻，北与衡水市桃城区王单驼村相邻。村域土壤为沙壤质，却因适宜种植甜杏、西瓜、红薯而闻名。

抗日战争期间，村域千亩杏林曾是八路军、游击队员作战的最好掩体。

村内历来以农业生产为主要经济来源，1949 年后，在党和政府领导下，村内不断改善生产条件，农业总产值不断提升。到 1997 年，村民人均年收入由百余元提高至 2800 余元。2017 年年底，村内贫困户全部脱贫，且未有返贫致贫现象。

2021 年年末，村域面积 10 平方千米。其中，耕地面积 2580 亩，聚落面积 800 亩，林果面积约 2000 亩。全村有 378 户、1150 人，有李、张、王、田、

东李纸房村村口牌坊（2021 年摄）

东李纸房村鸟瞰图（2023 年 3 月摄）

马 5 个姓氏，有本科生 45 人、硕士生 8 人、博士生 2 人、留学生 1 人。全村经济总收入 1524.8 万元，人均收入 8000 元。

村名由来

据传，明初徐、田、李姓由山西洪洞迁此定居，此地已有纸坊之称。因徐氏为大户，即命名为"徐纸坊"。明末清初，徐姓一族迁出，李姓家族逐步壮大，改为"李纸坊"。后有一部分李姓村民搬到索泸河西岸，渐成村落，名"小李纸坊"。为与"小李纸坊"区别开来，李纸坊更名为"大李纸坊"。1949 年后，因地处索泸河东岸，更名为"东李纸坊"，后演变为现名。

革命烈士墓葬

位于东李纸房村学校东 200 米左右处，曾葬两名八路军干部。每年清明节，学校都会组织祭奠。枣强县烈士陵园建成后，两位烈士遗骨被迁至县烈士陵园。

农业

提升土地产能 成村以来，村民大多为自耕农，种植业为村民主要经济来源。但因村内土地大多为沙壤地，又几无灌溉条件，粮食亩产仅几十斤，花生、棉花等经济作物种植面积较少，村民收入微薄，如遇歉年，村民常食不果腹。土地改革、农业合作化后，村民生活基本能够自给自足。人民公社化时期，社员参加集体劳动，按劳分配，以"工分"计酬，各小队分值为 0.07～0.10 元，年人均收入百元左右。落实家庭联产承包责任制后，村民生产积极性高涨，村民收入大幅提升。

东李纸房村甜水井

　　长期以来，村内人均水浇地面积不足半亩，土地产能过低，粮食总量难以维持生计，直到1994年，人均年纯收入还不足千元。1994年下半年，衡水市委派工作组到村内调研后，被定为联系点，开始寻求发展新路径。

　　1995年1月，在包村干部衡水市委副书记及驻村工作队的帮助下，村内改组了党支部、村委会。新班子上任后，先后集资40万元新打深井5眼，浅井12眼，接通防渗管道10000余米，挖渠2000米，扩大水浇地面积1500亩，从而使水浇地面积占全村耕地总面积的95%以上，基本上实现了农业水利化、方田林网化。同期，开发荒滩地1200亩，种植优质杏树25000株，其他果树500株，建起高新技术果园。至1997年，村内依托科技发展，实行科学管理，作物、果品连年大丰收。是年，人均纯收入达到 2850 元，被枣强县政府授予"小康村"荣誉称号。

1998 年，村内建设高新科技红薯基地，实施粮食种子工程，粮食单产达 800 公斤，总产达 24 万公斤，创村域历史最高水平。1999 年，与市林业局合作，用最新嫁接技术嫁接美国李子 500 余亩。

2019 年始，村内依托果园优势，春季举办杏花节，秋季开放采摘园，为村民带来可观的经济收入，曾经的"抗日林"成为如今的"招财林"。

科学养猪致富 1996 年，虽然粮食增产，但是增收不快。1997 年春，市、县两级领导来村调研，为村内经济发展调整了新方向——在做好粮食转化增值的前提下，发展以养猪为重点的养殖业。1997 年年初，在村党支部、村委会支持下，村委委员、会计张子长自筹资金 10 万元，建起 40 间标准猪舍，从北京购进 150 头优良仔猪，办起村内第一个现代化养猪场。随后，共产党员田志勇自筹资金建标准猪舍 30 间，购进优良仔猪，办起第二个现代化养猪场。在两个养殖大户的带动下，村内当年又发展规模养猪专业户 12 家。是年年末，全村生猪存栏达 800 余头，比 1996 年增加一倍以上，养猪户发展到 200 户，其中有一定规模的专业户 15 家。1998 年年末，全村生猪存栏达 1000 余头，全村养猪收入高达 110 万元，人均增收近千元。

人物

张之桂

张之桂 生于 1935 年，中共党员。1944 年至 1948 年，任东李纸房村儿童团团长，后转为中国少年先锋队队员，为第一批少先队员。他家是堡垒户，曾掩护枣北县干部、战士，为党组织传递情报。1951 年，张之桂考入石家庄市第一中学。

1957年，考入北京农业大学（今中国农业大学）农业经济系农业经济与组织专业。1962年，被分配到北京市通县经济计划委员会工作，任科员。之后，历任中共通县委员会办公室副主任、县政府农林办公室副主任、县委农村工作部副部长、县委政策研究室主任、县纪律检查委员会副书记、县委常委、县人大常委会副主任。

1982年，张之桂发表《用等距机械抽样法测定小麦产量》一文，在北京人民广播电台连续两周轮番广播。1990年，张之桂发表《因势利导，应变逢生——通县渔业发展面临的新问题和对策》论文。1995年退休。

张庆增 生于1949年，中共党员。1969年12月至1986年10月，张庆增先后在陆军第六十九军、天津警备区服役，先后任战士、报道员、新闻干事、政工科长。1986年10月至1992年5月，张庆增在天津市监狱管理局任宣教科科长、组织科科长。1992年5月，任政治部副主任。1996年5月，任政治部主任、党委委员。2007年5月，任纪委书记、党委委员。张庆增曾任《解放军报》《华北民兵》等多家报刊通讯员、特约记者等。

张庆增

李洪恩 生于1950年10月，东李纸房村人，中共党员。1969年5月至1970年4月，在民航成都管理局任机务员。1970年4月至10月，在空军学院学习。1970年10月，任民航总局指挥部机要参谋；1984年4月，任民航总局行政处助理员；1989年11月，任民航总局房管处副处长；1995年4月，任民航总局机关服务局副局长；2003年

李洪恩

3月后任民航总局机关服务局局长。2010年，任总局经费审查委员会巡视员。1977年、1978年，连续两年立三等功。

李建明

李建明 生于1964年4月，教授。1984年，李建明毕业于河北师范大学生物学系，同年，进入河北柴沟堡师范学校任教。1991年，调入衡水师专生物系（今衡水学院生命科学系）任教。1996年，进入浙江大学学习，获教育学硕士学位。2006年，调入《衡水学院学报》编辑部任副主编。

李建明任职期间，主讲过生态学、中学生物学教学论、环境学等课程。发表学术论文20余篇，其中，核心期刊12篇。主持、主研省级科研课题3项，其中，主研的河北省"十五"教育规划指导课题"中英两国义务教育理科课程标准的比较研究"获河北省首届教育科学研究优秀成果二等奖。

李 勇

李 勇 生于1971年11月，中共党员。1992年7月参加工作。1998年1月，任河北省政府办公厅综合二处副科级干部、主任科员。2004年7月，任省政府办公厅综合二处助理调研员、副调研员、副处长。2011年11月，任省政府办公厅综合二处调研员。2014年6月，任省政府政务公开办公室主任。2019年1月，任河北省政府政务管理办公室行政审批管理局副局长兼公共服务管理室主任。2019年5月，任省政务服务管理办公室副巡视员。2019年6月，任省政务服务管理办公室二级巡视员。研究生学历、管理学硕士。

组织机构

村党支部成立于 1949 年，李玉堂任第一任党支部书记，后历 12 任党支部书记。2021 年年末，全村共有党员 74 名。村党支部书记为李丙旺，支部成员有田玉峰、李树民。村委会主任为李丙旺，村委委员有李国朋、李世显、张曼。

1949—2021 年东李纸房村党支部书记任职情况一览表

任职时间	姓名
1949—1955	李玉堂
1955—1959	李登铎
1959—1965	李金山
1965—1967	田洪印
1967—1973	李世清
1973—1978	李所柱
1978—1982	李阵怀
1982—1991	李连升
1991—1992	李桂军
1992—1993	田红印
1993—2008	王汝行
2008—2018	李林淼
2018—2021	李丙旺

后河西村

后河西村位于镇境南部，282 省道东侧，距镇政府驻地 2.3 千米。东临枣强镇张庄，北邻肖张村，南与前河西村相接。村西有大广高速、邯黄铁路，村东有肃临公路、枣衡公路。因靠近索泸河，村内多数土地为砂质壤土。

村域东西向有 2 条大街、24 条胡同、6 处水塘，其中西南处水塘占地 50 亩。2020 年，后河西村被河北省爱国卫生运动委员会评为"卫生村"。

明前杨氏居今村东南部近马屯镇刘仓口村处，今存古村落遗址。明永乐年间，移民迁此定居。

后河西村是镇境较早建蔬菜大棚的村庄。90 年代末，枣强县城东市场的蔬菜 80% 来自后河西村。

50 年代初，后河西村共有 150 户。2021 年，全村共有 273 户、936 人，共 15 个姓氏，其中少数民族 4 人。全村耕地面积 2136 亩，聚落面积 464 亩。全村经济总收入约 1422 万元，村民人均收入 15800 元。

村中水塘，有游艇等娱乐设施

后河西村村口牌坊（2021年摄）

村名由来

因位于索泸河西侧，得名"河西村"，后一分为二。距县城较近的村庄名为"前河西村"，位于前河西村之北的村庄名为"后河西村"。

姓氏

至2021年年末，全村共有刘、杜、阮、郝、付、徐、杨、周、臧、石、李、吕、国、贾、张15个姓氏。

杨姓　为已知原居民，曾居住村东南。后山西移民在附近建成后河西村，杨姓先祖始与山西移民比邻而居。

刘姓　始祖敬自今冀州区刘家埝村迁居景村。清初，刘兴仁由景村迁居后

后河西村鸟瞰图（2023 年 3 月摄）

河西村。其孙刘进先育有四子昆、仑、杰、俊，后人分四支。清代，刘尚志一门四代人刘尚志、刘士升、刘玉珩、刘治平，均是秀才。

其他姓氏，由于家谱遗失，来源皆无法考证。

农业

后河西村大多数村民世代以农耕为生。村东因靠近索泸河，多数土地为砂质壤土，村西靠近村庄的土地为两合土，距离村庄较远的土地为黑黏土，土壤较为贫瘠，解放以前土地生产率不高。

1949年以后，为改变灌溉水严重不足的状况，开展大规模水利建设。60年代，村集体投资8万元，在村庄西成功挖掘村内第一眼深井，此后相继修建7眼机井。在那个物资相对匮乏的年代，修建机井不仅难在技术，更难在原材料供不应求，全村上下一筹莫展。曾担任县经济委员会主任的郝全听说家乡打井急需机井管件，想方设法帮助村里购买到4套机井管件，为家乡水利建设做出重大贡献。解决了灌溉用水问题，村内粮食产量节节攀高，一度成为肖张镇乃至枣强县内闻名的粮食高产村。

1973年，大队集体引进河北赵县雪花梨新品种，将80亩农田改建成果园。赵县雪花梨比一般鸭梨早成熟一个月左右，个头大、产量高，成年果树每株年产500公斤以上，大幅提高集体收入。村东南另一片果园面积16亩，种植杏树80株，每到丰收季节，也是硕果累累，长势喜人。

1975年，成立队办第一农场，由国维星任场长，刘世恩任技术员，为枣强县种子公司培育良种，曾获得县农业局嘉奖。

2019年下半年，村内尝试高油酸花生种植500亩获得成功；种植蜜薯260亩，全部发往北京新发地，每亩产值8000元左右。次年，依托上游企业、专业合作社和农户，大力发展"订单式"农业。因肖张镇与河北省农林科学院及衡水市农业科学研究院建立了技术协作关系，有专家定期到村内给种植户进行技术培训。在花生生长关键期，邀请专家们走进田间地头，向种植户传授种植技术和管理经验。高油酸花生每亩收入 3150 元，纯收入能达到 1582 元，提高了村民收入。

专记：后河西村的蔬菜大棚产业发展建设 1996 年，后河西村人均纯收入 1800 多元。自 1997 年开始，后河西村积极响应县委、县政府的号召，在镇党委、镇政府的领导和支持下，积极调整种植结构，大力发展了大棚菜生产，为农民开辟了一条致富之路。经过两年的发展，到 1998 年，后河西村人均收入近 3000 元，比发展大棚菜前增加了 60%。在发展蔬菜大棚产业的过程中，后河西村主要采取了以下几个方法。

分析村情，选准脱贫致富"突破口" 过去，后河西村是一个农民收入两极分化的典型村，一部分人靠玻璃钢行业和经销医疗器材走上了致富之路，多数家庭靠土地为生，这些人致富无门路，收入很少。农闲时，不是整日站大街，就是搓麻将，还有一小部分人无事生非，制造事端，严重影响了村里的稳定。怎样摆脱这一被动局面，使农民增加收入、过上富裕日子，一直是后河西村领导班子的头等大事。1997 年 4 月份，枣强县委、县政府召开了全县农业产业化动员大会，会后后河西村"两委"班子全体干部和村民代表反复进行了研究和讨论，对本村的现状认真进行了分析和研究，大家一致认为，后河西村农民有传统种植蔬菜的习惯。多数群众有致富的心情但苦于找不到致富门路，鉴于这些实际情况，后河西村决定把发展大棚菜作为农民脱贫致富的突破口"。

精心组织，有步骤地抓好落实 为统一群众的思想，提高他们对大棚菜种植的认识和积极性，后河西村首先出资 3000 多元，先后组织 30 多名村民代表到山东寿光县和邯郸南河县、永年县进行了参观学习。几天的参观使大家开阔了视野，增强了大棚菜种植的信心。此后，又根据种植大棚菜报名户的多少，在村南调整出 100 亩旱地，作为大棚菜的种植基地。在用地上制定了一系列优惠政策。如降低 40% 的土地承包费，10 年的承包期免交 4 年的承包费等。后河西村村委会多方借款，筹集资金，为大棚基地打井上电，顺利解决了棚菜种植的水源问题。

为进一步解除群众顾虑，后河西村"两委"班子几名干部首先带头，每人建了一个大棚，同时镇政府为支持后河西村的工作，也投资近 5000 元建了一个示范棚，责成镇里的 2 名干部专门管理种植。通过村干部带头和镇政府的支持，彻底打消了群众的顾虑，从而使这项工作很快打开了局面。为了帮助村民投入产业建设，后河西村干部还到外地为菜农统一购置竹竿、塑料膜、水泥柱、铁丝等建棚所必需的原材料，通过集中采购，将大棚的建设费用降低了 500 元 / 棚。

强化服务，积极为菜农排忧解难 虽然后河西村有种植蔬菜的习惯，但搞大棚菜对后河西村来说毕竟是新生事物，尽管有些群众有一定的种菜理论知识，但在大棚菜技术操作中还缺乏实践经验。建一个大棚需资金 5000 元左右，想种植棚菜的农户条件普遍较穷，有的一时拿不出这些钱来。为此，后河西村积极向镇党委镇政府反映，寻求技术和资金的支持：镇政府看到后河西村的工作热情，给予了大力支持，经过多方联系，为后河西村协调贷款 78000 元，平均每个大棚 4000 元，解决了菜农的燃眉之急。为解决菜农种植技术上的难题，切实保证菜农种有所获，镇里又出资以每月 1200 元的高薪为后河西村聘请了一名有丰富实践经验的技术人员，负责对后河西村村民进行技术指导，从而为菜农解除了技术方面的后顾之忧。镇、村多方面的服务有力地促进了后河西村大棚菜的发展，实现了当年建棚，当年见效，从 10 月份建棚到春节，一季每棚纯收入就达到 1400 元。

至 1999 年，后河西村的棚菜已发展到 20 多个品种，销往衡水、冀州、枣强等地，当时县城东市场的菜 80% 是后河西村生产。棚菜生产给菜农带来了实惠，原来的一些贫困户因此走上了脱贫致富之路。

枣强县伟业游艺器材厂

工商服务业

后河西村交通便利，为发展第二、第三产业创造了有利条件。50年代，村内建成肖张地区闻名的蒸汽机磨坊，与传统磨坊相比，蒸汽机磨坊出面快，且面色纯白，成为周边村民磨面的首选磨坊，操作技师阮存才也成为附近村庄知名人物。60年代初，磨面机换成柴油内燃机，并在村南建饲料房和压面坊，粮食加工产业稳步发展。此外，村民刘永庆、刘占武父子擅长制作金属饰品，所开的首饰炉在镇境内也小有名气。

60年代末，社员刘闰生、徐金玉通过招商引资，办起大队第一座制笔作坊，从南宫请来制笔师傅传授制作工艺，提高了集体收入。其他生产队纷纷跟进发展副业，有的成立玻璃钢厂，有的成立榨油坊。四队成立大桶盖厂，加工带螺纹的油桶盖子。大队组织各队能工巧匠，如善于制作玻璃钢的徐金驹、精通各种机器操作的刘德群，成立大队副业摊，副业规模进一步壮大，各产业蓬勃发

枣强县伟业游艺器材厂生产的产品

展起来，提高了社员收入。其中，四队工值达到每天 1.2 元。大队集体经济实力也大幅提升，购置了大型拖拉机 2 台，汽车 1 部，建起扬水站。后河西村是枣强县较早购入拖拉机的大队，第一辆 28 马力拖拉机，由阮继春、张双林担任司机；第二辆 55 马力东方红牌拖拉机，由徐新明、杜西顺、阮继才担任司机。两辆拖拉机除服务全村外，还组成运输队赚运输费，进一步增加集体收入。大型扬水站有设备 4 台，可将村西池塘里的水输送到全村所有耕地。

改革开放后，村内队办工厂相继撤并转，私营企业逐渐发展起来。拖拉机驾驶员徐新明，曾经负责给大队玻璃钢厂送货，奔波在大江南北，却手不释卷，自学成才成为村里的乡村工程师。1986 年，徐新明建立枣强县伟业游艺器材厂，研发、生产、销售专业性游艺器材。产品主要有水上游艺设备、水处理设备、玻璃钢游船、大型仿真植物、各种玻璃钢雕塑等，客户来自全国各大中城市以及中东、非洲等地。村民杜庆忠建立河北舒诺医疗器械有限公司，生产、销售一类医疗器械。村民阮海河在大队集体大力发展副业时期从事橡胶加工工作，后建立枣强县路航橡胶制品有限公司，专为机场运输车生产轮胎。

2020年，村集体新建仓储车间，计960平方米，集体收入每年增加5万元。

防灾救灾

1963年汛期前，全体村民在村党支部书记刘德禄的带领下，连续奋战三天三夜，在村四周建起挡水围埝。洪水过后，后河西村则成为泽国中的小岛，村民生命安全及财产得到保护。灾后统计，后河西村是肖张地区受灾损失最小的村庄之一，全村只有三处房存在过水现象。

村容村貌

1966年重修肃临公路，施工队驻扎村内，指挥部设在国书增家，施工人员住在村民闲置的房间和院子里，还在村东设炒砂厂。为使公路早日通车，村民积极配合，尽显奉献精神。1974年，全村响应"备战备荒、深挖洞、广积粮"号召，在村党支部书记阮继升的带领下，挖地道688米。80年代初，村内完成自来水入户工程，是枣强县最早安装自来水的村庄之一。

2012年以来，村内不断加大村容村貌建设，村内主街、小巷全部实现硬化、绿化、美化、亮化。2014年，新装照明变压器3台，解决村民用电问题。2015年至2016年完成新村建设。2017年，新建文化广场。2018年，新建党员活动室，建筑面积100平方米。2019年硬化村中街2000平，主要胡同4条。是年，后河西村被河北省爱国卫生运动委员会评为"卫生村"。2021年村南街进行了路面硬化，面积2800平方米。

医疗

清朝时期，村内有名医徐庭魁。其女婿郝久胜擅长肛肠科医务，制作的疥疮膏为许多村民除病解忧，且治病不收任何费用，赢得周边村民赞许。清末民初，村内阮氏家族出了一位名医，行医、化缘修庙，是村内知名的善人。其孙阮圣侠擅长中医针灸，被乡邻称为"神一针"。此外，他还精通妇科、儿科。村中另一位名医，人称"神奇郎中七拐子"，其子刘金树曾在肖张教堂医院学习西医，后来成为知名兽医。

1968年前后，大队成立医务室，先后由赤脚医生阮国生、刘世双、贾海军、周秀臣、付之恩为社员治疗病痛。随着医疗条件、交通状况持续改善，村民生病之后大多去肖张卫生院或枣强县医院进行治疗。2013年，新建村卫生室，医生郝燕，方便村民就近就医。

文艺

后河西村文艺活动在衡水及周边地区颇负盛名，民间流传"老到九十九，小到刚会走，个个都会吼一吼"的歌谣。清末，村内出过一位名为郝老福的民间艺术家，组织起肖张地区最大的架鼓队，有队员四五十人，游走四乡进行表演。郝老福鼓队敲奏的节奏、鼓点非常多变，成为后河西村的一大特色。六七十年代，由刘占文为总指挥，贾西钢、付子荣等组成的锣鼓队在肖张地区比赛中，曾连续5年获得第一名，受到公社表彰，后代表肖张公社三次参加衡水地区擂台赛，取得了不错的名次，展现了"后河西鼓点"的特有风采。

中华人民共和国成立前，村内还出过一位弹奏四根弦、演唱山东吼的艺术家，名为三老炳，组织了一个山东吼剧团，其中有丑角阮胜海、刘德茂、刘宏印，青衣袁海江。这支剧团在周边村庄演出，名震乡里。

"四清"时期，后河西妇女组织起歌咏队，演唱《手拿碟儿唱起来》《不爱红妆爱武装》等曲目，曾在枣强县组织的文艺比赛中得二等奖。歌咏队所用的惟妙惟肖的道具，由村内木工阮继承制作。

村民第一次看电影是60年代，由枣强放映队来村放映的无声黑白电影《风雪大别山》。不久后，电影制作团队到后河西村拍摄影片《冀南爆破队》，村民亲历了电影拍摄场景。这是一部军事教学片，需要制造"战火如飞""声势浩大"的场景，在修工事、造"地雷"等方面，后河西村调动了大量人力、物力，给予协助。

教育

清朝，村内刘氏家族曾出"四代人、四秀才"教育成果。民国时期，徐老子曾为村内小学捐赠200块大洋教资以及松木课桌凳24套，被县教育部门嘉奖，赠"教育勤劳"镏金匾额一块，悬挂在徐家52年，60年代末摘后下落不明。

1948年，村新办初级小学，设1～4年级，刘德茂为第一任校长，后历任校长依次为郭春暖、李德胜、李杰荣、刘章立、郝立冬、阮海坤、魏西村、杜金兰、闫文淑等。其中，刘章立一家是村内的教育世家，儿媳是教师，孙媳也是教师。1960年至1993年，后河西学校设初中部，张继桥任校长。

阮海坤、徐新芳分别于1987年和1992年，被河北省政府授予"园丁奖"荣誉称号。

1949年后，村内第一名大学生刘世文，考入西安邮政学院，曾担任衡水移动公司总经理，现已退休。

截至2022年年底，先后有20多位后河西村籍教师在县中学任教。

后河西村部分本科生、研究生名录

序号	姓名	录取年度	录取院校
1	郭立双	1957	南开大学
2	李红光	2001	中国地质大学
3	张新丽	2007	澳大利亚墨尔本大学
4	张刘杰	2016	河北科技师范学院
5	李 宁	2018	河北工程大学

人物

杨树华

杨树华 生于 1957 年，中共党员，主任医师，副教授。衡水市哈励逊国际和平医院耳鼻咽喉—头颈外科主任。河北省医学会耳鼻咽喉—头颈外科分会委员、河北省抗癌协会头颈肿瘤专业委员会委员、衡水市医学会理事，衡水市司法鉴定、残疾鉴定、职业病鉴定组专家，擅长鼻内镜手术治疗鼻内各种疾病、耳显微技术治疗慢性中耳炎、耳畸形整形、面瘫、声带疾病等。

曾在北京同仁医院、上海第二军医大学长海医院、北大人民医院等地进修学习，多次参加全国及省内组织的学术会议。发表论文 20 多篇。2000 年，合编的《实用注射疗法》一书，由河北科技出版社出版。1998 年，获衡水市科技进步奖一等奖。2005 年，获市级科研一等奖。还获得衡水市卫生系统先进个人、衡水市优秀党员等称号。

付广印 生于 1966 年，中国民主促进会会员，哈励逊国际和平医院主任医师，教授。政协衡水市第三、第四届委员会委员，民进衡水市委常委。

付广印

1996 年被评为主治医师，2003 年后被评为副主任医师、主任医师。2008 年，任介入科主任，兼任衡水市医疗事故鉴定专家、承德医学院影像学副教授。多次被评为先进个人及优秀民进会员。曾在北京人民医院、朝阳医院进修学习。

付广印擅长肿瘤、糖尿病及脑血管病的介入治疗，主持的科研项目"16 层螺旋 CT 评价辛伐他汀对冠状动脉斑块影响的临床研究"获

2008 年衡水市科技进步奖一等奖。科研项目"可快速操作多维单边骨外固定装置治疗四肢骨折的临床研究"，获 2005 年衡水市科技进步奖一等奖。科研成果"早期康复对急性脑梗死患者功能恢复影响及运动诱发电位联合评价的研究"获 2006 衡水市科技进步奖一等奖，其 20 余篇学术论文发表在国家级刊物上。

组织机构

刘锡珍是村内第一名中共党员。村党支部成立于 1953 年，刘锡珍为第一任党支部书记，后历 12 任党支部书记。1978 年，刘章兰带头筹建的党支部、村委会办公场所总投资 10 万元，占地 12 亩，房屋 40 间，设礼堂一座。1984 年春，村委会成立，班子成员任职情况有据可查自 1998 年 12 月，暂以记录。

1953—2021 年后河西村党支部成员任职情况一览表

任职时间	职务	姓名
1953—1958	书记	刘锡珍
1958—1963	书记	刘德路
1963—1964	书记	刘金波
1964—1969	书记	刘德群
1969—1973	书记	阮继升
1973—1978	书记	刘德群
1978—1983	书记	阮继升
1984—1988	书记	刘德群
1988—1998	书记	刘世群
	委员	刘新普　杜西峰
1998—2008	书记	杜西森
	副书记	刘新甫
	委员	杜西峰

续表

任职时间	职务	姓名
2009—2011	书记	郝任库
	副书记	梁宝顺
	委员	刘世群
2011—2015	书记	梁宝顺
	副书记	刘世群
	委员	刘春荣
2017	代书记	刘春荣
	副书记	刘新卷
	委员	刘世库
2018—2021.12	书记	刘新卷
	副书记	刘世库
	委员	杜西峰

1998—2021年后河西村委会成员任职情况一览表

任职时间	职务	姓名
1998.12—2008.12	主任	杜西峰
	委员	吕全河　徐西鹏
2009.01—2011.10	主任	刘世群
	委员	梁宝顺　阮存成
2011.11—2012.12	主任	刘世群
	委员	刘新卷　刘世库
2012.12—2018.12	主任	刘新卷
	副主任	杜西顺
	委员	郝燕　郝西良
2018.12—2022.12	主任	刘新卷
	副主任	杜西顺
	委员	郝燕　郝西良

西李纸房村

　　西李纸房村，位于镇政府驻地东北偏北 2.1 千米处，村委会距大广高速衡水南站（肖张）约 1 千米。村北近桃城区，东靠索泸河与东李纸房村隔水相望，西邻 106 国道、282 省道，距衡水湖 8 千米。衡水通往枣强的 3 路、103 路公交车在村西设站点。

　　村中有小型水库一座，与索泸河相连，汛期泄洪排涝，旱期引湖水灌溉土地。村中曾有真武庙一座，建于 1882 年，毁于 1963 年，2021 年年末遗址附近有散落石碑，年深日久，碑上字迹已无法辨认。

　　村内有李振山、张凡臣等革命先烈，为抗日胜利付出了年轻生命。

　　2021 年年末，全村有 293 户、968 人。全村聚落面积 420 亩，耕地面积

西李纸房村办公场所（2021 年摄）

西李纸房村鸟瞰图（2023 年 3 月摄）

2150.6 亩，人均耕地 2.16 亩，果园面积 10 亩，林地面积 80 亩。村内有图书室 1 个，民俗老物件展览室 1 个。全村总收入 1316.48 万元，居民人均收入 13600 元。

村名由来

西李纸房村，为肖张镇现"五个纸房"村之一，祖居索泸河西岸。因李氏家族迁来此地定居时村落小、人口少，也为与河东"大李纸房"有区别，故称"小李纸房"，又因处索泸河西，又名"西李纸房"。西李纸房有很长一段时间简称"西坊"，2010 年修建大广高速占地补偿时为与肖张镇派出所户籍上村名一致，予以更正为："西李纸房"。

姓氏

明前村里有侯、杨两姓，其中杨氏祖坟在村北与景官村搭界处。至 2021 年年末，村内只有李、张两个姓氏。

李姓 明中后期，先祖李登明由山西洪洞县迁来，与妻赵氏育有 3 子：鹏云、胜云、腾云，俗称"老三股"，今传十七世。

张姓 先祖张云忠，因其母为村内李家女儿，后过继到李姓家族，但不改姓。张云忠育有 5 子：待禄、待桢、待用、待宾和待显，被称为"五大院"，后张云忠的叔伯兄弟等 3 门张氏也相继从肖张东街迁来。

水利建设

1949 年前，村民以农业生产为主要收入来源。50 年代初，村内有一大一小 2 口水井，仅能满足村民生活用水需求。后村民张庆更（曾任职衡水第二人民医院副院长）带头打井，逐渐解决了村中农业用水问题。

2009 年，村东大广高速修建时，在村东近索泸河边的沙土地里取土，形成面积 26000 余平方米、深 4 米的大坑。2016 年，枣强县水务局因地制宜，将大坑修理平整，建成小型水库，配有扬水站。2021 年，枣强县启动了河渠连通工程，将境域索泸河道进行清淤、拓宽、挖深，使索泸河与水库相连，汛期排涝，旱季灌溉农田。

民营经济

1953 年，村内建砖窑一座，开窑烧砖，村民除在砖窑上班外，还有一些从事小本经营的手艺人。张石群和张石发兄弟二人继承了父亲制作笼头、笼嘴、鞭子、鞭头、鞭梢、夹板套等用品的技艺，以家为工坊，制作成品到肖张大集售卖，是 1949 年后村内第一批个体经营者。改革开放以后，村内民营经济相继发展。1982 年，枣强县中学教师张恒仁第一个"下海"，在村内建装饰板厂（又叫擀贴面）。村民张世行在村内建白灰窑，经营了三年，后在白灰窑原址上进行平整，建起磷肥厂，厂内有一座三四十米高的大烟囱，成为村西的标志性建筑。

2000 来，从西李纸房村走出去的民营企业家越来越多。张世心、张世来兄弟二人在衡水从事五金电料批发，成为衡水地区行业领军人物。张丙群专攻玻璃钢行业，面向全国，常年加工玻璃钢产品。张恒平在枣强县玻璃钢行业当中，勇于探索创新，成为行业中一颗耀眼的明星。张恒千、张恒德兄弟二人，专注于桥梁伸缩缝、桥梁支座工程，常年在西安经营。张恒良于 2006 年开始做输送设备及配件业务，服务于电厂和矿山，后业务扩展到桥梁支座、桥梁伸缩缝领域。

西坊教学点、西坊幼儿园

教育

西李纸房村有小学教学点，曾名"刘西坊学校"，因刘家纸房村与西李纸房村合并办学而得名。学校建于1966年，张挺柱任校长，教师有张焕荣、周秀局、回淑令、张乃昌、张恒泽、张恒坦、张雨慎等，教师上班挣工分，另有补贴每月5元。学校建成后，没有桌椅板凳，村民们便将村里最大的一棵柳树锯倒，给学生们做成了简易的桌椅。这棵大柳树，原本生长在进村的必经之路上，枝繁叶茂，村里去外地求学的学子或去外地工作的人，都要路过大柳树，送他们的亲人常会说一句话："走得再远也不要忘了自己的老家，飞得再高也不要忘了小李纸房的那棵大柳树。"就这样，这棵记载着小李纸房人悠悠乡愁的大柳树以另一种形态贡献了自己的价值。1969年，学校增设初中一、二年级。1980 年，撤并初中至肖张中学。2021 年年底，西坊教学点只有幼儿园和小学一、二年级在读。

学校里曾有一口大铁钟，是 1958 年"大炼钢铁"时保留下来的，声音洪亮，以敲钟为每天上课、下课、放学的信号，后铁钟不知去向。

改革开放后，富裕起来的村民经常捐资助学。村中第一位下海经商的张恒仁给学校捐赠 50 张桌子，100 个凳子，替代原大柳树做成的简易桌椅，因而受到枣强县文教委嘉奖，赠牌匾一块，上书：兴教育人。

1949 年后，从西李纸房村走出的第一位大学生名为李奎良，1957 年出生，曾任衡水学院院长、党委书记，大学教授，正厅级。

西李纸房村部分本科生、研究生名录

序号	姓名	录取时间	录取院校
1	李奎良	1982	兰州大学
2	李杰良	2002	中南财经大学
3	张 贺	2017	江西师范大学
4	张 梦	2018	太原理工大学
5	张明博	2020	天津大学
6	张 茹	2020	中国科学院大学
7	李奎鹏	2021	辽宁工程技术大学
8	张东晖	2021	河北地质大学
9	张红玉	2021	青岛农业大学
10	张红丽	2022	中国海洋大学
11	李杰浩	2022	哈尔滨工程大学

人物

李振山（1910—1942）　生于 1910 年，字朋五，后化名李秀峰。少年时在冀县师范上学并留校任教，其间加入中国共产党。1937 年后，李振山担任中共枣北县委组织部部长。1941 年"枣北二月混乱局面"时，李振山在执行任务时被日伪军抓捕，日伪军对他进行严刑拷打，但他没有向日伪军透露任何关于党组织的信息。地下党的同志和他的学生们疏通关系，将李振山营救出狱。他入狱期间身体和精神都遭到了极大损害，身患重病。1942 年，李振山同志因病在家中去世，时年 32 岁。

张恒茂（1921—2006）　生于 1921 年，西李纸房村人，1937 年加入中国共产党。16 岁的他经常给地下党传递情报。在一次执行任务时被捕，不论日军如何严刑拷打，张恒茂宁死不屈。后被党组织解救。逃离日军魔爪后，张恒茂继续开展抗日工作，他在自家老房子里挖了一条地道，用来掩护抗日同志。

张恒茂家老宅大门上被日军破坏的痕迹

多次有抗日同志遇日军突然进村搜查时，都是沿着这条地道从村西张兰柱家西侧的出口转移出去的。日军虽然放了张恒茂，但总觉得他可疑，多次闯进他家搜查。遇到张恒茂拒不开门时，日军便气急败坏地用刺刀在门上乱捅，直到现在，张恒茂家的大门上还留有当年日军野蛮破门留下的痕迹。

抗日战争胜利后，张恒茂历任村党支部书记、生产队长。1975 年至 1984 年，在村供销点任职。2006 年因病去世。

李秉常 生于 1927 年前后。抗战胜利不久，18 岁的李秉常就加入了中国共产党，积极投身于党领导的土地改革运动和推翻国民党统治的斗争中。1948 年，他积极报名南下工作队，组织上充分考虑他是家中独生子，安排他留地方工作。50 年代初，李秉常服从组织安排，先后在肖张木器厂、吉科国营农场主管财务工作。1961 年，响应党的号召舍去公职，回村后先后担任小队指导员、大队治保主任兼村笔刷厂会计。1970 年，在肖张综合厂主管财务工作。

张连贞（1926—1994） 生于 1926 年，1946 年春参军入伍，随刘邓大军南下，强渡黄河，千里跃进大别山，转战四川、陕西、湖北孝感。在解放战争中，张连贞身负重伤（一级甲等残疾），火线入党，坚持战斗，任连长职务。1949 年后返回家乡，在村里担任指导员、大队长，1994 年去世，享年 68 岁。

张连贞获得的"人民功臣"奖章

李春长 生于 1931 年 3 月 15 日，原名李丙香。在叔父李振山的教育和影响下，从小立志参军报国，参军后改名李春长。曾参加解放太原战役、包头战役、兰州战役等。1948 年 2 月，在"瓦子街战役"中，他用刺刀刺死敌军 3 人。

1951年，李春长随部队跨过鸭绿江入朝作战，先后参加了第二、三、四、五次战役的临清江、马良山、长津湖等战斗。1955年，随部队回国，响应国家号召脱下军装，转业分配到枣强县人民武装部工作，后调至天津市地毯工业公司工作，任供销公司经理部办公室主任。1992年退休。

李春长及其"中国人民志愿军抗美援朝出国作战70周年"奖章

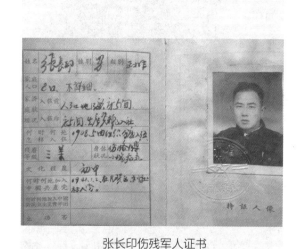

张长印伤残军人证书

张长印 生于1925年，号"长仁"，1940年参加革命工作。1941年1月2日在臣赞区刘庄村加入中国共产党。1942年，调入枣北三区救国会工作。1943年，调入枣北八区救国会工作。1948年大扩军，跟随部队参加了太原战役。1957年3月转业回地方，任县粮食局流常粮站主任，享受县级待遇。

李奎良 生于1957年，西李纸房村人，字一丁，中共党员。教授。河北省董仲舒研究会会长，中华孔子学会常务理事，原衡水学院党委书记、院长，原衡水学院董子学院院长，全国北朝史邺城研究会副会长、河北省高教学会理事、河北省历史学会理事。先后任河北省农业大学邯郸分校书记、河北工程学院党委副书记。中共河北省第六届代表大会代表。

李奎良

李奎良师从赵俪生，主要学术研究领域为马克思主义理论、高等教育学、历史学、旅游文化学等。主要著述有专著《社会转型中的当代中国农民》《大学生成才概论》等5部，编写河北省统编教材4部，发表学术论文50余篇。主持完成"实践课程体系研究""'三农'问题研究""抗战时期晋冀鲁豫地方武装""董仲舒更化思想研究""应用型本科大学办学模式研究"等课题。最大贡献是将董仲舒研究提升到历史最高点，并成功启动了衡水学院硕士点建设。

2017年，李奎良退休。

组织机构

西李纸房村第一名党员是李振山。1950年，村党支部成立，李殿臣任党支部书记。刘淑萍任妇女主任20余年。2021年年末，西李纸房村有党员43人。

1949年后，张世行、张恒新、张雨停、张占雨、张双路先后任民兵连长。

1950—2021 年西李纸房村党支部成员任职情况一览表

任职时间	职务	姓名
1950—1955	书记	李殿臣
1956—1958	书记	张炳刚
1959—1960	书记	张丙哲
1961—1963	书记	张恒茂
1964—1968	书记	张丙耀
1969—1970	书记	张世行
1971—1974	书记	张恒奎
1975—1976	书记	李奎良
1977—1978	书记	张恒宽
1979—1984	书记	张世行
1984—1985	书记	张世行
1985—1994	书记	张雨停
1995—2009	书记	张丙义
2010—2018	书记	张庆站
2018—2021	书记	张庆洪

1950—2021 年西李纸房村委会（大队管委会）成员任职情况一览表

任职时间	职务	姓名
1950—1955	村长 / 社长	李殿臣
	会计	张庆善
1956—1958	社长 / 大队长	张炳刚
	会计	张庆善
1959—1960	大队长	张丙哲
	会计	张庆善

任职时间	职务	姓名
1961—1963	大队长	张恒茂
	会计	张庆善
1964—1968	大队长	张丙耀
	会计	张庆善　张立春
1969—1970	大队长	张世行
	会计	张西恒
1971—1974	大队长	张恒奎
	会计	张西恒　张恒山
1975—1976	大队长	李奎良
	会计	张恒山
1977—1978	大队长	张恒宽
	会计	张丙义
1979—1984	大队长	张世行
	会计	张丙义　李凤桐
1984—1985	主任	张世行
	会计	李凤桐
1985—1994	主任	张雨停
	会计	李凤桐　张德义
1995—2009	主任	张丙义　张德义
	会计	张德义
2010—2018	主任	张德义　张恒芳
	会计	张恒通
2018—2021	主任	张庆洪
	会计	张恒通

西赵庄村

西赵庄村，位于镇境东北6千米，索泸河东岸。北以索泸河为界与桃城区大城村相望，东与东赵庄村紧密相连，南距马屯镇涧里村2千米，西与东李纸房村以京九铁路相隔。村落成大"L"形。

村南有大池塘，水面宽阔清澈。西赵庄优质西瓜，在枣强县乃至衡水市颇负盛名。1988年，学校校舍翻建，李金水任校长。1996年在村北修建饮用水井，2003年自来水入户。2012年至2017年，硬化村内道路9700平方米。

2021年，全村有245户、746人，村庄占地450亩，有耕地2221亩。全村经济总收入882万元，人均收入8300元。

2022年，广场及党群服务中心由在外成功人士梁磊捐资修建。同年，市工商联副主席王勐协调资金15万元，建设40千瓦的光伏电站，壮大集体经济收入。

西赵庄村南池塘（2020年摄）

西赵庄村文化广场夜景（2022年摄）

西赵庄村党群服务中心（2022年摄）

西赵庄村光伏发电站

西赵庄村鸟瞰图（2023年3月摄）

西赵庄村老宅旧址（2021 年摄）

村名由来

原"赵庄村"，1933 年以村中"殷家井"为界分东、西赵庄村。据说，赵庄成村之前就有"殷家井"，水井尚存。1958 年，东、西赵庄并为一村，隶属于大成乡，不久复分两村，复属肖张管辖。

人口

50 年代初，西赵庄村有 126 户、650 人。1990 年，全村有 220 户、826 人。后因村民外出务工及户口迁移，人户均有减少。2021 年年末，户籍人口 245 户、722 人，均为汉族，其中男性 374 人、女性 348 人，本科生 28 人、硕士研究生 2 人、博士研究生 1 人。

姓氏

至 2021 年年末，村内有李、梁、张、陈、常、殷、回、郑、王 9 个姓氏，以梁、张、李 3 个姓氏人口较多。

李姓　为明朝初年由山西"嘎嘎县"（音）迁来。

梁姓　先祖迁入时间、地址不详。后有迁梁纸房村的。

张、陈二姓　由陈家庙村迁来。

回姓　由马屯镇回村迁来。

常姓　由桃城区大城村迁来。

郑姓　由屈家纸房村迁来。

殷、王二姓，因家谱遗失，难以溯源。

西赵庄村部分本科生、研究生名录

序号	姓名	录取年度	录取院校
1	梁立业	2005	北京交通大学
2	张志坚	2010	河北经贸大学
3	李泽瑞	2012	河北大学
4	郑旭升	2013	北京化工大学
5	陈朝阳	2014	河北科技大学
6	李 佳	2014	安徽科技学院
7	李 丽	2015	东北师范大学
8	梁翠敏	2016	吉林大学
9	张媛媛	2016	河北工业大学
10	梁建西	2016	河北省医科大学
11	张 倩	2018	合肥工业大学
12	张文茹	2018	沧州职业技术学院

序号	姓名	录取年度	录取院校
13	张思瑶	2018	西安交通大学
14	梁 媛	2018	河北农业大学
15	梁雅洁	2018	河北师范大学
16	郑 祥	2019	河北工业大学
17	梁丹丹	2020	河北师范大学
18	李成功	2020	北京信息科技大学
19	张 倩	2020	唐山师范学院
20	梁美琳	2020	中国药科大学
21	张一诺	2021	曲阜师范大学
22	梁宏凯	2021	石家庄铁道大学
23	梁紫腾	2021	安徽医科大学
24	李 璐	2021	河北石油职业技术大学
25	梁裕森	2021	四川建筑职业技术学院
26	梁梦涵	2022	江苏航运大学

农业

1949 年前，西赵庄村主要农作物以小麦、玉米、高粱、棉花、大豆、山芋、花生为主，蔬菜水果有西瓜、白菜、豆角、萝卜、茄子等。1952 年，全村成立 10 余个互助组，农业生产效率有所提升。1954 年，成立农业生产初级合作社，梁有章任社长。1958 年，东、西赵庄村合并为赵庄生产大队，实行人民公社供给制，建立公共食堂。

西赵庄村历来善于种植红薯。50 年代初，村内红薯育苗技术已非常成熟，尉屯、冀县　带农民常邀请西赵庄村技术能手去传授红薯育苗技术。1958 年

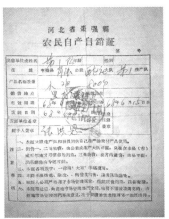

1965 年 7 月 25 日，西赵庄村"四清"工作队合影　　1968 年的农民自产自销证

引进"胜利百号"红薯良种，产量、质量均大幅提升。1960 年，大队公共食堂解体。1962 年，各生产队为每个社员分了 20 平方米自留地，社员利用小小一块自留地种植各种特色农产品。

1965 年，"四清"工作队来到西赵庄村，全村大力开展农业学大寨运动，深翻土地、改良土壤、兴修水利、挖沟通渠，农业生产效率大大提高。1971 年至 1975 年，修建深水机井 3 眼，实现农业生产水利化。

1983 年 10 月，落实家庭联产承包责任制，村民拥有土地经营权和使用权，村内大力发展西瓜、韭菜、山芋经济作物，收获季将农产品用拖拉机运至衡水市售卖，大大提高了村民收入。

1999 年至 2004 年，在村南、村西、村西南、村西北沙河、横道北修建水井 6 眼，解决农业用水问题。2014 年冬，在村南修建坑塘 10 亩，村西修建坑塘 80 亩。2018 年以来，"免施农药酿酒高粱"成为西赵庄村脱贫致富的特色产业，并于 2019 年一举成为省级特色产业样板村。

专记：扶贫高粱种植　　2018 年以来，西赵庄村在枣强县政府的领导下，以推动农业供给侧结构性改革为主线，调整农业产业结构，引进抗旱、抗病虫害优质高粱品种，采取"农户＋专业合作社＋企业"的模式，引导农民发展高粱种植，有效带动农业增效、农民增收。

当时，西赵庄村采取"资产收益"和"联农带贫"两种模式，建立起贫困户与产业发展主体间的利益联结机制，以及解决好主体责任和收益分配问题。所谓"资产收益"模式，即"林下借地、托管运营、乡镇统筹、收益共享"，相关产业发展由肖张镇委托专业合作社管理，实施"种管销"一体化运营，产业收益列入集体收入（非贫困村列入委托管理费），无劳动能力的贫困户可直接分红，有劳动能力和弱劳动能力的，通过参与公益岗位获取收入，贫困户人均年可获得收益 2000 元。所谓"联农带贫"模式，即"借地托管、带苗入社、联农带贫、抱团发展"。西赵庄村贫困户携种苗入股村级合作社，在集体用地、农村空宅等闲散土地进行种植，专业合作社负责管理，乡镇验收合格后给予贫困户成本补贴，收益由村集体、贫困户、非贫困户合理分配。同时，村级合作社对其他农户赊供种苗，次年产生收益后收回垫资，收益归农户所有。

西赵庄村西瓜大棚（2021 年摄）

2018 年、2019 年两年，西赵庄村的"扶贫高粱"种植规模就从 350 亩发展到超过 1000 亩，并在 2019 年成为省级宣传推广的特色产业样板村，村中的高粱种植基地成为"免施农药酿酒高粱"联合种植基地，拥有绿色认证。村民们靠着高粱种植，走上了脱贫致富的道路。

工商服务业

1966 年，西赵庄大队成立了面粉加工等副业项目。到 1978 年，队办副业初具规模。大队有玻璃钢、笔刷厂，一、二队有橡胶厂，三队有铁艺作坊，四队有粉条作坊。队办副业发展壮大了集体经济。

人物

梁风停（1931—2002） 生于 1931 年 8 月，1948 年 1 月参加解放太原战役，1949 年参加宁波战役。1952 年参加"抗美援朝"，同年 10 月加入中国共产党。1957 年回国后，组织安排他任县武装部部长，因家中老人不舍儿子外出工作，之后便一直从事村内工作，曾任生产队副队长、生产大队副大队长等职。2002 年去世，享年 72 岁。

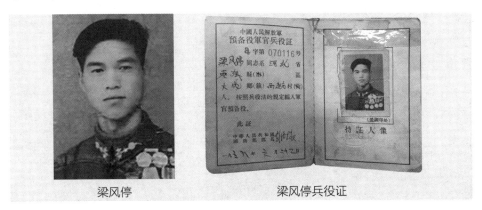

梁风停　　　　　　　　　　梁风停兵役证

组织机构

1940年，梁焕文加入中国共产党，是西赵庄村第一名党员。村党支部成立于1960年。1954年，西赵庄村成立农业生产初级合作社，梁有章任社长。1964年冬，成立贫下中农协会，梁殿雨担任贫协主席。2021年年末，团员有梁广园、梁翠敏、张媛媛、张文茹、梁紫珍、梁思雨、梁洪蛟、张世超、梁旭东、梁宏远、李璐、梁宏凯、梁玉莹、梁丹丹。

1960—2021年西赵庄村党支部成员任职情况一览表

任职时间	职务	姓名
1960—1970	书记	梁有章
1970—1982	书记	张玉春
1982—1983	书记	梁中强
1983—1986	书记	梁中强
1986—1987	书记	张玉春
1987—1988	书记	回兰群
1988—1989	书记	张书全
1989—2018	书记	梁中强
2018—2021.06	书记	梁海珂
	副书记	梁中强
	委员	梁海利
2021.06—2021.12	书记	梁海珂
	副书记	张井浩
	委员	梁建才

1954—2021年西赵庄村委会（大队管委会、高级社）成员任职情况一览表

任职时间	职务	姓名
1954—1960	村长/社长	梁有章
1960—1970	大队长	梁殿雨
1964—1970	贫协主席	梁殿雨
1970—1973	大队长	梁殿行
	贫协主席	梁殿雨
1973—1983	大队长	梁中强
	贫协主席	梁殿雨
1983—1986	主任	梁中强
	主任	梁中强
1986—1987	主任	梁海立
1987—1989	主任	李西印
1989—1999	主任	常仁行
1999—2018	主任	梁海立
2018—2021.06	主任	梁海珂
	副主任	梁广仁
	委员	张井浩
2021.06—2021.12	主任	梁海珂
	委员	梁福元　辛翠玲

东赵庄村

　　东赵庄村位于镇政府东北6千米，大广高速、索泸河东侧。北与桃城区邓庄镇大城村隔索泸河相望，直线距离1.5千米，西与西赵庄村衔接，东距马屯镇史家屯村2.5千米，南邻马屯镇西张邢村1千米。

　　聚落呈长方形，村内有坑塘3个，分布在村东、南、西北。有东西走向街道3条，中心街为安康街，北街为民心街，南街为友谊街。村东为两合土偏黑黏土地，村北、村南为白沙地，村西北紧邻索泸河东侧为典型的白沙地。适宜种植小麦、玉米、花生、大豆、高粱、红薯、棉花等农作物，出产的红薯品质尤其出色，周边地区曾有"赵庄的山药，又面又甜"之说。村周边树木繁茂，沟边坑沿有村民种植的柳树、枣树、榆树、杨树、槐树、杏树、桃树、石榴树等，村中墓地柏树居多。

东赵庄村办公场所（2021年摄）

村中最老民宅（2021 年摄）

在东赵庄村，每当逢年过节及婚嫁，村民们都会自发的组织锣鼓队以表庆贺。

东赵庄村人口较少。1949 年全村有 120 户、640 人，1990 年有 210 户、836 人。2021 年年末，全村有 208 户、753 人，其中男性 398 人，女性 354 人，均为汉族。全村耕地面积 2230 亩。

姓氏

至 2021 年年末，村内有高、王、刘、朱、张、韩 6 个姓氏，其中高、王、刘氏人口较多。

东赵庄村鸟瞰图（2023 年 3 月摄）

高姓　先祖原是山西辽州人（今山西省左权县、和顺县、榆社县一带），明初时迁至高邢村，清嘉庆十六年（1811年）由高邢村迁来。

王姓　分两支。以革命烈士王长印为代表的王氏家族，于明朝初年由山西洪洞迁来，八世能刚一支迁往山东济阳县，村内此支王姓传至王长印已有十七世。另外一个王氏家族因族谱遗失，迁入时间、地点无法考证。

其余各姓，由于家谱遗失，难以追根溯源。另，村内原有吴家过道（胡同），外有陈家坟，或可证明明代前村中原有吴、陈两姓。

东赵庄村部分大学生、研究生名录

序号	姓名	录取时间	录取院校
1	高维悦	1962	天津南开大学（本科）
2	高凤熙	1962	天津大学（本科）
3	王文清	1963	北京农业大学（本科）
4	高永甫	1984	山西财经大学（本科）
5	高宗文	1985	天津理工大学
6	王文军	1996	北京科技大学（本科，后留学德国）
7	高　品	1999	河北工程大学（本科）
8	王淑真	2000	天津商学院
9	高宏义	2000	河北大学（硕士）
10	王淑志	2001	天津大学、中国民航大学（本科）
11	高　晶	2002	河北农业大学（本科）
12	刘春蕾	2002	燕山大学
13	王连升	2002	哈工大
14	王广晓	2003	河北科技大学
15	朱华伟	2004	浙江大学（博士）
16	高　升	2004	兰州交通大学

序号	姓名	录取时间	录取院校
17	王印伟	2006	保定医科大学
18	张世磊	2007	内蒙古工业大学
19	高 菲	2008	河北师范大学
20	王 帅	2008	河北建筑工程学院
21	王杰文	2010	山东师范大学
22	王承昊	2014	河北工业大学
23	高世帅	2015	南阳理工学院
24	高春雨	2017	华北电力大学
25	高世昊	2017	上海交大
26	高 琳	2017	湖北理工大学
27	高 东	2017	华北电力大学
28	刘树辉	2018	河北金融学院
29	高 佳	2018	汕头大学
30	高英明	2018	贵州大学（硕士）
31	刘世峰	2019	武汉地质大学
32	高 昂	2019	河北中医学院（本科）
33	王典飞	2020	石家庄铁路学院（本科）

农业

抗战胜利后，东赵庄村全面开展大生产运动。1946年9月开始土地改革，次年，每户村民都领到了土地证。在土地改革中，村民王长领、王茂、高立生、刘西祥兄弟、高金常兄弟、高寿堂兄弟、高保平兄弟被划为富农（1979年，刘西祥兄弟，高金常兄弟和高保平兄弟3户经复审后改为中农），村内无地主。

1958 年，根据居住位置、人口数量、牲口搭配、土地情况，全村由东向西分为 6 个生产小队。生产队设生产队长、指导员（须是党员或团员）、会计，"四清"以后增加贫协组长。1959 年，人民公社化后，各生产队都有食堂。1961 年下半年，食堂解散，给农户分自留地、菜地，允许开小片荒地，恢复集市贸易，村民生活有所好转。1972 年春，6 个小队合并为 3 个生产队。

工商服务业

50 年代初，村民王刚兴办香油、酱油、醋作坊，刘福恩等人发起马车拉脚[1]。进入人民公社时期，各生产队均发展队办副业小作坊，多数生产队开办香油坊或加工棉花的轧坊。生产队每天派出人员到周边生产队收购棉花，售卖香油、麻酱。

1968 年后，各生产队兴办橡胶厂、笔刷厂，大队建皮毛厂、笔刷厂、玻璃钢厂。村集体将人际关系能力强的村民派到各地开展销售业务，高怀林、王庚星等人成为东赵庄自己培养出来的"金牌销售"。因此，工值由原来的每天七八分钱，上升到八九角钱，各生产队不仅还清贷款，还纷纷购买了牲口、农具，生产力进一步提高。

抵御洪涝

人民公社时期，东赵庄村遭两次大洪水侵袭。1956 年夏，索泸河洪水泛滥，土地全部被洪水淹没，因村民提前在各胡同口构筑土埝，基本保全了房屋，财产未受损失。

---

[1] 使用牲畜力量进行客货运输，俗称拉脚。

1963 年 8 月，洪水再次袭来，村民提前在村庄四周修建挡水埝，全村齐动员，推土、背土、抬土，村边的家庭用拆院墙的砖土挡在埝上。村里组织了巡埝队，不分昼夜轮流值班。洪水来临，村庄四周汪洋一片，村民们被困在村中。危难时刻，国家调拨了大量救灾物资空投到村中，解决村民的困厄。大洪水之后，毛主席提出"一定要根治海河"的号召，村内青年积极响应，经过几年的奋斗，彻底结束了辖域洪涝灾害频繁的历史。

水利设施

东赵庄村历来缺水，十年九旱。1949 年前，全村只有两眼土水井，村民打水需要排队，若是遇上井水供应不足，排在后面的村民只有等到深夜井水重新蓄足后，再去打水。如需急用水，只好到村外担水。牲畜只能饮用苦水井里的水。

1958 年，东赵庄村发动村民打了十几眼土砖井，但都是苦水井。一旦遇上大旱天气，村民只能从土砖井中取水，肩挑、手提到田中浇水。因水量有限，只在作物根部少量浇灌（人们将这种灌溉方式称之为"点窝"）。

1970 年，村集体请大城井队在村东磨坊旁打机井，又在机井旁修建一个长宽各 3 米、深 4 米水泥蓄水池。此后又修建深机井数眼，可使用的有 8 眼。2015 年，在国家扶贫政策的支持下，在村中安装防渗管道 9777 米，将附近河水引至村中农田。2021 年夏，防渗管道发挥作用，降低了种植成本。

人物

高九澄 生卒年不详，清乾隆二十三年（1758 年）甲寅恩科武举，中举后没有出仕，在家乡置办许多家产田亩，由于家院修缮壮观，被称为"举人楼"。

"举人楼"建造精美、布局美观，门楣上高悬朝廷恩赐的匾额，院中摆放着一口当时地方政府授予的习武用大刀，重达七八十斤，惜此刀在60代被其后人当废品卖掉。

彼时，村南有一条通往马屯镇史家屯的道路，沿着这条路出村走400米，有一条后来修建的南北向小路，是高九澄练武、遛马之处，当地人称之为"跑马道"。

王绳直 生卒年不详，清道光六年（1826年），岁贡生。

王金庭 生卒年不详，1946年参军，随即被编入刘邓大军，千里跃进大别山，参加了多个战役。全国解放后，又参加了抗美援朝战争，时任连长。一次惨烈的战役后，志愿军打扫战场时，发现王金庭受了重伤、奄奄一息，把他转到后方医院治疗，后又回到祖国到苏州疗养。伤好后，王金庭放弃组织安排的政府工作，毅然决定回到东赵庄村建设家乡，由于他工作积极认真、任劳任怨，后被推选为村党支部副书记。

高金年（1929—2000年） 生于1929年，1948年前往张家口学徒。1952年在冀县酱油厂参加工作，因发明酱油节粮技术，被评为衡水地区和河北省劳动模范。1956年参加全国供销系统劳模会，受到毛泽东、李先念等党和国家领导人接见并与之合影。1962年下放回乡。1971年后在肖张公社供销社、枣强食品厂工作。

王印朋

王印朋 生于1953年11月，东赵庄村人，中共党员。中共衡水学院分院党委委员、纪检书记。1972年9月，于肖张公社高中毕业后参军，历任战士、班长、参谋、副营长等职。1988年8月，由济南军区授予少校军衔。1988年12月，部队荣记个人三等功1次。1989年9月，转业从事纪检监察工作，在衡水地区（市）纪委监察局先后任科级检查员、室副主任等职。1995年4月，中共衡水地委行署表彰为"全区优秀纪检监察干部"。2006年12月，调衡水学院分院工作。

组织机构

1947年，朱春森加入中国共产党，是村内第一位党员。村党支部成立于1948年，王庚戊任支部书记，后历16任党支部书记。

1948—2021年东赵庄村党支部成员任职情况一览表

任职时间	职务	姓名
1948—1951	书记	王庚戊
	委员	朱春森　王久长　刘永昌　高怀朋
1951—1958	书记	朱春森
	委员	王长在　刘永昌　高长生　高怀朋
1958.12—1965.10	书记	王久长
	委员	刘永昌　王长在　高殿儒
1965.10—1968.12	书记	高淑云
	委员	高殿儒　王金庭　高保才
1968.12—1972.12	书记	高淑云
	委员	王久长　高保才　王金庭　高方均
1972.12—1974.12	书记	高殿儒
	委员	王久长　王崇山　刘金海
1974.12—1978.12	书记	高殿儒
	委员	王久长　王崇山　高保义　李淑聘
1978.12—1986.02	书记	高保义

续表

任职时间	职务	姓名
1978.12—1986.02	委员	王崇山　王久长　李淑聘　王印展
1986.02—1994.12	书记	高保义
	委员	王崇山　李淑聘　王印轩
1995.01—1997.12	书记	王崇山
	委员	王文科　高永竹　李淑聘　王守治
1997.12—1998.01	书记	高保义
	委员	李淑聘　王印展　王守治
1998.01—2000.07	书记	李淑聘
	委员	张双全　王守治　王崇山
2000.08—2001.12	书记	张双全
	委员	高若坡　王守治
2002.01—2003.02	书记	王守治
	委员	高世文
2003.03—2006.02	书记	王广仁
	委员	高世文　高若坡
2006.03—2009.02	书记	高永涛
	委员	高世文　王福良
2009.03—2015.02	书记	王东治
	委员	高世文　王福良
2015.03—2018.02	书记	高世文
	委员	高永涛　王文科
2018.03—2021.02	书记	高世文
	委员	刘树国　高　峰　高若坡　王国顺
2021.03—2021.12	书记	高世文
	委员	王守治　王国顺　高　峰　陈华晓

1948—2021年东赵庄村委会（大队管委会、合作社）成员任职情况一览表

任职时间	职务	姓名
1948—1951	村长	王长在
1951—1958	村长／社长	王久长
1958—1968.12	大队长	高长生
1968.12—1972.12	大队长	高殿儒
1972—1974	大队长	高保才
1974—1983.12	大队长	刘金海
1984.01—1986.12	主任	刘金海
1986.12—1997.12	主任	王印展
1997.12—1998.01	主任	王崇山
1998.01—2001.12	主任	王印展
2002.01—2003.02	主任	高跃坡
2003.03—2006.02	主任	高永涛
2006.03—2018.02	主任	高若坡
2018.03—2021.12	主任	高世文

景村

　　景村，位于镇政府西南 4 千米。北临程杨村 2 千米，西距滨湖新区魏屯镇时家庄村 1.2 千米，东临后河西村 2.5 千米。衡枣路、肃临路、大广高速、106 国道临村而过。

　　景村主街名为幸福路，东西走向，沿幸福路向西行至尽头，有南北向道路一条，为民兴路，两条道路形成丁字路口，村民称之为丁字街。村南东西向街道名为平安街，街道东尽头处与 106 国道相接，立有大牌坊一座，上书"景村"，两侧对联一副，上联为"厚德载物一先贤驻足观景"，下联为"自强不息众英豪携手育村"。

　　1940 年 1 月，枣强县大队在景村一带遭到日军伏击，与敌作战过程中，县大队 40 位战士不幸被俘，后 36 人遭日军残忍杀害。这便是冀南抗战史上著名的"景村事件"。

景村村口牌坊（2021 年摄）

1975 年，全村通电，百姓用上照明灯。1990 年，村内修建饮用水深机井，村民用上自来水。2012 年春，肖张镇建自来水厂，自来水入户，一户一表。2000 年前后，村内主要街道安装了路灯。2015 年以来，村内加大村容村貌建设，三年时间村庄基本达成硬化、绿化、美化、亮化。

2021 年年末，全村 235 户 820 人，村域面积 2752 亩，以平原为主，其中聚落面积 550 亩，耕地面积 2182 亩，水域面积 1.5 亩。主要作物有玉米、小麦。村民多以务农、务工为主要经济来源。

村名由来

景村，明初始建。最早迁来移民以李姓和郑姓居多，因此得名李郑庄。先民定居后，不辞辛劳，植树造林，种五谷桑麻，养豚犬鸡鸭，不几年就呈现出绿树成荫，五谷飘香，柴门犬吠，塘中鱼肥的农家风情。后有一保定知县改赴山东就任，途经李郑庄，被村内"绿树村边合，夕阳郭外斜"的风景吸引，感慨道："此地乃平原一景也！"村民借其吉言名村景村。

姓氏

至 2021 年年末，景村有郑、李、刘、张、吕、孟、酒、白、贾、常 10 个姓氏。以郑、李两姓人口最多。

刘姓 先祖刘敬，于明初由山西洪洞县迁居至衡水市冀州区刘家埝村定居，其后人迁至景村。

酒姓 由冀州区酒杨村迁来。

村中其他姓氏，因家谱遗失，难以溯源。

景村鸟瞰图（2023 年 3 月摄）

景村新民居（2021 年摄）

经济发展

景村是以种植业为主的农业大村。1954 年，景村共成立 6 个初级社，是
人民公社时期 6 个生产小队的雏形。进入人民公社化，景村大队以种植业为主
要经济来源，主要种植玉米、小麦、棉花等，平均亩产 50 余公斤。1972 年，
大队党支部书记酒凤群带领村民修建第一口深井，村民称之为"洋洼井"，使
用至今。之后又修建 3 口深井，按照方向命名，分别为正南井、西南井、东大
井，正南井依然可以使用。4 口井彻底解决了村内耕地灌溉问题，提高了农业
生产效率，大田亩产提高至 200 余公斤。1984 年，村内落实家庭联产责任制，

人均耕地 2.5 亩，"交足国家的，留足集体的，剩下都是自己的"，村民生产积极性大幅提高。1990 年前后，因种植成本高，单产利润相对较低，村内不再种植棉花。随着农田水利设施进一步完善，农业科技水平提升以及农业机械化生产效率提高，2005 年前后粮食单产超过 500 公斤。2012 年以来，个别村民以每亩 250～300 元价格承包外出务工村民土地的经营权和使用权，进行小规模小麦、玉米间作。到 2021 年，小规模耕作面积在 10～20 亩的农户有 10 余户，户人均收入超过 10000 元。

景村养殖业发展较晚。人民公社化前，基本上养殖供自家食用的家禽、家畜，个别家庭有饲养驴、牛等使役牲畜。人民公社时期，大队有养鸡场、养猪场也仅供大队社员食用。2000 年前后，村民刘世会开办养鸡场，最高存栏 1000 余只。村民王从臣曾开办养猪场，平均年出栏生猪 40 头。2015 年后，因养殖成本较高、收入相对降低，养鸡场、养猪场相继停办。2017 年，曾在唐林养牛场工作过的村民，回村办养牛场，年出栏肉牛 40 头左右。

景村人率先在肖张地区发展队办副业，成立肖张地区最早的笔刷厂，大队从衡水市桃城区侯店村请来杨群旺师傅，为笔刷厂工人做培训。景村人还在枣强县率先成立了玻璃钢厂，派出许多业务员到各地开展业务，平均每名业务员每月能实现 2000 余元销售额。用蓖麻籽熬制润滑油，用于飞机零部件，主要销往天津。队办副业发展提高了集体和村民收入。1978 年前后，大队购买了 4 台拖拉机，不仅服务村民，还服务其他村庄赚取一定的服务费用。改革开放后，社会经济迅速发展，队办企业技术落后，产品滞销，各厂纷纷破产，到 1984 年，队办副业全部退出历史舞台。改革开放后，村民李弟成立枣强县恒昌医疗器械有限公司，主要从事医疗用品的生产和销售。村民郑曾峰成立枣强县庆昇金属软管有限公司，加工、销售各类软管、金属(非金属)补偿器、快速接头等。各企业时常为村民提供临时性工作机会，平均日工值 150 元。

教育

1949 年前，景村有一座老私塾，请教书先生来村中给儿童教学，教书先生的报酬由村民支付，并每天给教书先生做饭。教书先生不在时，村中会派村民李增喜去看守学校。1949 年后，村内成立初级小学，设 1～4 年级，五年级去附近的杜烟村完全小学就读。在景村执教的教师有付海、李运章（东李纸房村人）、李树堂（李运章之子）、艾培星等人。2000 年后，生源减少的原因，村小撤并至后河西小学。 2012 年 9 月，郑肖考入石家庄铁道大学，现任中交一局集团华中工程有限公司工程部副部长。

医疗

1949 年前村内无医疗机构，1964 年前后，大队设有卫生室，赤脚医生孟宪刚为村内提供医疗服务 40 余年。2013 年落实新型农村合作医疗政策以来，村民大多去肖张镇卫生院就医，村内卫生防疫事宜，由镇卫生院派员完成。

人物

江　咸　生卒年不详，清康熙二十六年（1687 年）武举人。

江　曙　生卒年不详，由廪膳生员中贡生。

江　澂　生卒年不详，拔贡生，任浙江都司断事。

李增舜　生于 1937 年，景村人，中共党员。高级工程师。1954 年始，李增舜先后在枣强中学、辛集中学学习。1965 年，毕业于唐山铁道学院（现西南交通大学）机械系内燃机车专业，留校任教师、政治辅导员。1973 年 9 月，调衡水地区行政公署机械局工作，先后任办公室主任、人事科科长、副局长、局长、党组书记，兼任衡水地区机械工程学会理事长、河北省机械工业质量管理协会常务理事。1988 年，被衡水行署记二等功 1 次。1990 年，被聘为衡水地区经济体制改革特邀研究员。1991 年，参加国家机械工业部组织的赴美国培训考察团，并获得美国圣玛丽学院的结业证书。1995 年，任衡水地区和衡水市工业经济联合会常务副会长，党组成员。1998

李增舜

年，获得衡水市炉灰渣空心砖新产品开发成果奖。2003 年 8 月，被中国管理科学研究院学术委员会聘为特邀研究员，任期 5 年。

工作期间，李增舜多次被中共衡水地委、衡水市委、市政府和河北省机械冶金电子行业的领导机关授予"先进工作者""模范工作者""模范共产党员"等光荣称号。并在国家人事部的《领导文集》《信息工程》等刊物发表有关机械电子业管理的文章 20 余篇，并获得河北省机械行业管理部门论文二、三等奖。

组织机构

1938 年，村民孟庆福加入中国共产党，是村内第一位党员。不久后，村党支部成立（具体时间不详），第一任村党支部书记为刘传喜，后历 11 任党支部书记。2021 年年末，全村有党员 43 人。

1938—2022 年景村党支部成员任职情况一览表

任职时间	职务	姓名
1938 年前后	书记	刘传喜
	委员	郑玉华　孟庆福　刘文起
1949.10—1968.02	书记	刘常利
	委员	吕金尧　张金仓
1968.03—1978.02	书记	酒凤群
	委员	刘金成　刘长柱　张海顺　贾朝栋
1978.03—1982.02	书记	孟宪云
	委员	刘金成　刘长柱　张海顺　贾朝栋
1982.03—1986.02	书记	贾朝栋
	委员	刘长柱　王宪根
1986.03—1989.02	书记	张海顺
	委员	刘长柱　王宪根
1989.03—1991.02	书记	孟宪云
	委员	郑玉昌　白俊奎
1991.03—2010.02	书记	郑玉昌
	委员	贾长城　李新桥
2010.03—2015.02	书记	李增池
	委员	王振秋　贾朝义
2015.03—2018.02	书记	贾朝义
	委员	王振秋　郑曾峰
2018.03—2021.04	书记	贾朝义
	委员	王振秋　郑曾峰
2021.05—2022.12	书记	郑书栋
	委员	贾朝文　李洪水

1938—2022 年景村村委会（村公所、大队管委会）成员任职情况一览表

任职时间	职务	姓名
1938 年前后	村长	郑玉华
	粮秣员	白祝山
1949.10—1968.02	村长 / 大队长	吕金尧　张金仓
1968.03—1978.02	大队长	刘长柱　张海顺
	指导员	刘金成　贾朝栋
1978.03—1989.02	大队长 / 主任	刘长柱
	委员	刘金成　贾朝栋　王宪根
1989.03—1991.02	主任	郑玉昌
	委员	刘长柱　王宪根　白俊奎
1991.03—2010.02	主任	贾长城
	委员	白俊奎　李新桥
2010.03—2015.02	主任	王振秋
	委员	李新桥　贾朝义
2015.03—2018.02	主任	王振秋
	委员	李新桥　郑曾峰
2018.03—2021.04	主任	王振秋
	委员	王常华　李洪旺
2021.05—2022.12	主任	郑书栋
	委员	王振秋　陈　丹

前河西村

　　前河西村，位于肖张镇政府驻地南 3 千米处，索泸河、衡枣路以西，大广高速、106 国道以东，南距河西店村 0.5 千米，北距后河西村 1 千米，西北距景村 2 千米，距新建枣强八景公园 1.5 千米。肃临省级公路邻村西而过。

　　前河西村为东西向，长方形块状。主街名为永兴街，街北有 16 条胡同，以"永"字命名；街南有 11 条胡同，以"兴"字命名。村内有 4 处坑塘，被村民称为东大坑、南大坑、北大坑、东北大坑。为蓄水池所用。

　　村边有老官道遗址，是古代北京通往顺德府（邢台）的重要驿道，自前河西村向北，经后河西村，转肖张村南庄，向北至衡水、北京。老官道旁曾有一座狼烟墩，70 年代修衡枣路，狼烟墩的土被铲走一部分，后村内修主街，狼烟墩被彻底铲平。

前河西村村口牌坊（2021 年摄）

村东靠近索泸河，多为白沙地，村西靠近庄村处为两合土，远离村庄处为黑黏土。村内主要种植小麦、玉米、花生、大豆、棉花等农作物，自留地小菜园里种些豆角、瓜类、白菜、萝卜等。主要树木有柳树、杨树、枣树、榆树。村内道南张家坟茔处曾有一株大杨树，树龄约200年，高30余米，抗日战争时期被锯掉。2021年年末，全村有238户、766人。经济总收入1532万元，人均收入2万元。

村名由来

明永乐二年（1404年），李氏先祖李三公次子、三子在此落居，因位于索泸河西岸，得名河西村，后分为前后两村，该村在前，故名前河西。村边古官道狼烟墩附近，曾有石碑一块，上刻"李家河西"。清嘉庆八年（1803年）出版的《枣强县志》已记载"前河西村"。近代以来，村民口中的村名几经变化，曾被称为"当村河西""中河西"等。之所以称为"中河西"，是因北有后河西，南有河西店。

人口

50年代初，村内有70余户、360人。1991年，全村有140户、629人。2021年年末，全村有238户、766人，其中，男性387人、女性379人。18岁以下169人，60岁以上154人，80岁以上有16人。汉族763人，少数民族3人（蒙古族2人、黎族1人）。本科生47人，博士生1人，留学生2人。

姓氏

前河西村有李、张、王、苏、胡、刘6个姓氏，其中，李姓、张姓人口较多。

前河西村鸟瞰图（2023 年 3 月摄）

李姓　分三支，其中两支同宗，其先祖名为李三公，明朝永乐二年（1404年）从山东莱州府大葫芦村迁至殷家井居住。李三公育三子，后次子、三子迁入现村址定居，至今已有二十五世。另一支，单门独户，自何处、何时迁来情况不详。

张姓　分两支。一支于明朝初年由山西迁来。另一支，是清康熙四十二年（1703年），张自玉自与村内胡氏联姻，自枣强城西北红庙武家庄（今枣强镇红武庄）迁居，今传至第十三世。

王姓　先祖是李家外甥，原籍衡店，后迁来投靠外祖母，今传至第六世。

农业

1946年9月，前河西村土地改革，时有耕地1700亩，70余户、360人。土地改革后，实现"耕者有其田"，激发了村民的生产积极性，除种植外，还有很多村民在家中养猪、羊、鸡、鸭，也有部分村民养牛、驴等使役牲畜，经济条件差的，两三家合养一头。

1956年8月，索泸河洪水来袭，全体村民在河边修筑的一人高河堤起到了一定作用，仅部分庄稼被河槽溢出来的水淹没。1963年8月洪灾，村民全力修建的护村堤堾阻挡了汹涌的洪流，靠村边零散几户房屋被淹，造成很大损失。

1961年，全村划分为4个生产小队，每队100人左右，耕地430亩，村集体的牲畜、农具抓阄平均分。每个生产小队设指导员（必须是党员）、生产队长、副队长、会计、保管员。落实家庭联产承包责任制后，进一步提高了村民的生产积极性，全村粮食产量快速提升。

1993年，因历史遗留问题对土地进行重新分配，部分村民自愿放弃。2005年，农业税改革后，曾放弃承包权的村民向村集体提出承包申请。2011年，村集体为这部分村民分配了村内 80 亩"机动地",人均不到 7 分。

第二次分配土地后,村民生产积极性大幅提高。农作物主要种植麦子、玉米、谷子等。次年麦子丰收,大多数亩产二三百斤。村民李世臣家的麦子比较"特殊",麦苗黑绿、秸秆粗壮、穗头也大,后来得知他种麦子时买了两袋"石头蛋子"(磷肥)。次年,村民效仿李世臣在自家麦田施磷肥,家家户户麦子产量大幅提高。还有一村民从同学处得到几斤以前没种过的玉米种子,种植一亩有余。最初,村民都怀疑那些又小又瘪的种子的质量,但秋收时他家的玉米个个饱满、大穗,村民才相信新品种玉米产量高。

随着农业科技的进一步发展,村内小麦亩产达到七八百斤,玉米亩产达到八九百斤,是"包产到户"前的 2～3 倍,村民"家家有余粮,户户粮满仓"。1983 年,村内大力推广棉花种植,逐步达到每人一亩棉田。一亩棉田产三四百斤籽棉,每斤售价 0.8～1 元,户均收入一两千元。种棉大户李洪印、苏占河有棉田十几亩,一年收入几千元。

1984 年 6 月 10 日下午 3 时,村内遭受风灾,粮食全部被风刮走,是年歉收。1985 年,村内大力推广苹果种植,由村集体统一购买果苗,村民种植,村民又多了一份果树带来的收入。随着农村经济的不断发展,村民收入的不断提高,村民开始大量购置农机具,进一步提高了农业生产效率。

农田水利 前河西村属于干旱地区,十年九旱,严重缺水。50 年代初,全村生活用水依靠仅有的两眼甜水井(东大坑一眼,东关里一眼),另外三眼苦水井用于农业灌溉。1958 年,大队集体开展"机井大会战",但打出来的都是苦水井。1969 年,因生产队副业发展较好,大队集体收入增加,在张振雪、王连仲、李茂廷等大队干部的指导下,集全村力量在村正西打深井一眼,名为正西井,深井 237 米,当年灌溉耕地八百余亩。1970 年,村内建成第二眼深井——胡家井,1971 年建成三队井、西北井,1992 年、2000 年、2001 年、2008 年修建了 4 眼深机井,全村共有 8 眼深井,彻底解决了农业用水问题。

工商服务业

前河西村的第二、第三产业发展较早，50年代初就有很多村民开始小本经营。如王福臣卖颜料，李增群补铜勺子，李老双卖香油，李海波缝鞋等。50年代中后期，相继有18位村民从事运输业，最初的运输工具是人力推车，主要用来贩运硝盐，有了一定利润后购买了马车，后组织到一起成立了运输队。解放初期，村里的村中心、小东关、道南里有6个碾子，7处磨坊，还有几处磨豆腐、磨香油的小磨坊。1970年，大队集体购买8马力柴油机一台和一套磨面机，在原大队办公处开办粮食加工坊，操作员为李洪锁。

人民公社时期，第一生产队因人口多、耕地有限，成立了轧坊，给周边村的村民轧棉花，年收入1600元左右。1964年，第二、第三队在王连仲、王彩廷领导下，两个队各用10亩土地，合伙修建了砖窑。1967年，一队兴办笔刷厂，生产毛笔、板刷等，不足两年，一队的年收入就超过万元，其他队工值还是一两角时，一队的工值达到了八角，而且每年年末家家有分红。

1969年，4个队都有了自己的笔刷厂。后来，大队集合各队资源开办了一家规模较大的笔刷厂。发展副业不仅增加了村民收入，还培养了不少人才，如一队的张新浩、二队的李深满、三队的李成章、四队的苏玉西等都是当时的优秀业务员，后来成为村里的致富带头人。

1972年，前河西大队还清了信用社所有债务，是公社最早摆脱负债的大队。改革开放后，前河西私营经济开始蓬勃发展。张贵祥、苏户春、刘延长等人组建了一支建筑队，成员有十几人，为周边居民盖新居，日收入5元左右。李长路、李长宽等人做装修工作，主要是刮腻子，后来全村有60余人从事这一行业，前河西村成为有名的"刮腻子专业村"。

八九十年代，枣强县城尽人皆知前河西村有个"玻璃张"张新浩，靠切割玻璃技术成为靠技术赚钱的代表。

1970 年，大队在道南里张群庄的两间南房，建立村级供销点，方便村民购物，售货员为张文爱。改革开放后，陆续有张世明、李长宽等人在村中经营小超市，逐渐取代了供销点。

教育

早在 1919 年，肖张区有国民小学校的村就有前河西，教员张继林，但村中无记载，情况不详。

1949 年前，村民生活普遍艰难，但只要家中稍微宽裕，就会送孩子上学识字。张存香（俗名"大老绍"），1880 年生，自幼接受教育，熟读经书，成年后帮助村内子弟学习文化。

张桂林，号辉廷，曾随张存香读书学习。1937 年到 1942 年，张桂林在自家南房办小课堂，免费教附近几个村的子弟读书，他白天教书，晚上抄书，给学生当课本，还出资给学生们购买笔墨纸砚。张桂林义务教学的善举改变了很多村民命运，赢得村民尊重。

土地改革后，村内将富户张振传（人称"三老计"）的房子腾出一处，成立前河西村初级小学，四年制复式教育，一间教室，四个年级同时上课。1949年后，前河西村与河西店村联合办学，一、二年级在河西店村上课，三、四年级在前河西村上课。1968 年，前河西村在大队办公院南新建学校，有校舍 6 间，中间一间是教师办公室，其余做教室。学校院内建有乒乓球台，设有篮球场。学校有 2 名教师，5 个年级，在校学生七八十人。1977 年暴雨，学校被淹，教室屋顶坍塌。修复中，李庆虎、李群虎被屋顶上掉落的木头砖瓦砸伤。1991 年，学校迁至村北，新建教室 10 间。后因生源减少，前河西学校撤销。

中华人民共和国成立初期的大学生有李世臣，1955 年毕业于宣化地质学校；张桂恩，1956 年毕业于山西轻工业学院；张振泽，毕业于天津公路学院；

张占军，毕业于天津工程学院。2007年，前河西村就读于枣强中学的张晗，成为全县理科高考状元。

在前河西村教育的发展过程中，涌现多名优秀教师。单仓口的康杰三在前河西小学任教十多年，知识渊博，教学严谨，培养了一大批孩子。李世春在村中任教多年，成绩斐然。女教师张新段未出嫁时即任教师，嫁入前河西村继续教学。她虽然文化程度不高，始终教小学一、二年级的孩子们，但方法得当，纪律严明，工作认真，连续在全中心校同年级比试中，获得第一名。1986年，张新段被省政府评为"优秀园丁"。

医疗

清末民初，村民张振熙创办"大黑熙药铺"，据说是借阅村内胡延芳家祖传医书，自学成医。由于他医术高超、手到病除，因此在方圆百里之内小有名气，求医问药者络绎不绝。张振熙医德高尚，遇病人家贫便分文不取。张振熙过世后，因无子嗣，药铺关张，再无传承。

其后，有张新贵开办的药铺。张新贵生于1922年，家庭富裕，自幼接受过传统私塾教育。青年时代在保定育德中学读书，寄宿于单仓口表兄家中。因其表兄在保定有很大的药铺，张新贵利用闲暇时间到表兄药铺打杂，同时学习中医药知识。后因处于抗日战争时期，张新贵立志报国，到保定参加正规军事训练，后回原籍与本村张振昌（村民张桂祥之父）在冀县组织起几百人的自卫民团。冀南抗日根据地创立后，张新贵的队伍接受冀南军区改编，被编入一二九师，随军转战南北。解放战争时期曾南下四川。土改后期，张新贵因家中事务，脱下军装，回到前河西村居住。回乡后，张新贵凭借自己学习的医疗技能，开设了一家药铺，为村民解除病痛。他在行医中认真严谨、态度和蔼，受人尊敬。1967年，国家号召办合作医疗，把医疗工作的重点放到农村去，张新贵的药铺改编为前河西村合作医疗点。后有参加过赤脚医生培训的张秀巧、张淑娟、张亮有、李洪印、张广存和刘金环先后在村医务室工作。

2003 年，前河西村落实新型农村合作医疗政策，大部分村民都参加了新农合。2013 年，市卫生局下乡包村，协助建立村卫生室。2021 年年末，村民参加新农合人数占全村总人数的 97%。

村容村貌

前河西村原分三大区域，中间呈窄长条状，户数较多。村西街南有少数住户的区域名为"道南里"，村东有十来户人家的区域名为"小东关"。从空中俯瞰，前河西聚落如同"扁担"形。

1949 年后，前河西村多次维修平整街道沟坎。1970 年和 1979 年两次动工，将村中街道修直，填平大大小小坑洼，村内交通由此通畅。1996 年，与刘仓口调换土地 10 亩，修建出村柏油路，并硬化村内主要道路。2012 年，将村中主要道路铺筑成水泥路面。2013 年，前河西被枣强县确定为新农村建设重点村。由县施工队牵头，村里出动劳力，修建路边排水沟 2000 余米、花坛 1500 余米，并在路边种植冬青、木槿花等树木，粉刷墙壁 30 余处，临街无房空地，全部垒砖墙并粉刷。村中小路铺砖，主要街道安装路灯，修建了休闲广场，配备了健身器材。

文艺活动

50 年代初，村内排练评剧《小女婿》等戏曲，成立架鼓队、秧歌队等。1997 年，30 余位村民自费购买锣鼓，组织文艺表演。2011 年，村内有四五支架鼓队，县文广局为村内配备一批架鼓、演出服，村内建休闲健身广场，每日早晚都有村民练广场舞。村广场舞队，每年积极参加县、镇两级广场舞比赛。此外，张桂金的唢呐，张世清、张贵荣的二胡、王怀军的电子琴等，都是村里文化娱乐活动中不可或缺的元素。

人物

李振盛子女领抚恤金证件复印件

李廷魁（1769—1809） 字超广，乾隆五十九年（1794年）考中甲寅恩科武举人，授武略骑尉（正六品武散官）。李廷魁中举回乡后，建造举人府一座（现村民李长兰、李长梅、王怀英、王怀存家所在地），东西、南北各长约百米，主体建筑为二层楼，府门有御赐匾额一块，上有清乾隆皇帝钦点朱砂印记。李廷魁去世后埋葬在村西，坟茔位置被后人称之为"举人坟"，其田亩财产由堂弟过继的子孙继承，御赐匾额不知去向。

李振盛 生于1905年，前河西村人，1938年加入中国共产党。1941年，任枣北县敌工科交通员，其间以推盐为掩护，向枣强县抗日大队传递情报。一天，李振盛在家起猪圈，有人跑来报日伪军来抓他，但想逃已晚，被冲过来的日军抓捕。被捕前，李振盛将多枚公章藏到自家门前的柴火垛里，后由县大队取走。李振盛被捕后，县大队曾千方百计地营救，但未成功。而后，李振盛不知所踪，有人说他被押送到黑龙江黑河挖煤窑，因染疾病被推到万人坑活埋。有人说他被押到了北京石景山，最后牺牲在那里。后被确定为革命烈士。李振盛育三子，李深海、李深河、李深水。被捕时，李振盛38岁，三子仅3岁。

李丁一（1911—1960） 生于 1911 年，曾名
李继新，俗名三图行。年幼时家庭困难，后在河
间一带开文具店，走村串户卖笔墨纸砚。当时，
河间是冀东抗日根据地，李丁（hǎn）一在那里
接受进步思想，返回家乡后，参加枣强抗日县大队。
因思想进步，多次立功，县大队副大队长张静亲
自介绍其入党。

1943 年，日伪军专程到前河西村抓捕李丁一，
当时李不在家，于是日伪军便抄了他的家。无家可
归的李丁一，更加坚定地投入到革命工作中，后被

李丁一夫妇（1955 年摄）

任命为枣北县司法科科长。抗战胜利后，在肖张枪毙汉奸冯某林时，李丁一以
县司法科科长的身份宣布处理决定。1949 年后，李丁一调石家庄地区二建公司
任书记，后调任获鹿（今石家庄市鹿泉区）水泥厂党支部书记。1960 年因病去
世，时年 49 岁。

李成坤（1927—1988） 生于 1927 年，俗名"大根"。抗日战争时期，
曾在村内担任青年抗日先锋队的队长。土地改革后，和村民一起用拱车从"千
顷洼"推小盐，到吉利贩卖。后购买了胶皮车，
成为前河西胶皮车运输队的一员。1958 年，在衡
水加入了马车运输社，1980 年退休后，回到前河
西村。

回乡后，李成坤积极为村民办实事。1980 年，
召集李广信等人用自家水泥管做排水管，解决村
东北坑溢水冲毁路基的问题。1984 年，地下水位
下降，村里的老井全部干涸，虽然有的机井有水，
但水量不足，还经常停电，全村人吃水成了问题。

李成坤

李成坤又组织李广信、任森叶等人在自己家周围打井。几经周折，最后在大坑底部打井，终于打出甜水。井上压机子的胶圈经常坏，李成坤便买了一大撮，什么时候坏了，什么时候换，解决了前河西村吃水难题。自退休到1998年去世，李成坤在村里生活了18年，大大小小为村内做出很多贡献。

李申尧

李申尧 生于1954年，中共党员。1970年，由肖张公社后河中学应征入伍中国人民解放军某部。后调入中国人民解放军第二六二医院（第二炮兵总医院前身）。其间，参加北京军区卫生部药训队总后医学院医学分院药学系、北京市执业药师培训中心学习。

在医院做中西成药工作7年后调医学工程科（器械科）负责部分设备的管理及各种一次性卫材的购进工作。同时，分管10余年医院战备应急总分队的药品、器材、食品及各种一次性卫生材料的管理及人员的教育训练等组织工作。历任调剂员（排级）、司药（连级）、药剂师（副营级）、药剂师（正营级）、主管药师（副团级）、主管药剂师（正团级）。多次被评为"五好战士""学习雷锋积极分子"，受到嘉奖，2008年病休。

李红录

李红录 生于1966年，中共党员，研究生学历。中共河北省委统战部副部长。1984年9月至1987年7月，在衡水师范学校学习。1988年10月至1998年5月，在中共河北省委统战部先后任办事员、科员、副主任科员、主任科员、研究生副主任。1998年5月至2002年6月，任政协河北省办公厅秘书处副处级秘书、正处级秘书。2002年6月，任河北省政协社会和法制委员会办公室主任（其间挂职柏乡县委副书记）。2006 年 9 月至 2008 年，任政协河北省社会和法治委员会副巡视员。2016 年，任政协河北省民族和宗教委员会主任。2020 年，任河北省政协社会法制委员会主任。2022 年，当选为河北省工商联执委会常务副主席、党组书记。中共河北省委非公有制经济组织和社会组织工作委员会副书记。同年，任中共河北省委统战部副部长。2023 年 1 月，当选为河北省第十四届人民代表大会民族侨务外事委员会副主任委员。

组织机构

1938 年 4 月后，村务由张洪斌主持。随后，有村民秘密加入中国共产党。抗战胜利时有党员张仙廷、李盈州、张大平、张子英、李焕荣、李海桥、刘金玉、张世刚、刘金玲、王久立、王彩廷、李雁廷、张贵生等 10 余人。1944 年，村党支部成立，王久立任第一任党支部书记。

村党支部成立之初，没有固定的办公地点，有时在干部家里，有时在临时的宅子里，群众找干部办事很困难。1966 年春，在村中心王继祥老房处建房 4 间，作为党支部、大队管委会的办公用房。

前河西村党群服务中心（2021 年摄）

1944—2021 年前河西村党支部书记任职情况一览表

任职时间	职务	姓名
1944—1949	书记	王久立
1949—1966.04	书记	李盈州
1966.04—1967	书记	李成群
1968—1971	革委会主任（党政合一）	张振雪
1971—1985	书记	张振雪
1985—1990	书记	张桂发
1990—1996	书记	李广增
1997—1998	书记	王怀军
1998.09—2003	书记	李深满
2003—2008	代书记	张桂霞
2008—2009	书记	张占江
2009—2010.09	书记	李广信
2010.10.—2018.4	书记	李广均
2018.4—2021.12	书记	苏占雨

民末—2021 年前河西村委会（大队管委会、村公所）领导任职情况一览表

任职时间	职务	姓名
1936 年前	村公所村佐	李云峰
	村公所村辅	张继泉（张计川）
	粮秣员	李继存
1936—1944	村公所村长	张洪斌
1944—1949	村长	张仙庭
1949—1958.11	村长 / 合作社社长	张仙庭　李延廷
1958.12—1966.04	大队管委会大队长	张仙庭　李延廷
1966.04—1967	革委会主任	李成群
1968—1976	革委会主任	张振雪　王连仲
1976—1983.12	大队管委会大队长	张桂发
1983.12—1985	村委会主任	李占东
1985—1990	村委会主任	李占东
1990—1996	村委会主任	李占东　刘延长　张占群
1997—1998	村委会主任	李广斌
1998 秋—2003	村委会主任	张桂霄
2003—2008	代村委会主任	李广信
2008—2009	村委会主任	李广信
2009—2010	村委会主任	李广均
2010.10—2018.04	村委会主任	李广信　苏占雨
2018.04—2021.12	村委会主任	苏占雨

刘家纸房村

刘家纸房村位于镇境北部,距镇政府驻地直线距离约2千米。东靠索泸河,与梁纸房村、东李纸房村相望,西邻肃临公路,北与西李纸房村相接。大广高速衡水南出口坐落在村南偏西400米处。

聚落东西走向,呈长方形,有文盛街、后街、富康路街3条街和平安路、和谐路2条路。北前街有盛字开头"日月生辉、国泰民安、富贵吉祥"12条胡同。南前街有盛字开头"人民向往美好的幸福生活即将到来"15条胡同。前街北侧有文字开头"文化创新、科技引路、富强民主、永远跟党走"17条胡同。

村中两大坑——东大坑、南大坑平时蓄水,汛期排水。索泸河西侧修建的扬水站将河水引入南大坑后,水系通向村域四面八方。村岗子北有一处散落老砖旧瓦的遗迹,或为古时旧村遗址。

刘家纸房村村口牌坊(2022年摄)

刘家纸房村鸟瞰图（2023年3月摄）

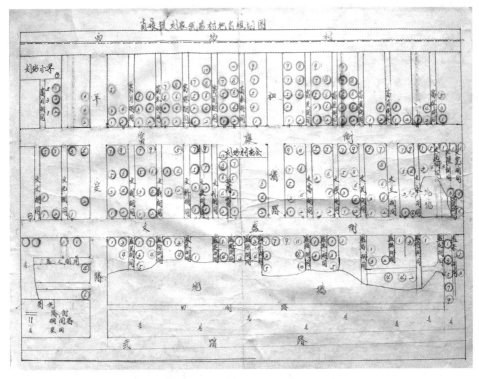

刘家纸房村地名规划图（2023年3月提供）

2021年年末，全村有153户、530人，其中满族人口6人。全村经济总收入260万元，居民人均收入4906元。

村名由来

明永乐二年（1404年），刘氏先祖从山西洪洞县迁至索泸河西岸建"西纸坊"。1963年村内出土的关公雕像，背后刻有阴文，记载此雕像为先祖于明万历年间制，时村名为"西纸坊"。随着"西李纸坊"成村，两村名易混淆，因西纸坊刘姓为村内第一大姓，遂更名"刘纸坊村"，也曾名"刘坊村""西坊村"。

1987 年，肖张乡政府立村名石碑，阴文刻县地名办公室撰村名由来

1987 年，肖张乡政府立村名石碑，阴文刻县地名办公室撰村名由来。

姓氏

至 2021 年年末，全村有刘、张、崔、徐 4 个姓氏。

刘姓　从山西迁至刘家纸房村后，开枝散叶、人丁众多。明末清初，有刘姓家族成员前往北京经商，在商号中担任"大掌柜"，刘家从此发迹，后带动同族、同乡进京经商，为村内经济发展做出贡献。

张姓　由深县（今深州市）迁居而来，家族成员农忙时打短工、农闲时造纸，后经多年耕耘积累，清嘉庆年间成为富庶人家，逐渐成为村内人口多、人才盛、影响大的家族。

另有崔姓、徐姓人家，皆由外乡迁入，祖源不详。

张志臣、刘林杰是恢复高考后的第一批大学生。张玉端、张书华是恢复高考后的第一批中专生。

刘家纸房村部分本科生、研究生名录

序号	姓名	录取年份	录取院校
1	刘林杰	1980	河北农大昌黎分校
2	刘林生	1985	河北师范大学
3	张振环	1999	武汉大学
4	张世浩	1999	河北大学
5	刘 敬	2008	中国药科大学（研究生）
6	张世洋	2009	重庆理工大学（美国华盛顿马兰里大学留学，博士）
7	张春辉	2013	吉林外国语大学
8	张坤玲	2021	承德医学院研究生学院

农业

作物 蔬菜 1949 年前，村内主要种植小麦、玉米、花生、大豆、棉花等大田作物，平均亩产不足百斤。1956 年，村内成立农业合作社和生产队，张庆有担任生产队长。1958 年人民公社化时，刘家纸房大队分两个小队，主要种植小麦、玉米、高粱、红薯、棉花等，其中每小队约有 400 亩耕地套种小麦、玉米，约 100 亩耕地种植棉花，平均亩产 500 斤。其余耕地种植杂粮、油料、蔬菜等，主要队内分配，供社员日常生活所需。1981 夏，包产到组，1984 年秋包产到户。之后，在村集体带领下，粮食产量大幅提升，亩产单产提高到 600～800 斤，年总产量由 40 万～50 万斤，提高到 80 万～100 万斤。2021 年，村民张军建蔬菜大棚，占地约 6 亩，主要种植菠菜、茴香等叶菜以及葡萄等水果，主要供衡水东明批发市场。

耕地 1958年，刘家纸房大队有耕地1483亩，分布在村东、村西、村南。70年代初，平整土地，村西整理出20余亩土地用来耕种。1973年开始，村内陆续建房占用耕地60余亩。2008年，大广高速占地270余亩。至2022年，村内有耕地1117.83亩，人均约2亩。

林果 1962年，大队从外地购回大量树种，计划依靠培植经济林木发展经济。但1963年的罕见大洪水，几乎将刚种下的树苗全部淹死。1965年，大队在村东种植果树30亩，主要有杏树、梨树、桃树。1973年，果树栽植增加至200亩。1984年"包产到户"时，果树被分配到各家各户后，大多任由其自然生长，尚能产出的果树留作自家食用，若有余便由村民自行销售；产量较少的果树大多被放弃，土地改种粮食。2022年，流转耕地60亩，为工业园区9号仓配套绿地，种植法国梧桐树。

农业机械 70年代前，村内使用传统农具耕种。1975年大队购买衡水产柴油机12马力小四轮拖拉机1台，驾驶员张洪振、张新昌。1978年，购买拖拉机配套播种机1台、北京大兴生产小麦收割机2台。

水利设施 60年代前，村内几无农田水利设施。1964年，村内建蓄水池，面积约400平方米，村民肩挑手提或平板车拉水，浇灌菜园子，大田作物依然靠天吃饭。1970年，在村西打第一眼机井，深247米，使用柴油机抽水。1974年，在村内打铁管井，深300米，开始使用电动机抽水灌溉。1994年，在村东打铁管井，深267米。至此，村内农用水问题得到缓解。至2012年，陆续打机井6眼：村西3眼、村南2眼，村东1眼，村中耕地全部为水浇地。

工业

1965年前后，大队开办铁匠铺，由张庆才负责，有工人七八人。同年，大队开办面粉厂，有电磨、面粉机、碾米机。1969年，大队组建副业队。木工队有六七人，主要生产刷子把、笔架、算盘、电灯木座等。同期开办的橡胶厂、笔刷厂效益最好。1970 年至 1972 年，副业队年创利润约 3 万元，为大队集体购买农机打下良好经济基础。1972 年，二队先办起笔刷厂、橡胶厂，由张长年负责。1974 年，一队也办起笔刷厂、橡胶厂。1984 年撤队建村时，各工厂停办。

饮用水

刘家纸房村沿索泸河而建，依河而居，索泸河经常断流，饮水主要依靠位于"南岗子"和"北岗子"中间地带的一口老井。老井开凿于明万历年间，井盘为汉白玉雕刻而成，水质清醇、甘甜。1968 年，在刘家纸房村工作的张锡杰带领村民在"南岗子"和"北岗子"附近挖掘饮用水甜水井。1994 年，村东深机井建成后，引水入村民院内，村民在院内修储水池，村内 4～5 天放一次水。2012 年春，接入镇自来水厂饮用水，饮用水入户。

人物

张锡銮（1918—1948） 中共党员，生于 1918 年。村党组织建立者之一，曾任村武委会主任。

张锡銮，一个贫苦农民家庭的遗腹子。母亲优秀的品质和坚韧不拔的精神，塑造了张锡銮英勇顽强、矢志不渝的品质。"七七事变"后，他义无反顾地投入到时抗日救国的洪流当中，1938 年成为抗日英雄张永言在刘家纸房村发展的第一批党员中的一员，并协助张永言在村中建起了党组织，担任村武委会主任一职。

抗战期间，张锡銮不幸被捕，遭受日伪军的多次酷刑，灌辣椒水、压杠子、皮鞭拷打，但日伪军的毒刑征服不了共产党员的坚强意志。被党组织营救出狱后，他带着严重的内伤坚持工作，领导民兵坚持对敌斗争。抗日战争胜利后，与其他村干部一面发动村民做军鞋、送军粮，支援解放战争，一面进行土地改革，组织后方生产。其妻也是一个贤惠的女人，白天下地劳动，晚上纺织，还要伺候婆婆，照顾丈夫和孩子，一心只想着减轻丈夫的负担，盼望丈夫早日康复。在那个缺医少药的时代，日伪时遭受的致命内伤，使张锡銮的病情越来越重，1948 年因肺病发作，不幸英年早逝。

张居安（1881—1956） 字逢源，自幼酷爱学习，博览群书，喜爱作文、书法，在兄弟姐妹七人中排行第三。少时种田养家，17 岁外出谋生。此后数十年遍历江南数省，在江苏、江西等地县衙担任过文书。晚年落叶归根，承担教育族中子弟之责。

张居安虽外出多年，但一直保持着劳动的习惯。还乡时，已年逾花甲，经常去田里干活。家人劝他注意休养，他说："庄稼人不种好地吃啥？我 17 岁外出谋生的前一天，还在田里拾茬子，一直干到出星星才回家。"张居安待人诚恳，为人谦和，和睦乡里，乐于助人。邻居家有了矛盾，他悉心劝说。逢春节，他义务给乡亲们写对联。

张耀震（1902—1974） 生于 1902 年，小名铜锁，1974 年病故，享年 72 岁。在京谋生期间，热心帮助乡亲，因家中排行老三，被村里人尊称为"三掌柜"。

1930 年，张耀震离家赴北平谋生，在天坛北门东晓市街"同兴和硬木家具店"学徒。1937 年老掌柜病逝后，他与师兄三人合股接管家具店，并改名"同兴德"。前店后厂，以销定产。

张耀震致富不忘乡亲，乡亲去京谋生，他除帮助介绍工作外，还负责招待食宿，最多时在店里吃住达 30 余人。张秋石、张长年、张长金、张希波、张西亮、刘怀金、刘保连、张长喜、张长久、张西均、崔长禄等人或在他店里工作过或接受过他的帮助。

抗战期间，他曾两次冒着生命危险掩护身为八路军干部的堂兄张耀庭秘密采买药品。枣强籍八路军干部谷玉尧，在京秘密工作期间，长期吃住在他店里。1953年公私合营，同兴德家具店与其他店铺合并成立龙顺成家具店，张耀震在店内务工。1974年病归故里，去世后，村党支部组织召开了追悼会，全村人为其送葬，祭奠这位受人尊敬的"三掌柜"。

刘怀英（1914—1980） 生于1914年生，中共党员，原中共金子公社委员会副书记、县民政局副局长等职。

1937年，刘怀英参加革命，并于同年加入共产党，曾任党的地下情报员。一次被叛徒出卖被捕，被日伪军带到肖张炮楼，严刑拷打也未泄露党组织的秘密，最后死里逃生。解放后，从基层做起，后任中共枣强县金子公社委员会副书记、县民政局副局长等职。

1962年，刘怀英响应党的号召，主动从国家的科级干部退下来，带着妻子和孩子回到刘家纸坊[1]。刘怀英回村后曾任大队会计，积极倡导大力植树造林，对刘家纸坊兴办队办企业、积极积累资金打深井以及积极培养接班人工作，发挥了很大的作用。

张光远（1915—1994） 生于1915年，又名开弟，张永言之子。14岁进入枣强县高等小学读书，因成绩优异，获得学校奖励的《中山全书》《冯玉祥革命史》《白话书信》等书，之后考入直隶六师。

1938年春，张光远参加肖张区民族革命战争总动员委员会，主要负责编辑《抗日三日刊》，后到枣强县民族革命战争总动员委员会编辑《前进周报》，之后调入枣强县秘书处、人教局等部门工作。1942年夏，张光远因被子弟兵

---

[1] 同期，响应中央的号召"下放"回村在职干部、职工还有张秋石、刘文彬、张锡桐、张绍义、张志才等人，特别是张西亮携全家从北京"下放"回刘家纸坊。

连的小战士指认为抗日分子，遭日军逮捕，并施以棍棒、电刑等酷刑逼问，张光远守口如瓶，被师范同学与表哥何宝全救出监狱。1943年，张光远调至枣北县七区工作，时年县内旱情严重，张光远积劳成疾患骨结核病。

张光远

1945年，张光远调至流常完小任语文老师，后升任教导主任。之后调至枣强县师范任教，学校撤销后，又进入枣强中学长期任教。1965年，张光远因骨结核病被送往石家庄骨科医院进行手术，次年因病提前退休。离休后，张光远兼任学校课外辅导员、义务送报员等工作，后担任枣强县政协委员。1994年去世，享年79岁。

张庆有（1910—1995） 字丰年，生于1910年，卒于1995年，享年85岁，被乡亲们尊称为"老队长"。他为人忠厚刚强，富有民族气节和正义感。他精通农活，办事公道，乐于助人，深受乡亲们的尊敬和拥戴。

肖张地区抗日民主政权刚刚建立，他就积极参加了共产党八路军领导的抗日活动，白天生产，晚上挖道沟。日伪军包围村庄后，逼着人们指认八路军，但张庆有不惧敌人的威胁、毒打，英勇不屈，被人们称为铁打的硬汉。

肖张解放后，张庆有积极投身到土改工作中。1956年成立农业合作社，他担任生产队长，此后几十年，连选连任，直到1983年落实家庭联产承包责任制。卸任后，人们还称他"老队长"，是因为这个称呼里不仅饱含着尊敬和爱戴，还有对他的人品和多年工作的肯定。他以身作则，办事公道，铁面无私。任职几十年，他总是脏活累活干在前，到了晚年干活也不减当年，就连小伙子也怵他三分。全村男女老少，没有不佩服他的，就连上级领导也知道刘纸房有个了不起的老队长。

他办事不徇私情。一次，他的侄子因为未按时上交欠款，队里不分给粮食，侄子就找他求情，他说，制度是大家定的，干部应当带头遵守，决不能搞特殊。后来，他看到侄子确实困难，就替侄子交了钱。

"活地图"，是人们对张庆有记忆超群的赞称。虽然，他小时候因家贫没有读过书，斗大的字不认识几个，却有着超乎常人的记忆。不要说大的历史事件他记忆深刻，就是全村一百多户谁家的祖父叫什么名字，老姑奶奶嫁到哪村，他也一清二楚。所以谁家有了不清楚的事，都会去找他询问。

张庆有一生没出过远门，却在最平凡的岗位上做出了不平凡的事。

刘东恩　生于 1942 年，中共党员。1956 年肖张高小毕业后，历任刘家纸房大队团支部书记、大队会计、生产队食堂司务长。1965 年参加中国人民解放军。1966 年，在陆军二一军六三师一八八团九连任指导员。1967 年，参加北京防空展览的筹备工作，同年加入中国共产党。1968 年，以中国人民解放军军代表身份参加西北航空电子学院军训。刘东恩执笔的思想评论《要做光明正大的老实人》，被《红旗》杂志刊登，长篇通讯《北京青年在延安》被国内十几家报社转载。

刘东恩

1981 年，因工作成绩突出在军机关荣立三等功。1987 年，被评为先进工作者。1996 年，研究发明的低温消毒柜获河北科技发明一等奖、全国第六届新技术新产品博览会金奖，被列为"国家火炬计划"重点推广项目。2004 年，刘东恩退休。

张锡杰　生于 1946 年，中共党员，法学硕士，研究员。历任中共中央办公厅调研室副主任、北京电子科技学院党委书记、中共中央直属机关工委党建研究会副会长。

1972 年，张锡杰毕业于河北大学中文系，毕业后被分配到河北日报驻衡水记者站工作。1977年 5 月，任衡水记者站副站长。1983 年 12 月，张锡杰调至石家庄，任河北日报记者部副主任。1985 年，参加河北省委整党办公室工作，任宣传组副组长。1987 年 9 月，任河北日报总编室副主任。1988 年 11 月，被省高级职称评委会破格评为主任记者。1992 年 5 月，任河北日报科教部主任，同年调入中共中央办公厅调研室工作。1994

张锡杰

年 4 月，任中共中央办公厅调研室政治组副组长。1995 年，担任助理巡视员。1997 年 1 月，获研究员职称。1998 年 10 月，任中共中央办公厅调研室政治组组长。2001 年 4 月，担任巡视员，同年任中共中央办公厅调研室副主任。2002 年 12 月，任北京电子科技学院党委书记。主要著作有政治论文集《在"三个代表"指引下前进》，科技论文集《迈向科技大发展的新世纪》，人物通讯集《十年浪花集》《感悟人物通讯》，论说文集《上下求索集》，纪实文学《遗孤残妇大寻亲》《走进母亲河》（与人合作），译作《世界童话名著连环画丛书》（一、二）等 8 部。

张志逊 生于 1955 年，中共党员。2000 年 1月，任河北省计生委副主任、党组成员。2000 年，进入中共河北省委党校经济管理专业在职研究生班学习。2003 年 9 月，任河北省人口和计划生育委员会副主任、党组成员。

工作期间，张志逊参加并主持《计划生育管理》《河北省志·人口志》《计划生育丛书》等多部书籍的编写。主编《人口与计划生育基础知

张志逊

识读本》《新世纪人口论丛》《新人口礼赞·河北卷》《河北省人口发展战略研究报告》《千秋伟业惠泽燕赵》《八千里路云和月》等书籍。在国家级、省级报刊发表论文多篇。是河北省人口计生系统的专家型领导干部。

张志臣 生于1963年8月，教授。先后任衡水师范专科学校法政系副书记、副主任、主任，社科部主任；衡水学院法政学院院长，马克思主义教学部主任、党支部书记，继续教育学院院长。

1970年1月入读刘坊小学，1984年7月河北师范大学政教系毕业，文学学士学位，是恢复高考后村里第一批大学生。1984年7月分配到衡水师范专科学校马列教研室工作。1989年3月至1990年8月年在武汉大学哲学系进修研究生，1997年11月评为副教授，时为衡水师范专科学校最年轻的副教授，2004年11月被评为教授。

张志臣

张志臣在省级以上刊物上发表论文40余篇；主持了多项省级课题，主编出版两本书籍。曾任河北省马克思主义理论教学指导委员会委员、河北省哲学学会理事，衡水市中小学教师继续教育中心领导小组办公室主任。连续两年年度考核嘉奖，多次被评为市级、校级优秀共产党员和优秀班主任。2014年获得河北教育厅等7单位社会实践活动"优秀指导教师"称号。

张书华

张书华 生于1963年11月，中共党员。1983年8月参加工作，中央党校在职研究生学历，中国人民大学商学院工商管理硕士（MBA）课程研修班结业。高级编辑，河北科技大学文法学院兼职教授，全国工人报刊优秀新闻工作者。历任中共衡水市委宣传部干事、河北工人报社总编室主任、事业发展公司总经理、副总编辑等职。2003年12月，任河北工人报社社长。2008年2月，任河北省工运学校（今河北劳动关系职业学院）校长。2018年，任河北省总工会党组成员、副主席。

张玉端　生于1964年1月16日，副主任医师。现就职于枣强县人民医院，任肛肠科主任。

1979年6月毕业于刘西房中学，1979年9月考上衡水卫校，1982年毕业后分配到枣强县人民医院工作。2000年在天津市肛肠病专科医院进修学习，2001年创建枣强县人民医院肛肠科，是年，成为河北省和衡水市肛肠协会会员。2011年，主持申报的科研成果获得衡水市科学技术一等奖，在核心刊物上发表学术论文10余篇。

张玉端

张玉端擅长应用微创疗法治疗各种复杂痔及肛裂，采用非挂线疗法治疗各种高位复杂瘘，该手术水平国内处于领先地位，并对治疗习惯性便秘、结肠炎、家族性息肉病等疾病有丰富的临床治疗经验。

张玉高　1969年生人，中共党员。衡水师范学校毕业后，在中央党校学习党政管理，1989年参加工作，1992年入党，现在衡水市建设投资集团工作。曾任马屯镇政府团委书记、枣强县委办公室副主任、衡水市政府办公室综合一科主任科员、金融办综合科科长、综合二科科长。

2015年，张玉高参与衡水市建设投资集团筹建工作，2016年12月任集团党委委员、副董事长。

张玉高

任职期间，立足"投资衡水、建设衡水"，锐意创新，大胆改革，集团总资产达到 200 亿元，成为衡水规模最大的市属国有企业。

他关心家乡发展，积极争取上级财政专项资金 20 万元，为村里铺设水泥面路，解决了困扰村民多年的行路难问题。

他政治坚定，虚心好学，工作经验丰富，特别是对宏观经济、发展改革、财税金融、政府投融资、供给侧结构性改革等方面的政策法规和专业知识有着深入的研究，牵头起草工作报告、领导讲话、调研报告、工作总结等文稿达 300 余篇 150 多万字，积极为领导决策当好参谋，有力推动了相关工作开展。

组织机构

革命烈士张永言于 1938 年 5 月加入中国共产党，是村内第一名党员，也是建设肖张地区抗日根据地的重要成员。同年，村党支部建立，党员有张凤柱、张锡銮（曾任村武委会主任）、张西岭及加入程杨抗日先锋连的四位战士。程杨抗日先锋连编入五纵后，刘家纸房青年连建立，张凤柱任连长。1940 年 3 月，张永言殉国。张西泉、张庆昌、张长河在解放战争中英勇地献出了年轻的生命。

1956 年，村内成立农业合作社，设生产队，张庆有担任社长兼生产队长。1958 年 11 月，人民公社化时期，村设生产大队，张庆有任大队长，直至撤队建村。1996 年，村党支部成员有张西桥、张志义。

2021 年年末，刘家纸房村共有党员 30 人；党支部书记为张世涛，副书记为张书明，支部委员为张桂臣。村委会主任为张世涛，副主任为张振龙，村委委员为李真，团支部书记为张兆昀。

1944—2021 年刘家纸房村党支部书记任职情况一览表

任职时间	职务	姓名
1944—1946	书记	张开元
1946—1951	书记	张仁庆
1951—1957	书记	刘怀英
1957—1960	书记	崔登印
1960—1965	书记	刘宝群
1965—1977	书记	张西桥
1977—1986	书记	张洪印
1986—1987	书记	张长茂
1987.02—1987.07	书记	张振远
1987.07—1987.12	书记	张志田
1988—1996	书记	张志义
1997—2009	书记	张金玉
2009—2010	书记	张庆喜
2010—2011	书记	张保忠
2011.12—2012.04	书记	张振龙
2012.04—2021.03	书记	张书明
2021.03—2023.05	书记	张世涛

河西店村

河西店村，位于镇政府南 3 千米，索泸河西岸，282 省道西侧，新建枣强县八景公园北端。村北与前河西村相邻，西南为马家庄村，正南为杜烟村，东边与刘仓口村隔索泸河相望。

2012 年，村内致富带头人魏和平投资近万元在村口建牌坊一座，村口立有村碑，不远处是瑞丽沙发厂。

2021 年年末，全村共有 117 户、382 人，有 9 个姓氏。当年本科生 20 人，硕士生 1 人，博士生 1 人，留学生 2 人。村域面积 103.4 公顷，其中耕地 1200 亩，聚落面积 40 亩，果园面积 10 亩。全村经济总收入 150 万元，居民人均收入 8000 元。

河西店村村口村碑（2021 年摄）

河西店旧村南北街，原为老官道，现已成沟渠

村名由来

河西店村，是由位于索泸河西的"大车店"发展演变而来的村庄。有民谣说"先有殷家井，后有河西店"。"殷家井"是位于村东北角的一座老井，原被掩埋于地下，五六十年代村民开荒种地时发现老井遗址。遗址旁有旧时民房、锅灶、碎砖烂瓦。

据说，殷家井本属于一户以磨豆腐为生的殷姓人家。清乾隆年间，遇瘟疫，附近村民病死无数，殷家人似因"点豆腐"的卤水有抗病毒功效，幸免于难。后因人口锐减，殷家豆腐供大于求，为求生计，殷家人在北京通往顺德府（邢台）的官道旁边开了一家大车店。这条官道是当时的交通要道，可以并行五马三轿，来往客商络绎不绝，殷家大车店生意兴隆，后不断有人看中此间繁华，迁至大车店周围定居，逐渐形成村落。因位于索泸河西，由大车店而兴，故得

河西店村鸟瞰图（2023年3月摄）

老村旧宅门牌显示村曾名"河店村"

名河西店。1949年后，曾一度更名为"前河西店村""河店村"，后改回"河西店"。新村建成后，也称"河景新村"。

姓氏

至2021年年末，河西店村有殷、张、王、魏、郭、李、梁、从、谷等9个姓氏。

张姓 先祖张福兴是挑着担子沿街卖货的货郎，原居冀县城西南孔村，清乾隆四十八年（1783年）到河西店，见此地商贸繁荣，民风厚道，便在河西店定居。

谷姓 清嘉庆五年（1800年），谷克勤自杜烟村迁居河西店。

王姓 分两支。南王氏以王殿印为代表，北王氏以王老春为代表，祖源不详。

李姓　与前河西李姓同宗，先祖李三公，明朝永乐二年（1404年）从山东莱州府大葫芦村迁至殷家井居住，育有三子，后次子、三子迁往前河西村，长子留居，至今已传二十五世。

其余姓氏，因家族家谱皆在"文化大革命"时期损毁，祖源不详。

河西店村部分本科生、研究生名录

序号	姓名	录取年度	录取院校
1	郭立双	1957	南开大学
2	李红光	2001	中国地质大学
3	张新丽	2007	澳大利亚墨尔本大学
4	张刘杰	2016	河北科技大学师范学院
5	李　宁	2018	河北工程大学

农业

1949年前，河西店村土地贫瘠、资源匮乏，农业生产以大田作物为主，产量较低。50年代初期，张儒行、李茂亭等人带领村民进行土地改革，并组织互助组、合作社。50年代后期，谷从山担任村党支部书记期间，全村分为2个生产队，各队分别经营，实行工分制。60年代初期，由李茂亭等主持村务时，受"大跃进"及"人民公社化"运动影响，村内生产和生活受到一定程度的影响。1963年，冀中地区普发大水，在时任村党支部书记张继恩的带领下，全村齐上阵，构筑起坚实的护村埝，因此，聚落受灾较轻，有两户村民的房子被大水浸泡倒塌，但村外农田全部被淹，村民口粮尽毁，上级政府及时组织投送救灾物资，空投大饼、馒头、饼干等食物，全村渡过难关。此后的10余年，农业生产基本以粮食生产为主，少量种植油料、棉花、蔬菜等，仅供满足社员生活所需。1964 年至 1977 年，河西店大队分值 0.08～0.47 元。1978 年，大队种植西瓜 20 亩，使分值提高至 0.5 元。1982 年，农田承包到组。1984 年，落实家庭联产承包责任制后，农民生产积极性大大提高。

90 年代初，村民在村东南河滩地种植经济作物，提高了收入。1992 年前后，村内试种果树，统一购买树苗，按照 3 人家庭 70 株，4～6 人家庭 100 株分配，在路北种植 57 亩，路南种植 80 亩。由于缺乏种植经验，大多数果树未长成，挂果的树木所产由村民自行销售。1994 年，在村南建起 20 个蔬菜大棚，占地 30 余亩，种植的蔬菜以大葱为主，"河西店大葱"为枣强县内知名特色农产品。

2015 年村民郭华里养殖绵羊 100 只，谷玉寒养殖绵羊 40 余只。

2021 年至 2022 年，相继流转土地 500 余亩，每亩增加 600 元纯收入。

农田水利 1970 年，在村西挖掘第一眼深井，井深 270 余米，解决了村西 200 余亩耕地灌溉问题。1971 年，在村南面挖掘第二眼深井，村里多数土地得到灌溉。1981 年，村西井无水填埋。90 年代初，在索泸河西岸建起扬水站，为全村农业灌溉提供了方便。

1994 年，为方便村南大棚菜种植，打深机井 1 眼。2004 年，在村正南方打机井一眼，深 260 米。2006 年，在村西打浅水井一眼，灌溉面积 200 亩左右。2011 年，在西方地打了一眼水泥管井，深 206 米。2012 年，在村西打了一眼水泥管井，深 300 米，灌溉面积 350 亩。2021 年年底，尚有 6 眼井（村南 2 眼、村委会院 1 眼、村西 3 眼）尚在使用。

工商业

由于村民经商意识较强，使得河西店历来属于肖张地区较为富庶的村落。人民公社时期，社队企业发展带动村内经济大幅增长。1965 年，河西店率先

瑞丽沙发厂（2021 年摄）

办起玉器厂，采用岫岩做原材料，招有经验的退休工人 2 人，学徒四五人。70 年代，张儒连协助创办的北京玉器厂带动大批村民投身玉器雕刻行业。

1966 年，大队集体办轧坊，为社员提供轧花服务，赚得棉籽榨油分给社员。1967 年，张仲午集合全村的能人义士办起笔刷厂，厂内七八名专职业务员积极奔赴全国各地拓展业务，年纯利润 2 万～3 万元。随后，有两个小队分别建笔刷厂，一队建起橡胶厂。社队企业红红火火 10 余年，大队集体还用积累的资金购买了第一台小型"邢台"牌拖拉机。1982 年前后，社队企业改制，社队副业取消。

2005 年，村民张长增创办枣强县瑞丽沙发厂，占地 2 亩，工人 10 人，生产各种布艺沙发，主要在衡水地区销售，年纯利润 2 万元左右。2012 年增加实木床定制业务。2017 年，建起面积约 200 平方米的展厅，展品有电视柜、沙发、茶几、实木床、餐桌椅等。2022 年，实现 50 万元总产值。

河西店村春季街景一隅（2021年摄）

村庄建设

70年代后期至80年代初，重建村党支部、大队管委会办公用房和学校，对村内住宅进行统一安排规划，重新整合了耕地。2004年村南建深机井时，修建了蓄水池，村集体为每户补贴500元，引水管入户，村民在院内修水泥蓄水井，定时供水，自此村民无须再奔赴各井排队拉饮用水。

2015年，河西店村启动新民居工程，在老村以东约500米处建新村，新村占地面积37亩，建筑面积22000平方米。同期，接镇水厂饮用水，实现自来水入户，水费2.8元/吨。2016年年末，全村多数村民迁入新村，旧村仅余10余户人家，多是新建房屋。

新村内共有2条路、12条胡同。胡同中97套民宅皆为二层联排小别墅，户型分别为 135 平方米、145 平方米、170 平方米、176 平方米等。中区兴盛胡同以北有一座"4+1"小高层，有住宅 48 套，户型分别为 75 平方米两居室和 95 平方米两居室。西区康泰胡同以北有一座二层小楼，二层为村党支部、村委会办公用房，一层为"五保户"孤寡老人用房。

因新村依通达南北的 282 省道而建，村中主街道为南北向。村内街道、胡同都已硬化，在"凹"字形的中间部分，植有花丛、树木，每户门前栽冬青、绿树、花草。

人物

张儒连（1915—1989） 生 于 1915 年 8 月 15 日，中共党员，北京市工艺美术大师，北京市玉器厂的创办者之一。曾获"北京市优秀经营管理者"称号和五一劳动奖章。

1929 年，张儒连到哈达门外花市大街二条福顺坊学徒。1936 年出徒创业磨玉，小本生意之余在家购买 2.8 亩地。他还开办过估衣铺，艰难度日时期，

张儒连及其获得的五一劳动奖章

遭遇过诈骗、土匪、日伪抢劫。1949 年后重操旧业，他感恩新社会积极参与社区社会活动，曾任中头条地区治保主任。1955 年，他被推荐为北京市第六玉器生产合作社社长。1958 年公私合营，他任北京玉器厂车间主任，1959 年光荣加入中国共产党。1960 年调任厂供销科长。1964 年，受轻工业部工艺美术局委托，为拟建中的中国工艺美术馆征集全国工艺美术企业、有关院所所有门类、能够反映当代最高工艺水平的精品，担任征集玉器类作品的顾问。1966 年初，作为国家文化代表团成员，赴法国举办为期半年的工艺品展。"文化大革命"中遭受过批斗。1989 年 5 月 2 日，张儒连去世，享年 74 岁。

张儒连为新疆、云南、贵州、广西、山东、陕西、青海、内蒙古、辽宁、湖北、河南等地方鉴定玉石矿源等，曾帮助建立枣强县玉器厂，为家乡通电、修路、打井等也做出过贡献。

张儒通 北京工艺美术大师。60 年代初创作完成一对白玉鸡盒儿和青玉长尾鸡，被中国工艺美术馆收藏（老馆位于复兴路），老馆于 2017 年前后闭馆。2022 年初，位于鸟巢附近的新馆"非物质文化遗产展"上，代表作"青玉长尾鸡"被再次展出。

张儒通及其代表作"青玉长尾鸡"

张知忠及其代表作——翡翠《花篮》

张知忠 生于 1962 年，著名工艺美术大师张儒连之子。1979 年，在北京玉器厂从事玉器雕刻及设计工作。1984 年，任厂花卉组设计师。1995 年，厂聘助理工艺美术师。2005 年，被北京市政府认定为"北京一级工艺美术大师"，中国工艺美术大师。曾在《京华谭语录》和《工艺美术家》刊物上刊登《论玉琢花卉用料与设计》《玉不琢不成器》等论文。代表作翡翠《花篮》在 1988 年获全国玉雕行评总分第一名。1989 年，作品翡翠《万代长春》获全国玉雕行评总分第一名。翡翠《蝈蝈白菜》2006 年获"百花奖"金奖，白玉《九鹤图》2009 年获"百花奖"金奖，翡翠《富贵长寿》2011 年获第五届"工美杯"金奖，翡翠《连年有鱼》2012 年获"百花奖"金奖，翡翠《松鹤延年》获 2018 中国传统工艺美术精品双年大展银奖。

张知忠是国家工艺美术大师评审专家库成员、中国玉器"百花奖"青年艺术家评委。荣获首都劳动奖章、北京市劳动模范等多个荣誉称号。

张智勇

张智勇 生于 1949 年，中共党员。1969 年 4 月入伍，在民航成都管理局工作。1970 年 7 月，在中国医科大学医疗系学习。1973 年 7 月至 1985 年 1 月，在民航成都管理局任医生、助理员。1985 年 1 月，任民航西藏自治区管理局副局长。1992 年 7 月，任中共民航西南管理局党委常委、组织部部长。1995 年 9 月，任中共民航西南地区管理局党委常委、副书记。2007 年 8 月，兼任中共民航西南地区管理局纪委书记。

组织机构

村党支部及其他组织机构成立时间不详，最早溯至 1952 年李茂停任村党支部书记，张儒行任村长。至 2021 年，村党支部有党员 23 名。

1952—2022 年河西店村党支部成员任职情况一览表

任职时间	职务	姓名
1952	书记	李茂停
1964	书记	谷崇山
1965—1978.02	书记	张继恩
	委员	梁村兰　魏喜英
1978.03—1984.02	书记	谷丙元
	委员	梁村兰　魏喜英
1984.03—1986.02	书记	张继宪
	委员	梁村兰　魏喜英

续表

任职时间	职务	姓名
1986.03—1991.02	书记	张继恩
	委员	殷旭东　梁存兰
1991.03—1993.02	书记	魏胜利
	委员	谷继环　谷洪淼
1993.03—2011.02	书记	张志强
	委员	张长海　李长秋
2011.03—2014.03	书记	谷继才
	副书记	李长秋
	委员	魏洪奎
2014.04—2018.01	书记	谷继才
	副书记	魏胜利
	委员	魏洪奎
2018.02—2021.03	书记	谷玉升
	副书记	魏胜利
	委员	李长秋
2021.04—2022.12	书记	李　鹏
	副书记	魏胜利
	委员	张　帅

梁纸房村

梁纸房村，位于镇政府驻地东偏北 2.5 千米处，西靠索泸河，北邻东李纸房村，南与屈家纸房村毗邻。

村内有三条东西向主要街道，分别为中心街、富强街、祥和街，有 27 条胡同。2010 年，村内主街水泥路面硬化。2012 年，主街上安装电力照明路灯。2015 年，主街更换太阳能路灯 55 盏。村文化广场建于 2015 年，占地面积约 500 平方米，有完善的健身设备。

建村伊始，村西建有奶奶庙小神龛一座，60 年代末被夷为平地，2017 年前后，在原址重建奶奶庙，占地面积约 120 平方米，有庙堂一间。

梁纸房村村口牌坊（2021 年摄）

50 年代初，全村有 67 户、280 人。2021 年年末，全村有 112 户、359 人，其中党员 31 人，本科生 15 人，硕士生 2 人，博士生 2 人。全村共有 2 支文体队伍，1 支广场舞队，1 支大鼓队。村域面积 1.3 平方千米，其中耕地 1020 亩，聚落面积 40 亩，林地面积 200 亩。全村经济总收入 120 万元，人均年收入 7500 元。

村名由来

肖张地区"五纸坊"之一，因由梁姓人家始建而得名"梁家纸坊村"，后"坊"演变为"房"，定名"梁纸房村"。

姓氏

至 2021 年年末，村内有张、李、王、梁 4 姓。

梁姓 一说是明朝初年由山西洪洞县迁来，一说是由邻村西赵庄村迁来。

李姓 分两支。以李中奎为代表的李姓家族在建村之初，便迁来梁纸房村。以李长庆为代表的李姓家族是从西李纸房村迁居。

王姓　张姓 梁姓始建村不久，王姓和张姓随即迁来。村内约有七成张姓村民。

农业

1947 年 9 月土地改革时，全村有 78 户、297 人，耕地 870 亩，其中富农 6 户，其余均为贫下中农，以农业种植为主要经济来源，以种植玉米、小麦、花生、山芋、谷子等农作物为主。村边有枣树、杏树、梨树等果树。五六十年代，村内经历互助组、合作社、人民公社化，基本解决温饱问题。1963 年的大洪水，

梁纸房村鸟瞰图（2023年3月摄）

全村人民齐心协力在村边筑坝，将洪水拒之村外。由于村内耕地位置较高，农业生产受洪水的影响较小，当年玉米丰收。

80年代，落实家庭联产承包责任制后，村民以种植红薯、花生、西瓜、玉米、小麦等为主要经济来源。2012年，村内不再种植小麦。2015年以来，村内主要劳动力外出务工大幅增加，村内生产力下降，西瓜、红薯、花生等经济作物种植面积减少，青壮年劳动力少的家庭，不再将经济作物作为主要经济来源。

工业

70年代中期，梁纸房大力发展队办副业，两个生产队合并为一个村大队，办起编织厂，利用柳枝编制簸箕。村里还兴办了笔刷厂、轧坊和铁器厂，轧坊主要经营油棉加工等业务，铁器厂主要生产翻砂用具。为增加笔刷、簸箕等产品销售量，大队派李长根、李圣群等人员外出拓展销售渠道。大队副业收入大幅增长，工分值达到0.86元，劳动力比较多的家庭，年终分红达到1000元。村民李长根、李圣群等村中第一批业务精英人均年收入十几万元。二人牵头成立两个副业组，每组带领十几户发展副业。副业组成立当年，每户分红3000余元，梁纸房村走上共同富裕的道路。2000年后，随着这批业务精英相继退休，村内副业逐渐完成其历史使命。

2013年，村民张国峰创建衡水鑫盛医疗器械厂，主要生产、经营医疗器械，常为村内提供短期工作岗位，日工值100元左右。

基础建设

2002年，村党支部书记李金顺带领村民把村西的一个土岗子推平，整理出 302 亩耕地，在周围打井、安装电力设施、铺设管道 3000 米，将新开垦的荒地变成水浇地。

2021 年，梁纸房村有深井 4 眼，变压器 5 台，安装管道 7000 余米，使水浇地全覆盖。村内修水泥路 1000 余米，胡同方砖铺路 800 余米。新安路灯 50 盏，太阳能灯 55 盏，自来水、天然气进入家家户户。为进一步提高村民的居住条件，开展了厕所改造工程。村委会院内建休闲广场 500 平方米，配备健身器材、锣鼓乐器、乒乓球台。

教育

1949 年后，梁纸房村在中心街建初级小学，共建校舍 5 间，设 1～4 年级，复式教学。1999 年，因生源减少，梁纸房教学点撤销，小学生就近到邻村完全小学就读，3～6 岁幼儿到屈家纸房幼儿园接受学前教育。梁纸房村小学教师有王连元、王兰芬、张秀英、周广亭。

医疗

1949 年前，村内无医疗机构及医务人员。1964 年前后，村建医务室，先后由赤脚医生王新龙、梁东素、张俊维为村民提供医疗卫生服务。1995 年，村卫生室撤销，村民到肖张镇卫生院就医。

人物

张秀格 生卒年不详，女，农民。擅长剪窗花、禽鸟、壶碗、茶盘、垫花等。

组织机构

梁纸房村党支部成立于 1938 年，第一任党支部书记为王玉全，后历 7 任党支部书记。2021 年年末，李金义任村党支部书记兼村委会主任，有党员 30 余名。

1938 年建立村级政权组织，李玉常、王仁坤、李长仁先后任村长。1958 年，村内高级社改为生产大队，李长仁任大队长。1984 年，撤队建村，李中奇任村委会主任。

1938—2021 年梁纸房村党支部书记任职情况一览表

任职时间	职务	姓名
1938—1941	书记	王玉全
	副书记	李玉常
1942—1949	书记	张世群
1949—1966	书记	张永所
	副书记	王仁坤　张兰河
1967—1978	书记	王仁坤
	副书记	张兰秀
1979—1983	书记	李中奇
	副书记	李长根
1984—1988	书记	李长根
	副书记	李中奇
1989—2002	书记	李金顺
	副书记	李中奎
2003—2021.04	书记	李金尧
	副书记	李中奎　张金路
2021.04—2021.12	书记	李金义
	副书记	张金路

1938—2021 年梁纸房村委会（大队管委会、村公所）领导任职情况一览表

任职时间	职务	姓名
1938—1941	村长	李玉常
	村辅	张世群
1942—1949	村长	王仁坤
	村辅	李长仁
1949—1978	社长／大队长	李长仁
1961—1966	副大队长	张兰河
1979—1983	大队长	李长根
1984—1988	主任	李中奇
1980—1988	副主任	李长庆
1989—2018	主任	李中奎
	副主任	李长庆　张俊维
2018—2021	主任	李金义
	副主任	张俊维

南辛庄村

南辛庄村，位于镇政府西 3.6 千米处，西与冀州区魏家屯镇接壤，北与桃城区仲景村相邻，东北接程杨村，南邻冀州区时家庄村。

村域地势平坦，水利条件优越，卫千渠横穿村域南部。魏广路从村域通过。村委会距大广高速肖张出口 4.2 千米，距 106 国道 3 千米，公路交通极其便利。

1949 年前，村内大部分土地属仲景村（今桃城区仲景村）富户，村民多为贫农，生活很艰辛。土地改革后，村民们分到土地，生活逐渐好转。种植业为村内主要经济来源，村民收入虽然不高，但 2015 年村内综合贫困发生率低于 3%，2019 年村内贫困户全部脱贫。2021 年年末，全村共有 74 户、270 人。有耕地 750 亩。

村名由来

相传，明崇祯年间建村，因村中多数土地属于仲景富户，而得名为"南仲景"。1958 年，更名为"辛庄"，1982 年 5 月 5 日，改为"南辛庄"，沿用至今。

隶属沿革

1914 年，村属冀县。1940 年 7 月，属枣北县五区。1946 年 2 月，属冀县七区。1950 年 6 月，属冀县一区。1953 年，属冀县魏家屯乡。1958 年 11 月，属衡水县东风人民公社。1961 年 5 月，属冀县魏家屯公社。1962 年 1 月，划归肖张公社。

姓氏

至 2021 年年末，村内有曹、赵、刘、张、孙 5 个姓氏。

曹姓 原籍冀县曹家村，于清道光年间投亲落户于辛庄。

赵姓 原籍冀县赵祥屯村，清乾隆年间投亲迁入。

刘姓 原籍冀县城北刘家垹村，清乾隆中期投亲迁入。

张姓 原籍冀县城北顺民庄，清道光年间投亲落户辛庄。

孙姓 原籍及迁居时间不详。

南辛庄村部分本科生、研究生名录

序号	姓名	录取年度	录取院校
1	张 燕	2006	中国药科大学
2	刘佳珺	2021	河北师范大学（硕士研究生）
3	曹芳芳	2021	太原理工大学（博士研究生）
4	赵晓鹏	2021	北京师范大学（在职研究生）

村庄建设

土地改革后，村民积极生产，生活水平得到很大改善，但遇灾害年景，村民生活依旧困难。改革开放后，村内农业生产发展较快，产量年年提升，村民收入明显提高。

2012 年，村内修建深井 1 眼，井深 350 米，解决农业用水问题。2015 年，全村水网改造，全村自来水入户。2017 年，天然气管道安装完成，村民用上清洁能源。2020 年，新建卫生室 3 间，方便村民就近就医。

南辛庄村鸟瞰图（2023年3月摄）

2013 年开始，村内对主要街道进行硬化、亮化、美化、绿化，村中小巷红砖铺路。2018 年，村内修建健身广场 1 处，配备健身器材，设篮球场，丰富了村民业余文化生活。2019 年，全村卫生厕所改造完成。

2015 年以来，村内年轻人运用互联网大力发展电商，抓住创业时机，收入不断增加。

组织机构

1950 年，南辛庄成立党支部，有 5 名党员，曹玉清任支部书记。1966 年，发展 6 名党员。2018 年，赵晓锐任书记，副书记刘世辉，有党员 21 名。

1950—2021 年南辛庄村党支部书记任职一览表

任职时间	职务	姓名
1950—1954	书记	曹玉清
1954—1966	书记	曹玉行
1966—1969	书记	曹长勤
1969—1978	书记	曹文素
1978—1989	书记	曹长站
1989—1997	书记	曹占军
1997—2018	书记	赵玉清
2018—2021	书记	赵晓锐

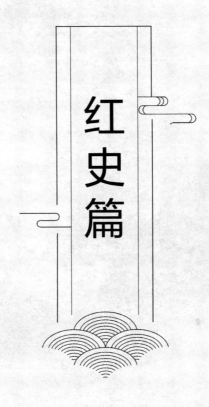

红史篇

革命火种

肖张辖域有条索泸河，历史上因屡受洪水泛滥影响，土质瘠薄，且有部分沙丘碱地。大部分村庄地下水量少质次，农业生产基本靠天收。较好年景，粮食可以自给自足或略有盈余，遇上歉年、灾年，农民生活更为悲惨，迫使很多农民背井离乡，外出谋生，以京津两地居多。辛亥革命不久，各派军阀势力穷兵黩武，互相倾轧，连年混战，波及肖张，而枣强的官府势力又与肖张封建势力相互勾结，残酷压迫和剥削百姓，百姓更是苦不堪言。

中国沦为半封建半殖民地社会后，帝国主义的魔爪逐渐渗透到冀南地区并伸入肖张，以办慈善事业为名，进行文化侵略活动。1885 年，英国伦敦基督教系分支派传教士在肖张村修建教堂，开办医院。义和团运动中，肖张教堂被捣毁，英籍传教士被赶走。庚子赔款后，肖张教堂及医院重新开办。教会上层拥有很多特权，影响面愈加广泛。

"五四"运动后，国民党训政期间，政治腐败、民生凋敝，新官僚机构日趋堕落。枣强县的国民党县党部、县政府更是贪赃枉法、苛捐杂税、坑害百姓，并大肆进行反共宣传，坚持与人民为敌。县内早期共产党人领导进步师生和爱国人士与反动势力进行斗争，将先进的革命思想在师生、爱国人士中广泛传播。最早在肖张境域传播共产主义思潮的是王常村人吕佑乾。

1923 年春，在北京大学政治系学习的吕佑乾，参加李大钊领导的北京大学共产党组织，带着党组织的使命，利用假期回枣强的间隙，组织教师和同学，在抡才学校、集市等地做《关于世界大战后的世界局势》等专题演讲，宣传俄国十月革命，揭露帝国主义的侵华罪行和军阀政府的腐败无能。

1925 年，恩察镇杜雅科村人杜景云入读保定二师，之后加入中国共产党，

1931 年回到枣强，在县简易师范学校 [1]（以下简称简师）担任国文和党义课程教师。任教期间，杜景云将共产主义思想融入课程当中，揭露蒋介石对外丧权辱国、对内镇压人民的罪行。1935 年，程杨村人李晓明考入简师。在杜老师的影响下，李晓明真真切切地感受到中国共产党的伟大，深深地将共产主义理想信念植入心中，从此走上了革命道路。

1936 年，校方为镇压学生们的革命活动，把矛头指向杜景云，指控他为"共党分子"，下令通缉。麦假后的一个星期天早饭后，国民党反动军警突然包围简师，欲捉拿杜景云和一位李姓训育主任 [2]，时杜景云去了哥哥杜冠伍家 [3]，李姓主任去了同学何宗海家。为帮助李姓主任脱险，李晓明以同表哥回肖张教堂做礼拜为由，向校长请假出校搭救了李姓主任。随后，杜景云被迫离开枣强，到故城县简师任教。

杜景云虽被迫出走，但他所播下的革命火种却在简师学生中扎下了根，使学生们真正认识到国民党反动势力的腐朽本质，若想中国真正独立和富强，必须学习苏联进行无产阶级革命，而且只有在中国共产党的领导下，中国革命才能成功，中国人民才有出路。因此，1938 年开创抗日根据地时，简师有一半以上的同学参加了中国共产党领导的战委会。

---

[1] 枣强县简易师范：之前名"枣强乡村师范学校"，学制三年。改称"简易师范学校"后，学制四年。

[2] 李姓训育主任：单驮村人，思想并不进步，为保饭碗，才支持学生运动。1938 年，李晓明曾动员李姓主任加入抗日救国会，但被其拒绝，后李姓主任跑到大名一带投奔国民党专员丁树本，却被丁枪毙，原因不得而知。

[3] 杜冠伍：时仟城关警察局局长。

抗日战争纪事

在冀南党组织的领导下，肖张人民配合区游击队，同敌军进行艰苦卓绝的斗争，用勇敢与机智、鲜血与生命保卫家乡。抗日统一战线深入人心，各阶级、各阶层、一些开明人士踊跃捐钱出物，支援抗日。

建立抗日民主政权

建政背景 1937 年，"七七事变"后，在北平西郊核桃园小学任教的中共党员扈惠民（扈大市人），根据中共北平西郊区委指示，于 8 月 2 日返回枣强县开展抗日救亡活动。17 日，平汉线省委[1] 书记李菁玉指示直南临时特委抓紧恢复、建立党的各级组织，建立抗日武装，在群众中广泛进行抗日救国宣传。当天，与会的程玉琳回到直南，临时特委在清河县野庄召开会议，传达了省委指示精神，讨论研究尽快恢复各级党组织和发动群众参加抗日救国等问题。枣强县黄双和[2] 参加了这次会议。会后不久，临时特委成立了"发动抗日游击战争指挥部"，在枣强、南宫、冀县、清河一带进行活动。

12 月，一二九师组成以孙继先为队长、胥光义为政委的挺进支队进入冀南。在地方地下党组织的协助下站稳脚跟并开展工作。为了打开冀南抗日局面，

---

[1] 平汉线省委：1937 年 5 月，中共北方局将原河北省委分设为平汉线省委和河北省委。7 月，中共平汉线省委在石家庄正式成立，辖保属、保南、保东、保西、直中、直南六个特委。石家庄沦陷前夕，平汉线省委迁至山西省辽县八路军一二九师师部驻地。10 月，中共平汉线省委撤销。

[2] 黄双和：1931 年 9 月，黄双和组织建立枣强县境第一个党支部——卷子党支部。

1938年1月15日，遵照中共中央和八路军总部的指示，八路军一二九师东进抗日游击纵队（简称东纵）在司令员陈再道、政委李菁玉的率领下开进冀南，2月8日进驻南宫县城。3月19日，宋任穷率一二九师骑兵团到达冀南，与东纵陈再道在南宫会合，确定了以南宫为中心发展抗日根据地的方针。3月20日，中共冀鲁豫边区省委在南宫成立，书记李菁玉。随即，成立冀南抗日军政委员会，陈再道被推举为主任。党政军力量的加强，为开辟冀南抗日根据地和开展平原抗日游击战争创造了有利条件。

1938年4月20日，毛泽东、洛甫（张闻天）、刘少奇发出在河北、山东平原地区开展游击战争的指示。遵照这一指示，一二九师副师长徐向前率第三八五旅的七六九团、第三四九旅的第六八九团及六八二团二营组成的第五支队于5月2日到达南宫，与宋任穷、陈再道会合，消灭了大量伪军组织及地方土匪反动势力，收复了20余个县城，开辟了冀南抗日根据地，壮大了冀南抗日武装的力量。

枣强全面开展抗日斗争就是在这种形势下发展起来的。抗日战争全面爆发后，根据斗争形势的需要，冀南党的组织几经变化改组为冀南区党委，枣强县划归为第四特委，后改属五地委领导。根据上级党委的工作部署，枣强县党组织积极进行了党的建设工作并发动群众开展抗日活动。

1938年2月1日，东纵在陈再道、李菁玉的率领下到达南宫县苏村镇。黄双和事先与东纵取得联系，去南宫迎接东纵的到来，并担任东纵枣强联络员。东纵的到来，在冀南竖起鲜明的抗日旗帜。扈惠民、樊振庭（东留故镇人）等枣强县早期党的领导人立刻赶到南宫与冀南特委与东纵取得联系，并参加特委工作。杜景云则通过原冀枣工委李力找到冀南特委负责民运工作的刘铁之，按照刘铁之传达的东纵和冀南特委的工作部署，回枣强县开展工作。

1938年2月，经杜景云介绍，李晓明与堂兄李衡甫与扈惠民取得联系，至南宫"冀南抗日军政学校"参加党员干部培训班，一同前往学习的还有程杨村人周耀西、周寰甫、李次钊。训练班由冀南特委组织部部长周东光负责，由东纵司令员陈再道、政委李菁玉，特委书记马国瑞、李亚光等授课，学习的内容有《抗日救国的十大纲领》《抗日民族统一战线问题》《抗日战争的游击战术》《抗战时期的民运工作》。1938年3月，为迅速发动全民投入抗战，根据上级部署，枣强县籍党员从南宫学习回来，在杜景云等领导人的带领下，进行民族革命战争战地总动员委员会（简称战委会）的筹建工作。4月，枣强县战委会在县城宣布成立。随后，党组织派李晓明、李衡甫负责肖张区战委会的筹建工作。

党组织的建立与发展　1938年4月，肖张区战委会建立后，在扈惠民介绍下，李晓明、李衡甫及屈家纸房村人刘剑展三人同时加入中国共产党。同期，共产党员孙持（女，新河县人）来枣强县开展工作，开始发展女党员，李衡甫胞妹李柱成为肖张地区第一批女党员中的一员。

7月，李衡甫建立肖张区第一个中共党支部——程杨村党支部，李云章任书记。此后3个月，党建工作快速发展。9月，肖张区委成立，李晓明调任县委委员，张永言任肖张区委书记，肖张区共建立11个党支部。是年年末，肖张区主要村庄都有了党的基层组织，还有一些村庄建立了个别关系。时肖张区是枣强县党员数量较多的5个区之一。

1939年2—3月，日军为寻找和打击抗日力量，在全县进行分路合击和反复"扫荡"。由于日军兵力众多、武器精良，抗日武装还不能进行正面对抗，在日军残酷"扫荡"的过程中，各区干部暂时分散隐蔽，也有的甚至躲在平津敌占区。有的干部无法及时同县委、县政府取得联系，又缺乏游击战经验，一时束手无策，持等待观望态度。因此，抗战工作一度出现涣散状态。3月下旬，日军大部队撤走只留部分兵力据守县城。此时，东纵司令部和地委机关也来到枣强开展活动。

在上级领导的直接帮助下，枣强县委和县政府为坚持对敌斗争，立即着手整顿队伍、恢复组织。在城北史家屯召开了党员干部会议，对如何坚持游击活动进行研究和部署，并组织工作队分赴各区，召集分散隐蔽的人员立即参加抗日活动。肖张等地区工作队负责人是李晓明，公开身份是县民族解放先锋队（简称"民先"）总队长，带领李柱、李芳兰和刘悟生三位女扮男装的女干部，在敌军"扫荡"频繁的环境中，与暂时躲到外地的人员通过关系取得联系，动员他们回来继续坚持斗争。对个别思想动摇的人员，则通过政治教育鼓舞他们坚持对敌斗争的勇气。经过耐心的思想动员工作，一度分散的人员又重新组织起来。恢复了民先区队部，时张永言担任肖张区委书记。为适应游击战的对敌斗争需要，除继续发展党员外，还建立了小区（中心村，相当于乡）党的机构，加强党员思想教育工作，不断提高党的战斗力。建设了一批以程杨村党支部为代表的较为坚强的战斗堡垒，形成了负责传递党内文件和护送干部的地下交通网络，并在工作上取得了一定成效。

1940年1月15日，"景村突围"事件（下文有详述）后，肖张区战斗形势不断恶化。3月，区委书记张永言牺牲。是年年末，枣北县大队调往太行山进行整顿，而后编入正规部队，县委决定重新组建县大队却遭到破坏。由于没有武装力量作依托，肖张区工作无法公开组织活动。各种会道门武装被日伪军利用，政治上明显反动，抗日人员无法进村，有些村庄还拒绝向抗日政府交纳公粮。随后，日伪军利用春节期间一些地方干部回家过年之机，勾结会道门武装到处搜捕抗日干部，肖张区抗日组织遭到破坏，区长张祝五曾一度至北平避难。肖张区处于1941年"枣北二月混乱局面"中。是年年末，日军在肖张教堂修建更大规模的据点，长期驻扎，总称为"肖张据点"。此后，驻肖张据点日伪军对肖张村和周围村庄大肆烧杀淫掠，党组织受到极大摧残，不少党员思想动摇、情绪消沉。

1943年，枣北抗战形势有所好转。肖张区党组织通过思想整顿，发挥党员骨干力量的作用，再次打开局面之后，随即着手恢复健全党的组织，在对敌斗争中不断发展党员充实新生力量。限于当时环境条件，只能采取严格考验、慎重发展的办法，从不怕牺牲、敢于对敌斗争的积极分子中吸收党员，所以，党员发展比较缓慢，但新吸收的党员质量较高，党组织的战斗力很强。同时，也吸收了一些妇女党员以便于进行隐蔽活动。这一时期，肖张区党员发展数量较多，程杨村党支部领导坚强，党员人数始终保持在30人以上，整个抗战期间未出现过汉奸和叛徒，并为抗日队伍输送了很多优秀干部和战士。地委书记王青、专员刘建章长期在肖张养病养伤从未被敌发现。县委还在肖张设交通站和掌握敌肖张据点情况的情报员，随时了解敌军动向。肖张区各村党支部在区委领导下，积极组织各游击小组和群众配合县大队秘密开展对敌斗争。

在残酷的斗争环境里，迫使县委及各部门领导干部采取集体活动统一开展对敌斗争，很自然地形成了一元化的领导方法，肖张及各区在自主权和工作上相对独立，领导方法上不断提高，各部门干工作更能相互协调，步调一致，相互支援，共同促进，在夺取抗战的最后胜利、组织群众救灾度荒、发动群众开展雇佃贫运动和锄奸反霸运动等各项工作中，都能顺利开展并取得一定成效。

战委会及群团组织的建立　1937年8月，国民党枣强县政府及其武装南逃。1938年4月，周边县土匪、游杂武装多次攻进枣强县境，一路烧杀抢掠，洗劫村镇，加上国民党溃军流窜路过，沿途砸抢勒索，百姓处在新的灾难之中。在这种政局混乱、盗匪蜂起的情况下，各种会门武装利用百姓防匪护村的强烈愿望迅猛兴起。

肖张辖域东部是白吉会，西部是六离会。李晓明《平原枪声》开篇那句"老槐树上吊着一个人"描述的就是会门武装与国民党溃军组成的反动武装斯杀后，发生在程杨村的一个场景。1938年4月，六离会与"民军二路"[1]赵云祥相互

---

[1] 民军二路：赵云祥是国民党二十九军的一个营长（或连长），溃退到冀县、武邑，自立门户，弄了
　　个民军二路的番号，自称司令，到处抢劫烧杀。

厮杀，六离会会徒活捉赵部士兵 20 余人，准备杀了祭奠死去的会徒亡魂。李晓明、李衡甫等人来到槐树下，见被吊着的"土匪"不过是一个十七八岁的孩子，从其母哭诉中得知，此人被骗参军仅仅一天。几人商议决定，从解救这批俘虏入手。当时的会道门武装组织，仅仅是地主豪绅为维护自身利益，对百姓采取欺骗、恐吓等手段，煽动建立起来的武装队伍，还没有明显的政治倾向。20 余名俘虏被顺利解救，人民也因此知道肖张区来了几名八路军。凭借这一事件的影响力，李晓明、李衡甫等人到肖张村的区公所驻地拜访了区长甄旭东，征得同意后建立了肖张区战委会。

李晓明等人在肖张村南街路东找了一处闲置的宅子作为办公场所。办公条件非常艰苦，一没经费二没设施，夜晚回程杨住家里，次日早饭后，分别到各村宣传抗日，中午回家吃饭，饭后再到另一个村。经过一段时间宣传，肖张区战委会正式成立，主任、副主任是士绅单周才和高鉴堂、张辉廷，李衡甫任组织部部长，李晓明任宣传部部长，还有许多知识分子也都参加了战委会的工作。还成立了妇女救国会，主任李慕贤；农民救国会，主任张永言。共有 28 名工作人员。随后，各中心村陆续成立各群团组织。

不久，会道门武装组织就暴露了与抗日政权对立的真面目。一天下午，张永言获悉白吉会在刘家纸房村秘密集合准备围剿战委会，迅速向战委会办公院跑去，人未至声先到，从各村宣传回来的工作人员正在开总结会，听到喊声迅速撤离，刚出南街口，白吉会的队伍就从北街、东街涌进来，直扑战委会，结果扑了个空，一气之下把锅给砸了。

原来，白吉会的大队长就是区长甄旭东。战委会成员商议决定铲除此人，把区长换成真正抗日的自己人。首先派人先到各村搜集甄旭东横行霸道、敲诈勒索的罪状，再请各村士绅、村长在状纸上具名，由张永言作为肖张群众代表到县政府状告区长，主张抗日的县长王筱石据实将甄旭东扣押，并请战委会推荐一位新区长。经讨论推荐，战委会作保，开明士绅和各村长签名，由李秀卿任肖张区长。

抗日区政府 1938 年 8 月 20 日，中共枣强县抗日政府正式成立。9 月，肖张抗日区政府成立，张琴室任区长。随后逐步完善各组织职能，配备武装委员会（武委会）主任、公安特派员（公安员）、文教助理员、秘书等职，对外继续以战委会名义开展工作。

区以下设中心村，即几个村为一个小区，中心村的村长负责各村沟通信息，传递指示、情报。另设村长、农会主任、武委会主任、民兵自卫队长、公安员、粮秣员等，负责组织群众开会、学习、生产、维护治安和征收公粮，配合游击队、武工队的活动。一般行政村无固定办公地点，都是在村民家的炕头上、地窖里研究开展工作，也没有物质报酬。

1939 年春，日军侵占肖张后，在各村成立"维持会"，设会长。肖张区大部分村由倾向抗日、办事公道、有较多社会关系的人出任日伪"维持会"会长，实际上他们是村抗日政权的村长，俗称"两面村长"。他们用灵活机动的方法应付日伪军的逼、卡、索、抢，保护抗日军人、干部和群众。在对敌斗争中，"两面村长"为保护抗日军民做出了很大牺牲，不仅仅是财产上的奉献，甚至面临生命危险。

1940 年 7 月，原枣强境分置枣南、枣北两县，肖张地区属枣北县第五区，区长先后为张祝五、郑一平、张汉卿、刘占一。

国民党政权以及日伪政权

县"第二政府"驻肖张 1939 年，国民党五中全会确定政治反共为主，军事反共为辅的方针，不久后，蒋介石任命石友三为第三十九集团军总司令兼冀察战区副司令，石友三坚持反动立场，与抗日政权摩擦对抗。4 月 1 日，石部组建"枣强县政府"，驻肖张村，委派曹慧佛为县长。因相对于抗日民主政府，百姓称之为"第二政府"。

"第二政府"在各区设区公所、税务局。从县到区的贪官污吏到处催粮派款，拉丁抓夫，百姓苦不堪言，他们却是终日吃喝嫖赌毒，百姓恨之入骨。是年夏秋之际，流常区百姓在抗日民主政府支持下，抓捕20余名歹徒，游街示众后押送到肖张，强烈要求曹慧佛严惩歹徒，曹慧佛尴尬地搪塞一通，自知在肖张地区已经无法立足，携官员南迁至今张秀屯镇庙前李村，以靠近石友三驻地。

日伪"枣强县公署"（"第三政府"）驻肖张 1939年2月，日军侵占枣强县城，已投敌并被日军封为"县长"的刘雁行与10余名随从紧步日军后尘而入，于4月18日组建了"枣强县公署"，驻枣强县城西街路北。日伪"公署"所设的所谓"政事机构"实由日军宪兵队、伪警察所直接实施政令，征收钱粮、田产税契等。所谓的"财政科"由军警直接插手，对无力缴纳钱粮的贫苦百姓施以残酷刑讯。所谓的"建设科"也由军警监督，逼迫百姓修炮楼、公路、通信设施，还任意打骂百姓。所谓"宣传、教育"机构，则是宣传"中日亲善""大东亚共荣圈"，进行奴化教育。还推行"强化治安""保甲自治"，利用地主恶霸、汉奸等搞"编乡"制等，这些都是镇压抗日群众的手段。

因肖张区是敌后抗日根据地，抗日民主政权不断巩固、壮大，日伪政权的政令只限于肖张区各据点所在村。即便在这小范围内，由于形势的制约，政令也常不能奏效。

1945年6月，第三任"县长"田桐年见日军在枣强县的败局已定，带领随从逃至冀县，后又逃至衡水。7月6日，被封为第四任"县长"的胡有章，在衡水收罗从枣强溃逃而去的20余个汉奸，带着驻衡水的300余名伪军，反扑到肖张村，重建"枣强县公署"，但仅20天，就狼狈北逃。至此，枣强县日伪政权彻底灭亡，肖张境域解放。

武装力量

区自卫大队 成立于1938年9月，高振富任队长，屈俊水任指导员，刘西田、屈广军任巡视员。下设三个中队，第一中队长是西张邢村人张亚东，第二中队长是单仓口前街人彭金庆，第三中队长是曹滕村人，姓名无考。各村18～45岁的群众都是自卫队队员。

1938年冬，为阻止从北边经曹滕村村东去枣强县城的日军，区自卫大队在接到破路命令后连续两个晚上行动失败后，大队长高振富召集中队长和各村队长分析原因，并严明纪律，重新进行部署。4天后，各村自卫队员晚饭后再次集结到曹滕村村东，按分工每人挖1.3米深、2米宽、10米长。经过一夜鏖战，在天将破晓时，挖就了一条从村南弯曲向村北长1千米有余的深沟。1939年2月13日上午，驻衡水的日军队伍走到曹滕村时被深沟挡住去路，只好气急败坏地掉转车头按原路返回。

1939年春，日寇占领县城后，抗日组织转入地下活动。为在残酷的环境中求得生存和发展，坚持对敌斗争，肖张区根据上级指示精神，在各村之间破路挖沟，形成村村相连、沟沟相通的交通网络，后被称为"抗日交通沟"。肖张范围内北到单驼村，南往张仓口，东到史家屯，西至齐官屯，能走车的大路都被挖成能够跑大车的交通沟，出村便进沟，方便隐蔽。

区抗日游击队 1939年3月末，时任县委委员、民先总队长的李晓明带领3名工作人员来到肖张区恢复队伍建设，并建立了区游击队，杜福堂任队长，张琴室任指导员。1940年2月，日军3万余人分11路对冀南各县"蚕食"。其间，肖张区参加抗日游击队的有刘孟森、刘长顺、赵朋起、张玉振、王金锁、王丙旭等数十人。1940年7月，改称枣北第五区抗日游击队。至1945年10月，队长先后为刘锡华、张祝五、臧成州，指导员为刘金田。

村自卫队 游击小队 1938年9月，各村均建立自卫队，并组织军事训练。

队长和指导员由村民选举产生。自卫队的任务是负责站岗放哨，盘查可疑行人，防止敌探进入，保卫领导机关，维护社会治安和缉私打击发国难财的投机商人。因当时有投机商人为敌利用，在枣强收购棉花、铜圆等军用物资到敌占区销售，从中渔利，抗日政府则利用抗日自卫队这一群众武装予以盘查控制。

1939年9月，程杨、刘家纸房、西李纸房、单里仓口、张里仓口（时两仓口均属肖张区）几个支部成立秘密游击小组，游击队员每人都有步枪，昼藏夜取。村自卫队和游击小组配合县游击大队开展破坏公路、拆毁城墙等任务，平时备战备荒存储粮食。

程杨抗日青年连 1939年2月15日，国民党河北省政府主席鹿钟麟在衡水县巨鹿村一带与日军作战，败退到肖张村、程杨村，沿途丢弃枪支300余和一些子弹，多被村民拾获。区委书记张永言等动员群众将拾到的枪支献出，由程杨村近80人组成抗日青年连，不多日发展到100余人。县长郭鲁亲自参加成立大会，代表中共枣强县委和县抗日民主政府讲话。5月，县抗日游击大队成立，"民先"改称青年抗日救国会（简称"青救会"），又称青年抗日先锋队（简称"青抗先"）。之后，程杨青年连归县大队和"青救会"双重领导。

程杨青年连程杨籍成员名单（先后63名）

姓名	性别	生卒年	入党时间	备注
李佩文	男	1914—1985	1938	伤残
李国钦	男	1919—1941		烈士
李国生	男	1921—1944		烈士
李庆云	男	1918—1943		烈士
岳焕金	男	1920—1944		

续表

姓名	性别	生卒年	入党时间	备注
臧成州	男	1909—1945	1938	烈士
闫观玉	男	1926—1947		烈士
臧殿池	男	1900—1978	1938	
臧殿恒	男	1905—1981	1938	
艾连发	男	1904—1971	1938	
周沛雨	男	1919—2001	1938	
闫仙樵	男	1901—1995	1938	
李庆吉	男	不详	1938	
李善斋	男	1912—2003	1938	
李玉成	男	1898—1980	1938	
李汉卿	男	不详	1938	
李建华	男	1911—2001	1938	
李景纲	男	1901—1977	1938	
闫金凤	男	不详		
李书谦	男	1919—1941		烈士
周玉峰	男	1928—1947		烈士
崔富贵	男	1914—1940		烈士
李景维	男	不详		烈士
艾治水	男	1928—1946		烈士
闫立合	男	1923—1947		烈士
周继中	男	1929—1947		烈士

姓名	性别	生卒年	入党时间	备注
臧九长	男	1926—1947		烈士
周铁明	男	1927—1995	1950	
崔瑞华	男	1924—2012	1948	伤残
闫立群	男	1915—1941		
李庆顺	男	1924—2007		
臧双合	男	1925—2003		伤残
杜玉民	男	1916—1994		
王景武	男	1917—1993		
周环甫	男	1909—1991		
李 柱	女	1922—2020	1938	
李玉芳	女	1922—2011	1940	
李敬甫	女	1917—1995	1938	
周邦本	男	1922—2008	1939	
尹立国	男	1927—1982		
李东思	女	1922	1938	
李景通	女	1914—?	1938	
李景蜀	女	1923—?	1938	
李景素	女	不详		
李青环	女	不详		
李金会	女	1925—2013	1938	
李金全	女	1922—2015	1939	

姓名	性别	生卒年	入党时间	备注
周广乾	男	1925—1989		
李万钧	男	不详		
李乃丰	男	1922—1989	1938	
李国章	男	1912—2003	不详	
李景义	男	不详		
李信章	男	不详		
李洪铎	男	1922—2003		
李庆祥	男	1901—1965	1938	
周振山	男	1914—1961	1938	
周跃西	男	1918—2011	1939	
李长庆	男	1908—1940		烈士
崔章所	男	不详		
李盛来	男	不详		
李东雪	男	不详		
李东满	男	不详		
李盛千	男	不详		

刘家纸房抗日先锋队 1939 年 5 月，程杨青年连被调到枣强县之后，肖张区又成立了刘家纸房村青年抗日先锋队，由张凤柱担任队长。发动组织青年开展"好男要当兵"活动，使一批又一批青年参加了八路军或县、区游击队，其中不少锻炼成为指挥员或地方抗日工作干部。在破坏敌交通线以切断其补给的斗争中，也是主力。

主要战事

纸坊村战斗 1938年5月，枣强县民团1300余人被东纵769团改编为"华北人民抗日联军第三十支队"。7月28日，这支队伍改编为东纵独立团，辖2个营和1个特务连，共1000余人，调派东纵参谋长卜盛光为政委。1940年5月，在纸房村，敌军300余人向独立团发起猛攻，从上午9时打到下午4时，最终取得胜利。敌军伤亡30余人，独立团有数名战士牺牲。

和平解救区长 1939年夏，石友三部扣押了抗日政府肖张区长张琴室，县长郭鲁亲自率东纵一个营去程杨找石友三部谈判，将张琴室解救。

肖张阻击战 1939年秋，枣强县大队驻肖张时，在区游击队的配合下，阻击衡水开往枣强的敌军，全体指战员英勇顽强、奋力拼杀，给敌军以有力打击，迫使敌军退回衡水。

奔袭屈家纸房流寇 1939年，区游击队有七八人驻东李纸房村进行守卫。枣强的日军突然到了离此一里地的屈家纸房村，逃出来的人说日军正在抢东西。肖张区游击队分成两路，向屈家纸房村冲去，进村就打枪。日军弄不清楚来了多少八路军或游击队员，仓皇向西南肖张村方向逃跑。游击队两路合一，继续追击日军，一直把敌军赶回肖张南庄的据点才返回，并将敌军抢掠的东西还给了屈家纸房村的村民。

景村突围 1940年1月上旬，县城南驻有国民政府军石友三部，破坏抗日统一战线，不断挑起事端。为防石军突然袭击，1940年1月底，县党政军人员五六百人，与马匹、车辆等由城南转移到城北，驻江官村一带。后侦察到情报，德州之敌配合阜城、景县、武邑之敌向枣强县东北部进犯。县长郭鲁与秘书郝倜、民政部长李衡甫、教导员刘升如、参议李文通议定立即转移。连夜行动，到达肖张一带。2月15日上午，在景村与敌军遭遇。刘升如指挥部队向西南方向突围，部分人员不得已在景村隐蔽。突围中有18人牺牲，

42人被俘。其中，大纸房村张振萧、程杨村李书谦等36人，在19日黎明被敌军枪杀于县城东关。

后经查证，此次行动被一名投靠日军的汉奸（祁州人，今保定市安国市）发现踪迹，他化装成卖药材的小贩，推着小车以到各村送药材为名顺着踪迹查访，跟踪到郭鲁后，用藏在药箱中的发报机与日军取得联系。1944年，此汉奸在屈家纸房村刘泽坛家的药铺被抓获，经县区政府审讯无误，被带到安邢村执行死刑。

专记：亲历"景村事件"——文广田回忆录 文广田，生于1917年，大营镇老官营村人，"景村事件"幸存者之一。

1939年，军区武装科长刘浩在老官营建立抗日根据地期间，动员文广田参加抗日活动。随后，文广田与村民姚以亨、姚西正、姚以榜、高金玉、冯平起、姚以坤等人参加区游击队。当时顽军石友三的区政府驻村西的时槐，常与八路军、游击队制造摩擦。区游击队在区长吴子才领导下，逐村发动群众，队伍不断壮大。时文广田担任区游击队通信员，对外宣称做生意。

1940年1月，上级命令县政府及各区人员撤到冀中去。一天傍晚，大营区党政机关人员及武装力量行至武邑城北一个村庄，被告知已与正规部队取得联系，过几天回去攻打石友三。

队伍在武邑住了三四天便返程了。1月27日行至景村已旭日东升，为避免暴露行踪，队伍驻景村休整。当日是腊八节，区上还煮了腊八粥（行军中以区为单位统一行动），还没来得及吃饭，岗哨那边传来消息，抓捕了两个从肖张村方向来的敌探，得知队伍已被包围。县政府通知县机关与各区人员一千余人向南撤，行至寺上与敌相遇。县长的骑兵排向西北方向冲，大家就跟着往西北方向撤。骑兵排刚冲出去，肖张、冀县方向来的两股敌军把突围口堵死，因大家没有游击作战经验，纷纷往村里跑，县大队在村南趁机向东南方向冲出包围圈，没能跑出去的人员只好藏在景村，文广田躲在一间草屋内。

敌人进村挨户搜查，文广田被搜出押到村南一处空场，四周架着19挺机枪，被搜出的人员都被押在场里跪着，其中有县大队指导员张若愚。敌军将被俘的42人联绳捆起，向枣强城押解。晚八九点，被俘人员被带关进现枣强第一小学院内的一个大屋子里，门口架着机枪，岗哨森严。

次日逐一审讯，被俘人员大多都承认是八路军，只有6人否认。其中，文广田咬定自己是大营北街三和酒店的学徒，去衡水做买卖被抓；南关郑某某因穿着皮大褂被误认为县长，他说是去德州做买卖回来被八路军抓住的；南关村王某某也说是做买卖被八路军抓住的；还有一个十几岁的小孩，本是通信员，但敌人见他年龄小就没审问，一小时后就放他出去作勤务（后来此人在德州工作，所在单位曾来大营调查过他的身份）。敌军就把这几人关到一间屋里。不久后，另一间房里的杜烟人谷某某（自己承认八路军身份）被在沧州当伪军的侄子以偷梁换柱之法救出。

1月30日下午，36名抗日战士被押赴城东北刑场（现三十六烈士墓处）集体枪杀。2月8日，牢房里只剩下文广田和北石村张某某、张吕卷张某某3人。2月底，牢房里添了两个"私通八路"的伪军官，一个姓徐，一个姓张。一天，一伪军官家属来送饭，说他们周队长（敌工科长周侃）在她家住着，打听他们的下落，他们有事快说，她去回话，文广田才知道此二人的真实身份。

3月22日，日军最后一次审问，动员文广田到大营商会作事，文假意答应下来。张吕卷张某某虽未同意为日军做事，也与文广田一同被释放。文广田趁机逃回村听说敌人还在打听他是不是八路，不敢停留便下天津，在天津做了一年多苦力，生活难以为继，讨饭回到家乡，回乡后再未与部队联系，在家务农直至去世。

刘家纸房伏击战 1940年春的一天，驻扎在刘家纸房村的区游击队，得到驻枣强的日军从肖张村路过去衡水的消息，决定进行伏击骚扰。敌军约有四五百人，排成长长的一路纵队，向北行进。游击队则顺着路沟向西边公路方向接近敌军，在距离日军一二百米时向敌军开了枪。日军的机关枪、小炮非常猛烈地向游击队还击。游击队完成扰敌任务，撤出阵地。此次扰敌，游击队只打了四五颗子弹，却消耗了日军的大量弹药。

半壁店突围　肖张村贺俊青 13 岁参加革命，在独立团服役，同志们都叫他"小八路"，小伙子聪明伶俐，胆大英勇，常装扮成农村孩子穿过层层封锁线，为部队送信，顺利完成任务，多次受到上级表扬。

1943 年春的一天，独立团部分战士由贺俊青引路到屈纸房村执行任务，夜晚转移到半壁店村，不料这个消息被人密报到日军肖张据点。日军、伪军、便衣队 200 余人包围了半壁店村，激战半小时后大部队冲出重围。但在这次战斗中，独立团伤亡几十人，贺俊青等 12 人被捕。日军把他们送到枣强日军监狱，进行严刑拷打，灌辣椒水，上老虎凳，当场被打死 5 人，贺俊青也奄奄一息。

拔除河西据点　1942 年 11 月，日军为巩固占领区在河西店建据点，驻伪军 30 余人。1943 年 3 月，李晓明、张静、张祥甫、赫光等分析河西炮楼不仅守敌较弱，而且已有内线联系，可以夺取，于是根据侦察的情况制定战斗方案：由中队长董金升带 6 名突击手抢占炮楼一、二、三层，控制并威逼伪军缴枪；侦察排长带 4 名突击手负责抓捕门岗、放下吊桥及控制伪队长宿舍。张静、张祥甫二人带领大队伺机从正面攻入，并由民兵抬着 6 个梯子及绳索等物品，以备越沟爬墙用。是夜 12 点，内线在岗楼上发出了烟头火光晃动的信号，突击手们迅速登梯爬过沟墙。正在爬越沟墙之际，突然火光消失，适逢有人查哨，按照事先规定立即停止行动。稍后，火光重现，突击队继续行动。进入据点之后，按照事先安排，分别控制了伪军门岗、伪队长和岗楼各班伪军，县大队人员及时冲入，俘敌 32 名，得枪 30 余支，子弹 1000 余发。

1943 年春，抗日战争形势逐步好转后，敌之军心开始动摇。河西炮楼伪军小队长有意反正，县公安科长张琴室和县政府秘书赵步真对其谈话。经与县委领导研究，为防止其他人抵抗，又争取了一个班长。某日，那名班长把手榴

李亚凡老宅，曾被日军霸占作为据点

弹等武器晾晒之后，放在一个房间，做到未发放到人，且当晚煽动伪军统统脱衣睡觉，由他去值班。届时他放下吊桥，将县大队悄悄迎进去，几十名日伪军全部被擒。

拔除肖张日伪据点 1939 年夏，区游击队集合程杨、纸坊、里仓口几个村的游击小组，包围了肖张西街日伪军据点，用步枪、土枪从四面八方向据点射击。弹药不足，在煤油桶里放鞭炮造势。吓得日伪军打了一夜的枪炮，第二天跑回县城。

1940 年 3 月，日伪军返回肖张村西街，在地主李经武、李居贤大宅院设据点，并在四街口修筑防御寨门。盘踞日军 36 名，伪军二三百名，村西、南、北门由伪军把守，东门由日军把守，并在村四周挖了护壕，筑起土围子。5 月 11 日晚，东纵青年营指导员李晓明、营长刘剑展带领所部，由肖张村赵朋起带路，刘长

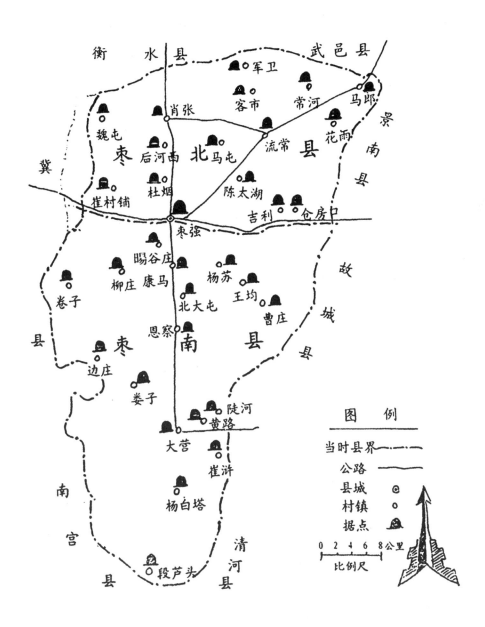

抗战时期日伪据点、炮楼分布图

顺冲锋在前攻打肖张据点，打死日军 7 名，伪军 10 名，第二次把日伪军赶回县城。赵朋起在这次战斗中负伤致残。是年 6 月，日伪军重返肖张村，在肖张村南庄设据点，南庄 36 户老百姓无家可归。11 月，区小队除掉肖张据点皇协军任姓班长。

1941 年，"六一"大"扫荡"期间，肖张南庄据点的日伪军异常猖獗，不断对附近村庄百姓烧杀抢掠。7 月的一天午夜，枣北县大队与冀南军区 10 团在内线接应、配合下，悄悄潜入日伪据点，包围伪军中队长住处。俘获伪军 180 名，缴获步枪 200 余支，子弹几千发，并焚毁岗楼。8 月，一伪军中队又重新盘踞在肖张南庄。据点外有两道深沟，设有吊桥，吊桥内还有围墙，墙外装有铁丝网，围墙四周布满射击口。县大队决定再次拔掉这个据点。

8 月 12 日夜，县大队调一个排埋伏到肖张南庄村东，以阻击县城增援之敌，另两个排潜伏在据点附近的民房。县大队政委李晓明亲自指挥，指导员刘英和排长王小宽等 10 余人装扮成送粮的农民。次日晨，带队的刘英自称是赵庄伪村长的弟弟，闯过了两道哨卡，控制了站岗的敌军。据点内正在院里吃面条的日军还没来得及拿枪，李晓明带领的两个排便冲了进去。日军乱作一团，统统被擒。此次战斗缴获机枪 1 挺，迫击炮 1 门，步枪 43 支，子弹十几箱，粮食数万斤。

1941 年 12 月，日军占据教堂，修工事，设据点。1943 年春，为了打击肖张据点日军的嚣张气焰，枣强县大队做了周密计划，由政委杨杰指挥，基干指导员刘英带队出发，赶到肖张村南打伏击。县大队派出小股部队故意暴露目标，肖张据点炮楼上哨兵观察到只有小股"游击队"活动，伪军王队长只带领伪军 60 余人进行追击。伪军进入县大队埋伏圈，经过 1 小时激战，敌军被全部歼灭。其中伪军王队长和十几名伪军被当场击毙。

1943 年春，盘踞肖张之敌甚为嚣张，时常出据点横行乡里。枣北县大队决定诱敌出洞，予以消灭。某日，由政委杨杰指挥，基干队指导员刘英带队出

肖张一中队指导员刘英与枣北县大队合影（二排左五为刘英）

发，故意暴露目标，60 余名日伪军追赶到河西村，进入埋伏圈，被县大队两路夹击全歼。此次参战人员中，有前河西村村民张世刚。

1944 年 7 月 15 日智取肖张据点，被五分区作为模范战例，予以通报表扬。肖张据点驻肖张教堂，是枣衡公路上的一个重要据点，盘踞日伪军 86 人，武器优良，戒备森严。

1944 年 7 月上旬，枣北县大队副政委李晓明和基干队指导员刘英等决定智取此据点。14 日下午，县大队由邢村兵分两路，向流常方向前进，故意暴露目标，流常之敌误认为八路军正规部队已至，龟缩在据点内不敢开火。县大队继续诱敌开枪放炮，派几名村长到据点内谎报军情，敌立即向县城之敌求援。县大队在敌忙乱之中连夜开往肖张镇，15 日凌晨，28 名指战员潜伏到预定地点。拂晓，东北风大作，乌云翻滚，天昏地暗，值班伪军认为流常告急，肖张据点平安，即按时开大门放吊桥。不料，28 名指战员冲进去，北院尚未起床的日伪军，一个个束手就擒。南院炮楼之敌，用火力封锁伪警察所。县大队战士绕到伪警察所后，从后窗户钻进去，缴了伪警察的枪。南楼上的伪军疯狂向北屋扫射。排长王小宽带领 6 名战士跳进沟里，翻过围墙，打开炮楼大门，向敌人喊道："缴枪不杀，如不投降，就火烧炮楼。"伪军见大势已去，只好扔下武器，全部举手投降。这次战斗缴获枪 64 支，县大队无一伤亡。

1945 年 4 月，肖张据点日伪军因孤立无援、饔飧不继，决定到屈家纸房村抢粮。4 月 12 日晨，据点出动 200 余名日伪军，仅余少数兵力看守。枣北县大队与驰援而来的枣南大队和七、八区中队在屈家纸房村会合，将敌包抄。敌军腹背受击，虽负隅顽抗，终因不敌，完败。此次战斗击毙日军 8 名，伪军 10 余名，俘日军和伪军共 140 人。一中队指导员刘英带队赶到肖张据点，将站在城墙上打起小白旗宣布投降的敌军押下，火烧了炮楼。这次战斗是枣强县抗日军民对日伪军的最后一次大歼灭战，被誉称"黎明前的一曲凯歌"。

敌后工作

建立敌工站 1940 年 3 月，李晓明被捕后在县城伪组织中建立了内线关系，县委顺势建立敌工站。后在肖张据点建立敌工站，由赫光直接领导。随着敌后工作的开展，抗日关系由一般伪军、伪警逐步发展到伪警察局长、伪侦谍班长以至于伪县长，还有一个日本人——伪合作社经济顾问佐间。佐间出生于进步家庭，试图与中国进步力量合作，最终决定与枣强县委在肖张会谈。会谈后，佐间为抗日政府提供了 5 大车药品、布匹、煤油、火柴等物资，通过肖张伪合作社办理，由士绅李凭云接收后，运送到县大队。

打入日伪军内部 1941 年春节，日伪汉奸到处搜捕抗日干部，肖张区抗日力量遭到严重摧残，日伪军趁机在肖张成立了"联合维持会"。枣强县委派共产党员安金朋打入肖张维持会内部，开展敌工活动。

营救分区保卫科长　1944 年春，分区保卫科长赵宏博在纸坊村被捕。敌工部门利用内线人员贿日伪翻译官 5000 元，将赵营救出来。

巧计除叛　区游击队的一个班长投敌后穷凶极恶，经常带领日伪军"扫荡"，抓捕抗日工作人员，危害极大。县大队通过肖张维持会的敌工人员辛某找到他，谎称他舅父病重，已抬到肖张医院治疗。随后将他带到十字街饭馆处，埋伏在屋内的刘英等人伺机而动将他抓获，押到村外处决。

集日锄奸　驻枣强县城的日军，把枣强通往衡水的公路看作他们的"生命线"。1942 年 4 月，为完全控制这条公路，进一步对抗日根据地进行破坏，日军增派 10 名伪警察进驻肖张据点，加强防守。伪警察所内有个东北籍曹姓巡官，死心塌地投靠日军，对抗日军民危害极大。肖张周围村庄的群众，对他恨之入骨，称他为"大毒虫"。县大队和区队曾几次通过写信、贴告示、夜间向他喊话，提示、警告要他改恶从善。但曹置若罔闻，毫不悔改。为此，中共枣北县委决定坚决除掉这条害虫，把任务交给县大队。副大队长张静和肖张区干部以及在维持会工作的地下党员安金朋商量后，决定利用肖张集日把曹处决。

肖张大集这天，张静安排县大队派 4 名精干战士化装成农民，与安金朋进入肖张集，寻机把曹除掉。张静带着 10 名战士，隐藏在肖张村东，接应锄奸的 4 名战士。为防万一，由教导员张祥甫带两个中队，隐藏在肖张东、刘纸房西准备配合、接应。10 点钟，曹某带着一名护兵，大摇大摆地来到集上。安金朋目光一扫，点头示意，4 名战士随即跟了上去，来到人群较稀少的地方，4 名战士走上前去，围过来将曹摁倒在地一枪结果了他的性命，一个战士随即掏出事先写好的曹某罪行布告，放到他身上。同时，另一个战士迅速夺了卫兵的枪，吓得卫兵抱头鼠窜逃回据点。

拥军事迹

救死扶伤的肖张籍医护人员 肖张医院外科大夫冯一民，抗战开始后即与抗日组织建立关系，为抗战做了很多工作。五专署刘建章负伤、地委书记王青得肺病，冀南行署民政处长杜佩珊做手术，石大磊任区长时为排水被坏人打成重伤，均由冯一民负责治疗和掩护。日军侵占教堂医院前夜，冯一民协助张琴室为抗日政府搞出两大卡车医疗物资。1943年，日军令他到县城开医院，敌工站长赫光及肖张区长郑一平给他做通工作，一直和抗日政府保持联系。在此期间，又利用各种方式为抗日政府搞出不少急用药品，还曾出城为县委书记杨杰等领导干部治疗病痛。

肖张村付振山、付化东、张绍印、王之和、辛九江、张桂昌等人都是经过肖张教会医院培养的医护人员。抗战期间，他们也奋不顾身，为抗战做出不少贡献。

"抗日堡垒村"程杨村 程杨村男女老少在村党支部的坚强领导下，团结一心、英勇作战、铲除敌顽，掩护八路军战士和党的地下干部，积极救治八路军伤病员，程杨村曾因此成为当时枣强地区有名的"抗日堡垒村"，得到了枣强县委、枣强县战委会的通令嘉奖，但也加剧了日军的复仇心理，多次对程杨村进行"扫荡"，先后烧毁抗日家庭和群众房屋多处，杀害群众5人，殴打群众30余人，抢夺财产不计其数。

1939年入秋后，日军疯狂抓捕八路军和抗日积极分子。一次，程杨村抗日英雄、青年连成员臧成州被汉奸出卖，汉奸带着日伪军来到程杨村抓捕臧成州，在村中大肆搜寻，却一无所获，便调集了大批人马将程杨村团团围住。全体村民都被敌军赶到村内大苇坑中，坑边站满了荷枪实弹的日伪军逼迫村民指认臧成州，并威胁，"如果找不到臧成州，就将村民全部枪杀在苇坑内"。即使面对死亡威胁，村民们也凛然不惧。日军军官大怒，抽出佩刀高高举起，只要刀一落下，机枪手便会朝人群疯狂射击。关键时刻，维持会会长臧济川冲到机枪手面前，奋力将机枪口举过头顶。日伪军见他胆敢反抗，一拥而上举起枪托砸向臧济川，臧济川顿时遍体鳞伤、浑身流血。殴打完臧济川后，日军军官似乎也消气了，带着军队离开了程杨村。臧济川用鲜血为代价，营救了几百位程杨村父老乡亲。

又一次，汉奸带着日伪军进村抓捕周恒俭（枣北县抗联军成员周邦本的父亲）被臧济川遇到，眼看正在村中干活的周恒俭就要被日伪军抓走，臧济川急忙走上前对汉奸说："我刚才看见周恒俭了，往村西那边跑了，我带你们去追。"说完假意带日伪军朝西跑去，周恒俭躲过一劫，安全脱险。

一天，汉奸又带着日伪军到程杨村抓捕李晓明的父亲李景钢（号振乾），却扑了个空。临走时，汉奸、日伪军在村中遇到在北京当学徒工，此番回村来探亲的臧延久。日伪军见他从外地回来，怀疑他是八路军，便将其抓到肖张村据点百般拷打。臧济川闻讯赶到肖张据点解救臧延久，日伪军不但不予理睬，还继续拷打臧延久，臧济川便星夜赶路到臧延久当学徒的北京工厂说明情况，开了证明，日伪军才放了臧延久。

1942 年，冀南地区流通三种纸币：日军发行的货币叫准备票；国民党发行的货币叫中央票；共产党发行的货币叫冀南票。村民周庆志（号运青）是做牲口生意的，一日去魏屯赶集，卖了牲口，得到一包冀南票。回到村口时，遭遇日伪军进村。日伪军见他身上带着冀南票，便怀疑他从抗日根据地来，正盘问时，臧济川走了过来，谎称周庆志不是本村人，周庆志因臧济川与日伪军周旋而脱险。

村民臧升科是肖张镇抢才学校的学生，日军占领肖张后，年仅 19 岁的他眼见日军烧杀抢掠，内心充满仇恨。日军占领学校后，强迫学生学习日语，校内日语老师叫曹飞雄，同时也是日军翻译官，还被日军任命为肖张警察所副所长，属于铁杆汉奸。党组织决定除掉曹飞雄，便秘密联络到臧升科，委派他接近曹飞雄，寻找机会、惩恶锄奸。臧升科带着党组织的任务，刻意接近曹飞雄，投其所好，经常陪同曹飞雄四处游荡。1943年1月30日，曹飞雄命臧升科次日赶早到肖张，陪他赶大集，臧升科连夜将消息报告给了李星山（李衡甫父亲）。李衡甫（时任枣南县抗日民主政府县长）听说汉奸要去赶集，立刻部署围奸计划。

次日一大早，身穿警服、脚蹬马靴、腰挎东洋刀的曹飞雄趾高气昂地带着臧升科在肖张大集横行。臧升科抬眼望去，看到很多脖子上围着白毛巾的人走来走去，便知道这些人是乔装打扮的八路军战士。待曹游玩到人烟较少之地，八路军战士在臧升科的示意下立刻将曹团团围住。曹发觉情况不妙，刚想掏枪顽抗，就被一枪击毙，大集上乱作一团，待肖张据点的日伪军听到枪声之后赶来时，臧升科与八路军战士都已乘乱撤离了现场。

不久后，臧升科弃学从医，跟随枣强医院院长冯一民工作，担任药剂师。在枣强医院里，有许多日军安插的眼线，目的是防止医院的药物流入抗日武装手中。在此情况下，臧升科积极开展地下工作，与地下党秘密联络，为抗日前线提供了许多宝贵的药品。有一次，臧升科到卷子乡给当地地下党送药，跟他接头的是一个老太太，臧升科刚走进老太太家，日军就来搜查地下党，多亏老太太家有地道，因而躲过一劫。

抗日战争时期，村民周金耕（号周刊）任枣强县警署司法科长。他私下为共产党八路军搜集情报，并多次参与秘密抓捕汉奸的行动。一次，周金耕带领两位同志，去枣强西王坊村抓捕汉奸，路途中眼见前面一队日军向自己走来，周金耕急中生智，忙将一位同伴用绳子捆住，随走随打。日军小队长赶到跟前，问："什么地干活？"周金耕巧妙地回答："我们是宅城维持会的，出来办案，捉住一名八路，回去交差。"日伪军连说："好地、好地。"随即，日伪军放开他们，向前面追去。周金耕沉着机智，安全脱险，并顺利到王坊抓住了汉奸。

在极其残酷的斗争形势面前，程杨人民越战越勇，在党的领导下，革命力量不断发展壮大，涌现出许多抗日先锋。这种革命精神也延续到了解放战争时期，当时程杨村作为敌后根据地，为配合中国人民解放军解放全中国，先后又有 30 多名有志青年报名参军，出现了母送子、妻送夫、兄妹共赴前线的感人事迹。在当时经济极其匮乏的条件下，人民群众节衣缩食，捐衣捐粮为前线部队运送了大批的战略物资。抗日战争和解放战争期间，程杨村先后有 22 名青年战士战死沙场，被评为革命烈士。在解放石家庄、太原战斗中，程杨村组建了支前小车运输队、担架救护队。为中国人民解放事业和中华人民共和国的成立做出了巨大贡献。1949 年后，程杨村第一任党支部书记李云章同志回顾往事，激情满怀，曾赋诗曰：

> 英雄健儿不畏难，请缨抗日报冀南。
>
> 惊得回雨连场落，舍生忘死现赤胆。
>
> 从军支前何所惜，送往迎来艳阳天。
>
> 革命往事永难忘，献身精神代代传。

程杨村堡垒户周礼轩女儿掩护干部　1944 年初某日，枣北县委、县大队领导人杨杰、李晓明、柳森、李柱、赫光等正在周家开会，忽听名为伪村长实则为抗日情报员的臧济川在喊："欢迎皇军！"当时，在门口放哨的是周礼轩的女儿淑林，才 14 岁，便立刻回家报告。与会人员迅速越墙转移，而李晓明因重病在身，就钻进了东屋的一个小地洞里。淑林用尽全身力气挪动水缸和织布机将洞口处伪装好，日伪军便已闯进家来。淑林急中生智，把一大抱柴草塞进灶膛点着，屋里随即布满了浓烟。因为她知道，开会的人吸烟的味道还未散尽，桌上、地面上依然有磕下的烟灰。日伪军进屋后，被呛得喘不上气来，熏得难以睁眼，只好嚎叫着退走。

河西店张丰堂家庭的英雄事迹　1939 年 2 月，日军侵占枣强县城后不久在肖张设立据点，并在各村成立了"维持会"。河西店村"维持会"的会长张丰堂，是肖张大集上牲畜市场的中介人（俗称"进金"），外号"五老立"。表面上负责协助日军管理村庄，实际上是抗日政权村长，是名副其实的"两面村长"。

与张丰堂保持密切联系的是枣北抗日县政府第六区区长张子汉，二人是"连襟"。为保证行动的隐蔽和安全，张丰堂带领四个儿子，在自己家中的西北角挖了一个地道（这套房屋后由五支十世张知会继承居住），供八路军紧急藏身用。这个地道除张家父子和八路军之外，无人知晓。

1943年，河西店遭大旱灾，颗粒无收。全村人断了口粮，只好拖儿带女、手持打狗棒四处要饭，但日军依然横征暴敛。这年腊月十四晚，驻村东碉堡里的两个伪军闯进村庄，端着枪来到张丰堂家，逼张丰堂筹措粮食。张一再解释村内因旱灾无粮可供，二伪军不由分说，一个给了张一巴掌，另一个举枪托砸向张。这时，张家大门被撞开，张子汉带着警卫员冲进来，紧握手枪分别指向两个伪军太阳穴，两伪军顿时吓得跪地投降，磕头求饶。张丰堂佯作不认识张子汉，替两伪军解围，说是日军逼着来的俩小兵，且饶过这次，看日后表现。张子汉点点头，两个伪军如获大赦，正胆战心惊时张子汉把枪还给他们，让他们回炮楼，谎称路遇八路军。等他们出了村，张子汉便向二人方向鸣枪。两伪军回到碉堡，按张子汉所说向日军作汇报，日军因听到了河西店方向传来枪响，也就信以为真了。（后来，这两个伪军也确实有所悔改，他们曾弄出日军子弹由张丰堂转交给游击队。）

两伪军回炮楼的第二天，大批日军包围了河西店村，他们认定河西店村驻扎了八路军的部队，便纠集枣强县城的日军连同伪军，企图一举全歼八路军，并抢掠村中粮食。

在村东小庙旁，日军抓捕了村民谷金香，并扒光他衣服，用刺刀指着他后背，命他在前面带路，进村去找八路军。但日伪军搜遍全村，也没找到八路，便怀疑张丰堂是八路，但没有证据，于是便把全村的老百姓统统赶到村中央的奶奶庙院内，逼问村民供出八路军的藏身之处，作为"维持会"会长的张丰堂站出来说不知道，日本兵便将张丰堂绑在梯子上，强灌辣椒水，灌不下去了就猛踩张丰堂的肚子，让他把辣椒水吐出来，然后接着灌。在此过程中，日军还逼迫张丰堂的儿子给自己的父亲灌辣椒水。日本兵的审讯逼供一直持续到中午，但张丰堂一口咬定村中没有八路军。日伪军考虑到这个"维持会"会长将来还有用处，便给张丰堂留了一条性命，一无所获地离开了河西店村。（这一情节被李晓明写在《平原枪声》一书中。）

日伪军的凶残霸道，更加激发了张丰堂的抗日意志。此后，他不断将碉堡内日伪军的动向报告给八路军。由于八路军掌握了大量准确情报，因此，在斗争中始终占据主动，碉堡中的日伪军屡遭打击，只求龟缩保命，不敢轻易行动。日军为了扭转这种颓势，更换了几任队长，但收效甚微。

河西店碉堡被枣强县大队烧毁后，日军又重修了碉堡，并从保定清苑县调来一个姓薛的伪军队长。他到河西店村碉堡后，带领手下伪军到各村抢夺粮食与财产，四处放火杀人，无恶不作。一次，到河西店村民张儒连家门口抓鸡，因张与之争辩了一句，便重重一记耳光打过去，致使张重度听力下降。

一天，张丰堂得知薛队长准备独自一人骑自行车去枣强县城赶集，便将消息汇报给县大队，县大队组织队伍，在杜烟村北一带的青纱帐设伏，将其生擒，押到河西店碉堡以南 300 米的索泸河岸边，就地正法。

薛队长死后不久，枣北县大队开始筹备彻底端掉河西店碉堡，张丰堂提供的相关情报成为此战胜利的关键因素之一。

张丰堂有四个儿子，都在他的积极带领下参加抗日工作。大儿子张儒行是河西店村第一批中共党员，担任村党支部书记，带领谷金栋、李茂亭等几个年轻党员参加抗日活动。二儿子张儒通也很早就参加革命，1949 年后在北京市玉器厂工作。三儿子张儒华，在父亲的影响下，十七八岁就参加了八路军，抗战胜利之后，他又参加了解放战争。张儒华作战勇敢、表现出色，从八路军战士一路晋升为解放军的营长。1951 年，张儒华又随志愿军入朝，参加了抗美援朝战争。四儿子张儒双在抗战时期年龄尚小，但也加入了儿童团，是个"小革命"。1949 年后，跟随同村张儒连到北京学裁缝，后在枣强县国有服装厂任党支部书记。

掩护冀南五分区专员刘建章 1939 年冬，冀南五分区专员刘建章在一次战斗中被子弹击穿肺部，生命垂危，在肖张教会医院手术。日伪闻讯包围了肖张镇，挨户搜查、挨病房查找，医护人员冒死把他放在担架上，以痨病、传染病危人员躲过一劫。之后，在养伤的 200 多个日日夜夜，刘建章在枣强县程杨等 20 余个村的堡垒户中得到精心照顾。1949 年后任铁道部部长的他，回忆这段经历时说："忘不了当地老乡的热情接待和无微不至的关怀及党同人民的鱼水情深……"

日伪军在肖张的罪恶活动

1937 年 7 月 7 日，日军发动卢沟桥事变，发动全面侵华战争。随后，日本帝国主义大举挺进中原。1939 年 2 月 10 日，日军从德州出发，经故城于下午进占枣强县城。由于无险可守 [1]，兵力不足，未能站住脚。3 月 8 日，二次占领县城。同年夏，八九个日军带十余个伪军入侵肖张村。占用李经武、李天雨住宅在肖张镇设据点，周边村庄频繁遭受日伪军袭扰。

同年春，日伪军为了加强对衡大公路等交通要道的控制，在前河西村东紧靠衡大公路和索泸河交叉处修建碉堡。其间，向前河西村大量派物派工，强迫群众给他们提供砖瓦木料，而且还把村里成年男丁都挟持到工地，强迫他们挖

---

[1] 1939 年日军第一次占领枣强无险可守：1938 年秋，为给日军占据县城造成一定困难，便于抗日军民开展游击战争，根据上级指示精神，以战委会名义动员组织数万群众彻底拆除城墙。

沟、垒墙。碉堡修好后，日伪军经常到前河西村"扫荡"。村民一听到说日伪军来了，就四处躲藏，若是避之不及被抓，就会遭到严刑拷打。

1940年春，日军调用肖张区36个村的民夫，在肖张村西街修建了更坚固的工事，后被八路军攻击，日军抵挡不住逃之夭夭，八路军走后，他们又去而复返，并将据点迁到肖张村南庄，南庄百姓全部被驱逐。同年，日军从索泸河西面向东岸开炮，一颗炮弹落在屈家纸房村东，撞到刘泽坦家门楼上，未爆炸，又弹进刘锡斌家下房西屋。当时，屋中有刘锡斌的妻子、刘泽会的奶奶以及年仅5岁的刘锡豹。炸弹一落地就爆炸了，5岁的刘锡豹被当场炸死，刘泽会的奶奶被炸伤脚。刘锡斌的妻子被炸破肚肠，在送往肖张医院救治的半路上因伤势过重身亡。

同年11月的一天，日伪军包围了东李纸房村，5名区游击队员、五分区锄奸队的2名队员、东李纸房村情报员李纪发、抗日村长李登臣被捕。日伪军用绳子捆住他们的手脚，逐一由几个人抬着，头朝下脚朝上往地上摔。除李登臣当时晕死外，其余8人均被摔死。

日军征调民夫据条，
存于平原枪声纪实展览馆

1941年初夏一天，枣北县大队的十几名干部战士以及枣北公安科部分成员来到东李纸房村开秘密会议。负责站岗放哨的陈姓八路军战士发现日伪军三四十人已经摸到了村口，正偷偷打算进村。时间紧迫，已来不及回村报信，陈姓战士毫不犹豫地朝天开了两枪，枪声在宁静的树丛中格外响亮。日军听到枪声后，马上包围了陈战士所在的沙土岗杏树林，一齐向树林中开枪，陈姓战士腿部不幸中弹后仍以大树为掩体还击日伪军，打尽了最后一发子弹后被捕。日伪军将他绑在大树上，用枪托砸、用皮带抽，严刑拷打，讯问八路的藏身之处。陈姓战士只是大骂日伪军，关于八路军秘密他一个字都不肯泄露。日伪军无计可施，便用日本战刀在陈姓战士脖子上砍了一刀，陈姓战士当场牺牲，遗体被扔到了村西的一眼枯水井内。之后，便在东李纸房村内挨户搜查，但村中的八路军队伍已经撤离到了村东北角大片杏林里，在茂密杏树林的掩护下迅速转移了。日伪军一无所获撤走后，枣北县大队领导组织村民将陈烈士捞上来。人们含着热泪将陈烈士的伤口缝合，装殓起来，运回了现在枣强县马屯镇涧里村陈烈士的故乡安葬。

同年年末，日军在肖张教堂修建更大规模的据点，长期驻扎。此后，驻肖张据点的日伪军对肖张村和周围村庄大肆烧杀淫掠。

家住肖张村城壕的年仅十几岁的张书海，在村南瓜地窝棚看瓜，被日军当活靶子射击，打死在窝棚里；南街李俊旺，在十字街俊青家梢门里玩耍，往外一瞧，就被南庄炮楼上的日军开枪夺去了生命；肖张南街辛双喜、李成广，东庄扛长活的老李都曾被日军打得遍体鳞伤；特别是村长，因遭敲诈交不上钱，被炮楼一伪军班长毒打，无法忍受，被逼无奈跳进大水坑自尽了；日军的炮弹炸毁了村民艾立恩的北房和李成信的西房……

西李纸房村人张恒茂、张西迁、张海顺、张西五在一次为地下党传递情报时被日军逮捕。日军严刑拷打逼问他们八路军、地下党的下落，他们咬紧牙关，坚决不说。残忍的日军就用刺刀把张西五挑进大坑，由于身上有重伤，张西五无法游到岸边，被活活淹死。张恒茂被日军五花大绑，并施加各种酷刑，但张恒茂仍旧一言不发。其间，日军对几人连续严刑拷打好几日，但几人就是咬紧牙关说不知道。后来西李纸房村村长做担保，营救了他们。

1942年9月23日，从德州来的日军在武邑县团村车站下车后直奔肖张一带，在屈家纸房村遭遇驻村八路军队伍，带队军官及士兵共计18人被击毙，余仓皇逃往肖张村据点。翌日（中秋节），驻德州、衡水、枣强日军1000余人向屈家纸房村疯狂反扑，结果扑空，冲进村民家中，将各户的锅碗、瓢盆、瓮罐等生活器具全部砸坏，把村中的绸缎、好衣服和被褥洗劫一空，又将牛、马、骡、猪、羊、鸡等畜禽全部抢走。第三天，凶残的日军又包围了村子，从村东头挨户放火烧房。肖张据点的日伪军逮捕了梁家纸房村的李书印（李中奎的爷爷）和张金堂，断定他们是八路军，被带到屈家纸房村严刑拷问。李书印不但拒不承认自己是八路军，还坚决不服从烧毁民房的命令，被残暴的日军用刺刀捅向腹部，跌入池塘后，又被日军打了两枪，惨死在池塘中。这次"扫荡"，屈家纸村中大部分房子被烧毁，刘、艾两姓的房子几乎被烧光，就连打谷场里的柴草垛、猪窝也都给烧了。

1943年春，东赵庄村刘明河（村民刘金海的爷爷）去赶集回村时，听说日军从村庄北边来"扫荡"，便沿着老官道的道沟往东南方向跑，却中了日伪军的埋伏，被日伪军开枪打死。又有一次，日伪军发动突然袭击，东、西赵庄村民来不及躲避，被包围在村中。日伪军进村后，把所有人赶到两村交界的大坑里，持刀端枪的日军将人群围在中间，另有日伪军牵着半米多高的狼狗在四周把守。村民们惶惶不安，不知日伪军意欲何为，此时走出几个伪军，让村民把手掌亮出来给他们看。原来，日伪军认为，如果是普通村民，那么手掌中一定有厚厚的老茧，如果没有老茧，则一定是八路军。东赵庄村人刘元海本在北京当学徒，那时恰巧回乡探亲，伪军一看他手上没有老茧，再看外貌，长得白嫩细腻，穿戴干净，便认定他是八路军。刘元海随即被押到村民李春齐家，当场杀害。同刘元海一起被杀的，还有其他几位手上没有老茧的附近村民。残暴的日军杀人太多，以至于李春齐家的阴沟里都往外流血，院中更是鲜血满地。刘元海死后，他女儿悲痛万分，用针线把父亲的刀口缝合起来，才算能全尸入殓。

1943年秋，河西村李增福在自家过道里运送谷子，突然听说日军来了，扔下车便跑，但还是晚了一步，被伪军刘某某发现，开枪射杀了他，当时李增福只有24岁。

1943年的一天晚上，日军追击八路军到刘家纸房村东沙河边，让在沙河看瓜的张庆森带路，他故意将日伪军带入水套中，后被日军用刺刀残酷杀害。

其他无法核实具体年份的事件 程杨村作为"抗日堡垒村"，得到了县委、县政府的通令嘉奖。但也引起了日军和汉奸们的极大仇恨。他们多次对程杨村进行"扫荡"，先后烧毁抗日家庭和群众房屋多处，杀害群众5人，殴打群众30余人，抢夺财产不计其数。

刘家纸房村民的积极抗战，遭到日伪军的报复，他们经常来村里"扫荡"。一次，日伪军包围了刘家纸房村，逼着村民张庆有指认谁是八路军、谁家藏着粮食。张庆有坚决不出卖同志和乡亲，遭到日伪军的毒打。

一次，梁纸房村民筹集了谷子220斤、红薯干180斤、玉米120斤，正准备送给八路军，突然有人送信来说，20余名日伪军向村里扑来。为了保住来之不易的粮食，村民们赶紧推来四辆手推车，将粮食推到村西树林子地里藏起来。不久，日伪军就杀进村中。当时，负责为八路军筹集粮食的粮秣员是张付海，在藏好捐给八路军的粮食后，又回到村中组织没来得及转移的群众撤退，却不想在路途中突发疾病去世（张付海后被追认为烈士）。仅这一天，日军就杀死了4名梁纸房村村民，打伤6人，并逮捕了张永九和张金贵。

日伪军严刑拷打张永九和张金贵，问八路军在什么地方，粮食在哪里，两人咬牙坚持，始终没有吐露一个字，日伪军见二人不肯开口，就把他俩捆在板子上灌辣椒水。正当两人被折磨得死去活来时，村东响起了枪声，日伪军立即停止拷问，前去查看情况。原来，当时有一支八路军正在不远处的屈纸房村，听说日伪军进了梁纸房村，为解救群众，八路军同志远距离枪杀了日伪军的哨兵。日伪军也不敢进攻屈家纸房村，而是躲在梁纸房村朝着屈纸房村的八路军开枪射击，双方开始枪战，枪声稀稀拉拉地响了一天。天快黑时，日伪军怕八路军趁着夜色发动更猛烈的攻击，就撤回到肖张据点。但这些人面兽心的家伙在临走时，将梁纸房村的民房全部烧光。

解放战争纪事

抗日战争胜利后，以蒋介石为代表的国民党反动派妄图独占抗战胜利果实，迅速消灭中国共产党和人民革命力量，重新建立起对全国人民的反动统治，疯狂发起内战。

建立区民主政府

抗战胜利后，1946年1月，肖张地区为枣强县第八区，县委结合调整区划对肖张区委班子重新做了人事安排。区政府在县委、县政府的领导下，进一步完善了区级政权，各村普遍建立村公所，区、村垂直领导关系得到加强。区政府设区长、秘书、公安员、民政助理员、财政助理员、文教助理员、统计员、武装部部长等职，实行"供给制"。区长先后为宁奉章、郑一平、姚君实、杨旭久。

各村设办公处，也称村公所，有村长、农委会主任、公安员、武委会主任、民兵队长、粮秣员等职，有固定办公地点，有极少量的粮食补助。

紧急动员参军参战

1945年10月16日至1946年4月6日，国民党反动派向冀南豫北调集五个军零四个整编师，并决定由孙殿英部进攻大名。为了粉碎国民党部队的进攻，冀南作战指挥部发出《关于全区武装建设的指示》，指示各部队充实、健全基干兵团，并以整编或升级现有地方武装为基础，组织新的兵团。

根据上级指示，枣强县紧急动员参军参战，肖张区及各村均成立"参军动员委员会"。经过抗日斗争的锻炼，进一步提高了阶级觉悟的肖张人民，积极响应上级号召，掀起了规模空前的参军参战运动。自1945年9月至1948年3月，全县共开展9次扩军运动。前三次，肖张区参军达800余人。程杨村雇工出身的共产党员闫凤金，年已39岁，唯恐上级不收，剃了光头，刮了胡须，打扮成青年，与全村9名青年一同参军。

积极开展拥军支前工作

为打败国民党猖狂进攻解放全中国，枣强县委、县政府积极开展拥军支前工作，领导全县人民出担架、征军粮、做军鞋、救护伤员，组织民兵协助军队训练战俘以及为出征军属代耕代种，安置荣退军人，各界群众捐粮捐款支援前方。

1947年，豫北反攻作战，枣强县委、县政府责成武委会前后组织两批民工担架队奔赴前线支援作战。肖张区出民兵民工200余人组成一个连，10人一副担架，步行数百里，赶至汤阴附近的报德等村。战斗中，他们冒着枪林弹雨与部队并肩作战，历时2个月，光荣完成彰德（安阳）战役的支前任务。

1949年初，冀南军区后勤司令部部署解放太原战勤任务，征调随军担架、大车、民兵民工。春节刚过，县委、县政府、武装部经过层层发动，组建起一支3000余人的民工担架大军，编为1个团，团以下设4个营，16个连。3个担架营负责运送伤员任务，1个民工营负责修路架桥、搬运物资弹药工作。2月22日（阴历正月十五），全团人员在肖张集合，召开动员大会后出发，徒步到太原。前河西村有李继田、李继周、李智群、张新浩4人参加太原战役支前工作。李继田当时已是4个孩子的父亲，仍然积极报名参加，走在队伍前头。一次战斗中，一颗炮弹正好落在他身边，但幸好是哑弹，捡回来一条命。这次支援太原战役，枣强县有7人献出了生命。

同时，县委及各级领导发动全县群众，对6231户抗日军工烈属发放"代耕证"，确定代耕户，实行代耕代种，并对荣誉军人及复员军政人员进行妥善安置和优抚照顾，使前线的干部战士及在外工作人员解除了后顾之忧。肖张区广大群众自己省吃俭用，踊跃交纳公粮，各村统一征集，集中存放，随时根据需要运送前方，保证前线供给。各村妇救会领导广大妇女，不分昼夜织军布、做军鞋、碾米面，村村纺车响，处处碾磨转。

打击敌特破坏

1946年3月7日，《冀南日报》刊登综合消息，揭露了国民党反动派为挑起内战，派出武装特务竭力破坏解放区民主秩序，到处杀人，制造特务暗杀事件300余起的罪行事实，号召各地人民组织起来，布置岗哨，严加防卫，打击国民党反动派的破坏活动。

枣强县组成县、区指挥部，统一指挥游击队、公安队、民兵自卫队维护社会安定，对全县枪支重新登记、换发枪证，并深入发动群众，建立了村与村、户与户的秘密联络信号，实行联查联防。

为了震慑敌特、保卫和促进大生产运动及各项工作的开展，1946年春，根据县委决定，在肖张大集上公判处决日伪时期原肖张据点日军武石（霸县日军驻屯队长）工作队队长、汉奸冯世林。数千人参加了在肖张村西南大场里召开的公判大会。群众拿着刀子、剪子呼喊，群情激愤。枪决后，仍有数十人挤上前去用脚踹他。

整风肃纪强堡垒

1946年1月，县委结合区划对肖张区委班子重新做了人事安排。3月，区内党组织正式公开，所辖村基本都有党组织。在贯彻《五四指示》过程中，"土地改革"出现"左"倾的倾向，某些村出现"土地改革"不够彻底和党内思想不纯、组织不纯等情况。1948年初，肖张区贯彻落实县委的正确部署，在党内开展批评和自我批评，邀请党外群众参加会议，征求他们对党组织、对党员的意见，对犯错误的党员采取分析的态度，坚持教育挽救的办法。对混入党内的坏人，则坚决清除出党。至1948年5月17日，肖张区整党工作基本结束。通过整党和一系列政治理论学习，纯洁了党的队伍，提高了党员的觉悟，端正了思想作风，密切了党和群众的联系，增强了党组织的战斗力。广大党员、干部的精神面貌焕然一新，快速推动了各项工作顺利进行。

李晓明与《平原枪声》

李晓明的程杨记忆

记忆中的爷爷　1920 年，李晓明出生时，村中有 280 户人家。在李晓明的故乡记忆中，爷爷的形象是极其鲜明的。

爷爷名叫李书皋，号"老清"，是一位普通村民，有治牙疼病的偏方，十里八村的村民若牙痛难忍，都会来程杨村找他医治。爷爷就会拿出药来，让病人放到鼻子前一闻，牙疼立刻止住。爷爷给人看病从来不要钱，他说药本身并不值钱，就是用很普通的药材配置而成。不过，爷爷很注意保守药方的秘密，配药时，从来不在一家药房把药配齐，而是这家两味、那家两味搭配着购买药材。爷爷曾经对李晓明说："等你长大了，就把这药方的秘密告诉你。"只可惜老人家于 1953 年去世时，李晓明远在湖北工作，没来得及得"真传"。

爷爷擅长相骡马，是当地的牲口经纪人，每当肖张大集开集时他总会去。中午，李晓明便会到大集上去找爷爷，爷爷赚到了钱，就会给他买饼卷肉吃，即便没赚到钱，也会给李晓明买上点儿花生解馋。爷爷去世之前，李晓明曾经回程杨村探望过，以那时候的经济条件，只给爷爷买了 100 个鸡蛋。李晓明离开后不久，爷爷便去世了。

"跑匪"　李晓明小的时候，程杨村饱受匪祸，杨胖子、张二福等匪首经常带着一众匪徒为害乡里。李晓明家中有一辆铁轮大车，车上常年装着衣服、被子、粮食，只要一听到有土匪来，一家人就会驾车而逃。有一次，土匪来时李晓明正在程杨村大街上，听闻有土匪，跟着同村人跑到村西去了，家里人找不到他，非常着急，直到李晓明跟着同村人回到家中，家人才放心。还有那么几次，听说土匪又来了，家人便把李晓明抱到车上、围上被子，准备逃走，后来打听土匪根本没来，全家人虚惊一场。

除了土匪，程杨村还出现过一群叫"溜门子"的人，这群人到底从何而来？是什么人？村民们也不得而知，只知道他们有上百人，进村后看见能吃的东西便拿过来吃，但不伤人，也不强抢，或许是逃难的灾民。

童年美食 程杨村中有不少美食给李晓明留下比较深的印象。如村东有一家驴肉店，是一个叫五大牙的人所开；另外有一家店名叫"大个子"的豆腐店，实际上是一个个头低矮的人开的；"省三大爷"是卖牛肉的，五天卖掉一头牛。晚上，西庙的庙台上还有卖兔子肉的。李晓明回忆说，村子里的这些美食天天刺激着他的食欲，可惜家里没钱，实在买不起肉，"省三大爷"炖肉的时候，李晓明会和小伙伴们一起"旁观"，"省三大爷"会把从骨头上剔下来的一小块肉给孩子们尝一尝，也算能解解馋。

村内就读二三事 李晓明5周岁入读程杨村小学的时候，教室是一间坐得下100余人的大房子，是复式教学课堂，各年级都在同一教室上课。低年级主要学习《三字经》《百家姓》《朱子治家格言》，高年级主要学习《论语》《孟子》。教书先生很严格，谁若犯错，便会用戒尺狠狠打手心。有一次，村里"大恩奶奶"的长子李庆云逃课，被大恩奶奶抓住，拖到学校，并且要求老师打他儿子一百板子，老师也不客气，果真就打了李庆云一百板子，把手掌打得跟小馒头似的。李庆云小时候虽然淘气，成年后却是爱国英雄。1939年，他参军入伍，成为一名英勇的八路军战士，后来牺牲在战场。

当时，国民党枣强县教育局每年都会举办观摩会，就是把各村小学的学生们集中起来，参加考试和才艺展示。李晓明所在的学校合唱团在观摩会上表演过大合唱，曲目是《葡萄仙子》。学校的老师非常重视观摩会，因为如果自己的学生能在考试中取得好成绩，次年就会有很多学校争着抢着来"挖"他，别人一年工资 100 元，他可以赚到 120 元。

李晓明考过一个第三名，他的老师非常高兴，还请他吃了一顿"炒肉焖饼"。尽管对这次成绩有一些不满意，老师还是安慰李晓明说："这次的第一名是高小的学生代考的，第二名根本就不是小学生，你实际上应该拿第一名的。"考了第三名的李晓明得到了县教育局的嘉奖，局长给他颁发了奖品——白铜墨盒一个，镇纸一对，毛笔两支，本子七本，字帖一本。回到程杨村之后，老师还带着李晓明和其他学生在村子里的街上绕了一圈，以示夸耀。

春节文艺活动　每逢春节前后，程杨村就会变得格外热闹。村里每个街都有架鼓队，从腊月起，架鼓队就开始表演，一直持续到春节以后。程杨村中还有一位梆子戏老演员，许多周边戏曲爱好者专程来跟他学习，大年初一开始，这位老演员会在村里为乡亲们演戏。老演员有个徒弟叫周庆至，擅长演唱《大登殿》，常常引得村民一片叫好声。春节时，程杨村在外上学和教书的人也回到家乡过年，这些人比较有文化，会给村民表演"文明戏"，导演是李佩文。大年初五以后，各村会进行交流表演，就是一个村请另外一个村的文艺队来到村里与村内的文艺队一起演出。程杨村文艺队接到邀请后，就套上三四辆马车，一车拉武术队，一车拉梆子剧团，还有一车拉执事人（村中头面人物，管事儿的），直接奔向那个发出邀请的村子，到那个村进行文艺交流演出。

回乡探亲二三事　在程杨村小学念到四年级之后，李晓明便离开了程杨村，到肖张抡才学校就读，此后又到简易师范读书。日军侵占枣强后学校停课，李晓明便参加了革命工作，成为枣强地区抗日队伍的主要领导人之一。随着工作越来越繁忙，工作地点离家越来越远，李晓明回程杨村的次数也越来越少。在李晓明的记忆中，有那么几次回乡的经历让他难忘。

第一次是因父亲被捕而赶回程杨村。抗日战争时期，李晓明的父亲李振乾是枣北七区的农会主任。1940年，盘踞在肖张据点的日伪军突袭程杨村，抓走了李振乾。李晓明闻讯后，立刻请假回到了程杨村家中。当时，李晓明刚被从肖张据点日伪军的监牢里放出来。被关押的那段时间，他非但没有暴露自己的身份，反而在监牢中积极活动，交友数十名，组建了"抗日同盟会"。因此，当李晓明回到家了解了情况之后，决定利用自己前一段时间在肖张镇发展的社会关系，将父亲救出来。李晓明找到李宝埼和李宝珍，前者是国民党枣强县警察局局长的护兵，后者是日本宪兵队队长的干儿子，这是他们表面上的身份，实际上二人都是地下党员，李宝埼还曾到军区敌工部受训。李晓明拜托他们二人将父亲营救出来。

第二次回乡之旅，已经是1972年的事了。那时，他已经16年没有回过家。回村之后，他到刘家纸房村看望烈士张永言的家属，并协助张永言后人在其墓地立碑。之后，帮助屈家纸房村老党员屈俊水恢复了党籍。屈俊水是抗日战争时期的老党员，担任过屈家纸房村党支部书记。1948年整党时，屈家纸房村党支部被解散，包括屈俊水在内的五名党员被开除，但具体原因未向屈俊水说明。1972年李晓明回乡时见到了他，已经70余岁的屈俊水老泪纵横地对李晓明说："俺犯了什么错啊？也不给说，俺想党啊！"李晓明找到公社党委，说明了屈俊水当年的入党情况，恢复了屈俊水的党籍。他还帮助烈士李存仁的老母亲修建了房屋。抗战时期，李存仁是县大队的战士，解放战争时期任解放军的排长，牺牲在大别山，他的母亲住在破旧的危房中，李晓明立刻找人翻新房屋。

最令人难忘的是李晓明一天请了36人吃饺子的事情。他回到程杨村后，枣强县政府派人请他到县里去，从县里回来之后，李晓明准备立即返回工作单位，可是家人希望他在家多待几天。李晓明对家人说："那你们就不要怕麻烦，准备迎接客人吧。"果然，村里人听说李晓明回来了，这消息还传到了周边各村，大家都来程杨村看望他。最多的一天，有36个人在程杨村李晓明家里吃饺子。

1984 年，李晓明再次回到程杨村，落实上一次来交代的几件事情。先是去刘家纸房村，看到张永言烈士的墓前立起了石碑（1973 年立）、栽上了松树，清明节时乡镇干部和小学生纷纷去为烈士扫墓；恢复了党籍的屈俊水，成了村里的护林员，还是贫下中农的管校代表，当地小学经常请他去讲革命历史故事；李存仁的老母亲家里住上了新房子，她的另一个儿子勤劳致富，成了万元户，开办了工厂，家里还有两部卡车……

一切都在朝着更好的方向发展，但 36 个人在程杨村李晓明家中吃饺子的往事不会再发生了，因为"熟识我的人都老了，有的没有了"（李晓明语）。

南宫学习走上革命道路

1937 年 7 月 7 日卢沟桥事变，国民党军队节节败退，溃逃的国民党残兵到处扰民，学校也无法正常开课，学生只好放假回家。李晓明回到家乡程杨村后，时常到肖张教堂听收音机播报的国内、国际形势，当听到国民党军队消极抗日时，决定与几位进步青年自费办小报宣传抗日思想。待众人把钱凑齐了，油印机借来了，教堂的英国人却把收音机收起来了，说是怕日本人轰炸教堂，小报"流产"了。于是，李晓明准备当兵报效国家。1938 年 2 月，李晓明来到枣强县城，看到司令如毛的"抗日救国"队伍，一筹莫展，恰遇李姓老师说自己参加的队伍就是抗日的队伍。

李晓明跟随李老师来到报名处，通过考试被录取了，分到二团三营当帮写（相当现在的部队文书）。其实，这个团是由原枣强保安团和二十九军溃兵的一个连拉起的"民军二路"。李晓明在此部队的第一件事是将 100 余人的队伍编造出 400 余人的名册，他还发现士兵晚上到老百姓家去抢东西，之后又因东西分赃不均打架。两件事使他看清了这支队伍的"土匪"本质，失望之余又遇到了自己最尊敬的杜景云老师。杜老师说南宫来了真正抗日的八路军，是共产党领导的红军改编的。李晓明请杜老师介绍他去参加八路军，杜老师要他再联络几个人到自己家，介绍他们去南宫学习。

于是，李晓明以看望同学之名溜出枣强城跑回程杨村。回到家中将此事告知堂兄李衡甫，二人便偷跑去恩察镇杜雅科村杜老师家，杜老师写信让李衡甫和杜老师联系的杜道周先去南宫，联系在八路军"东纵"工作团（冀南区特委）工作的扈惠民，李晓明便回家等候消息。家人得知他要去南宫，便将他看管起来。几天后，李衡甫回到程杨村，带来驻南宫抗日队伍欢迎他们的好消息。李晓明偷跑出家门，与李衡甫又联系了小学校长（名字不详）、教师周寰甫、周耀西和中学生李次钊，未及天亮，就在李衡甫家南院集合出发了。路遇"民军二路"二团的团长王官起恐吓，意志不坚定的小学校长临阵脱逃。于是，李晓明、李衡甫、周寰甫、周耀西、李次钊五人骑车从城北王家庄转向西南李家庄，直奔南宫。经扈惠民介绍，几人来到驻南宫城东街路北南宫中学的"冀南抗日军政学校"，成为枣强第一批到南宫学习的成员。

此时，陈再道任"冀南抗日军政学校"校长，王蕴瑞任教务长，孙一民任指导员。学习内容有党的基础知识，冀南抗日游击战争，党的抗日民族统一战线政策，冀南党的历史及如何尽快恢复建立地方党组织等。学习方法主要是听东进纵队和冀南特委领导专题报告，课后组织小组讨论。其中，李菁玉讲抗日民族统一战线，陈再道讲游击战，马国瑞、刘铁之讲抗日救国的政策和群众运动，刘北斗讲唯物论，王蕴瑞讲游击战争"十六字诀"。从延安来的教员王禄负责教抗日救亡歌曲，曲目有《我们战斗在太行山上》《工农兵联合起来》《黄河大合唱》《毕业歌》《大刀进行曲》等。

学习期间，李晓明等人看到共产党的领导干部无论级别大小都没有"官架子"，官兵一致、亲如兄弟，深知共产党领导的八路军是人民的军队、革命的军队，感受到听从党的指挥的无上光荣与自豪。为期两周的学习结束后，李晓明等人被委派回家乡枣强动员群众，发动群众，组织武装群众开辟抗日根据地。李晓明同几位学员既没带枪也没带兵，两手空空带着党的抗日主张回到了枣强，被分配到肖张镇，回到自己的家乡，组织抗日活动，成立战委会，从此走上了革命的道路。

亲历和领导枣北县敌后抗战

由李晓明担任政治委员的枣北县大队，在残酷的战斗中，遭受了难以想象的损失和牺牲。仅1942年，就遭受了三次毁灭性的打击。1943年"八卅合围"中，枣北县大队遭受了全面抗战八年中最大的一次损失：县大队干部伤亡过半，冀南五分区司令员赵义京、副司令员陈耀元壮烈牺牲。战争年代，李晓明的警卫员共牺牲了5位，牺牲在抗日战争期间的警卫员就有4位。

在抗战的艰苦环境中，李晓明多次遇险。1940年3月，枣北县委在唐家林召开县委会，时任县委委员的李晓明等7人连夜赴会，在小王均村遇敌，李晓明和战士老魏等3人不幸被俘，区委委员、肖张区委书记张永言牺牲。为了威吓李晓明，日军在他面前残忍地杀害了战士老魏，老魏的鲜血流到了李晓明的脚下。日军把军刀架在李晓明的脖子上威胁他，他依然面不改色，英勇不屈。李晓明被俘后没有暴露身份，在监狱中仍然坚持对敌斗争，后被营救出狱。他在日伪军内部做了很多地下工作，在伪"壮丁训练所"里成立了抗日同盟会，安插下了很多内线，这是枣北县敌伪工作的开始。

1952年，李晓明（右二）与战友合影

1942年，在冀南"四二九"反"扫荡"战斗中，为突破日军的"铁壁合围"，李晓明率部在日伪军夹缝中左冲右突，多次与敌遭遇。1942年6月，刚刚担任枣北县委书记，就吃了一个"当头炮"，在东良党村被日军包围，幸亏他机智勇敢，与日军周旋智斗才平安脱险。后在枣北县七区娄家疃，曾经三次遇险。日伪军抓不到李晓明，就在他的家人身上发泄，仅1943年，就把他的家抄了三次，让他的家人无家可归，还把他二弟抓到县城里去严刑拷打。

枣北县大队在李晓明和副大队长刘剑展的正确指挥下，在根据地人民的全力支持下，一次次涅槃重生，由一开始的2个班发展成3个中队700余人。县大队攻据点、端炮楼，在日本投降前，就解放了枣北县全境。枣北县有伪军9个中队1000余人，被枣北县大队整建制消灭的就有6个中队，打死了日军中队长中村，其中刘里仓口歼灭战和杜烟战斗两次战斗就歼灭日军50余人。

以枣北县抗战历史为蓝本，创作《平原枪声》

1955年后，党号召在青少年中进行革命传统教育，李晓明经常应邀到一些学校去讲革命战争故事。每次讲授后，台下的青少年们都会把最心爱、最崇高的红领巾戴在李晓明胸前，希望能经常听到他的革命战争故事。李晓明忽然明白，如果把这些革命故事写出来，会帮助更多青少年。烈士们伟大精神的激发，青少年的企盼，责任心的驱使，使李晓明产生了以亲身经历创作小说的冲动。动笔之前有选择地看了《平原烈火》《新儿女英雄传》《苦菜花》《林海雪原》等革命历史题材小说，这些书给了李晓明很大启发。特别是曾任冀南第五军分区地委书记兼政委的李尔重写的《在德石路上》《翻身自卫队》，对李晓明触动非常大，因为抗战时期李尔重和李晓明是并肩战斗的亲密战友，从而进一步坚定了李晓明创作的决心。

创作刚开始的几个月里，李晓明的脑海变成了一个大舞台，七打肖张据点、景官村伏击战、刘里仓口歼灭战……难忘的战斗场面在他的脑海里一幕幕地反复上演。绰号"小砍刀"的抗日英雄张岚峰、枣强杀日军第一人的李朝宗、人称"七星子"的抗日老英雄张永言……战友们的形象好似放电影般在李晓明眼前一遍遍回放。沉浸在过往战斗回忆中的李晓明经常夜不成寐，坐卧不宁。故事千头万绪，纷乱复杂，不知从何处下笔。慢慢地，李晓明找到了故事的头绪，脑子里有了整体的构思，在这个基础上，列了个提纲和人物表，1956 年夏天开始了小说的创作。

时任中共武汉市委党校党委书记、副校长的李晓明，工作繁忙，只能利用业余时间创作小说。武汉是全国有名的"火炉"城市，溽热难耐，沉浸在创作状态的李晓明不顾一切，艰苦创作，第一篇写的是攻打肖张据点的战斗。这次战斗是李晓明亲自策划和参与指挥的，战斗的细节他都非常了解，一气呵成写就万余字，交给语文老师李昌伦修改。几天后，李昌伦老师说，故事写得很生动，他家的小孩子非常喜欢看，说一看开头就被吸引住了，如果还有类似的战斗故事，希望能继续写。李晓明把亲身经历的十几个抗日故事串联起来，没有做任何艺术加工，写了十几万字，名字叫《一个抗日游击队的故事》。

李晓明每写完一章，就把稿件拿给战友和身边的同事看，广泛征求大家的意见，使李晓明受益最深的是老战友李尔重的意见。李尔重也是冀南抗战的亲历者、指挥者之一，他说："你写的这不是小说，人物刻画得不够生动。写小说要把人写活，要体现出每个人独特的性格特点，不能千人一面。"还举例说："曹雪芹笔下的林黛玉、薛宝钗、王熙凤，都是青年女子，但性格各不相同，即使把她们的名字盖住，也知道哪段话是谁说的，这就叫性格特点；《水浒传》中的李逵、鲁智深都性格鲁莽、勇敢勇猛，但他们也有一些不同点，鲁智深是粗中有细，有勇有谋；李逵是率直真诚，脾气火暴。"

一语惊醒梦中人。李晓明按照李尔重的意见，把故事做了一些艺术加工，使人物形象更加丰满生动，重新改了一稿，约20万字，得到了中国作家协会武汉分会主席于黑丁的首肯，并推荐给了湖北出版社。遗憾的是，稿子不久就被退了回来，李晓明又充实了一些内容，又改了一稿，30余万字，被于黑丁推荐给了上海文艺出版社。不久，稿子又被退了回来。在此期间，李晓明又先后调任中共武汉市委组织部副部长、中共武汉市郊区区委第一书记等职务，工作十分繁忙，但他一直没有放弃对小说的修改。1958年，中国作家协会武汉分会派韩安庆协助李晓明修改稿子。韩安庆比较年轻，写过几个短篇，有一定的创作经验。李晓明和韩安庆一章章地仔细研究修改方案，经过字句斟酌，推敲琢磨，形成了《平原枪声》第四稿。中国作家协会武汉分会专门为《平原枪声》定稿召开了两次座谈会，反复征求与会者的意见，李晓明与韩安庆听取意见后又改写了第五稿、第六稿，送到上海《收获》杂志社发表。由于读者反映很好，北京作家出版社于1959年10月，作为中华人民共和国成立十周年的献礼，出版了长篇小说《平原枪声》，全书共42章39万字。历时三年的艰苦创作，六易其稿的《平原枪声》终于与读者见面了。

《平原枪声》所演绎的革命故事弦歌不绝、历久弥新

小说再版。1978年《平原枪声》修订后，由人民文学出版社再版；2005年，人民文学出版社三版发行。

不同版本连环画，一版再版。1961年12月，天津美术出版社率先出版了《平原枪声》连环画，由毕业于鲁迅艺术学院的著名连环画家傅洪生手绘，全书共分五集：舌战红枪会、郑敬之智斗群魔、杜平巧破铁壁阵、赵振江神枪退敌、

黎明前的战斗。由于绘画精良，故事曲折，这套《平原枪声》连环画出版后深受广大青少年的喜爱，销量很大。2006年后，河北美术出版社、辽宁美术出版社等又出版了很多版本的《平原枪声》连环画，并多次再版，使几代青少年受到红色教育。

1973年，天津人民美术出版社再版的连环画

荧屏上的《平原枪声》。1988年，马志凯把《平原枪声》改编成电视剧本，受到衡水地委相关领导的重视，决定拍成电视剧。1988年9月，电视剧《平原枪声》开机仪式在原衡水地区招待处举行，中共衡水地委副书记解玉琦主持开机仪式并讲话。1989年，电视剧《平原枪声》在中央电视台播出后轰动大江南北，各省市地方台相继播出并多次重播。广东省还为电视剧进行了粤语配音，观众反映良好。2001年，由何群执导的《平原枪声》电影问世，反响热烈，好评如潮。2010年，海润影视又再次把《平原枪声》搬上荧屏，先后在山东影视频道、黑龙江、贵州、湖北、云南、深圳、重庆6家卫视播出，收视率非常高。

其他艺术形式。在民间，《平原枪声》不仅被单田芳改编成评书，还被其他艺术家改编成河南坠子、山东快书等艺术形式。

半个世纪以来，《平原枪声》影响了几代人，其中蕴含的对党忠诚、矢志不渝、宁死不屈的革命斗志，不仅融入人民的血液之中，也成为激励人们建设家乡的精神动力。

李晓明与1988版电视剧《平原枪声》

1988版电视剧《平原枪声》编剧马志凯，出生于1937年，河北省南宫市人，从事文化艺术工作40余年，曾担任枣强县文化馆馆长、河北省河北梆子剧团指导员、河北省图书馆办公室主任、河北省话剧院院长等职务，是中国戏剧家协会会员。经他创作、整理、改编的剧目有现代戏《湖畔渔歌》《母女俩》，传统戏《伐东吴》《法门寺》《感天动地窦娥冤》，电视剧《平原枪声》等。

提起电视剧《平原枪声》的剧本创作，马志凯曾经自豪地说他可以算得上是枣强县阅读小说《平原枪声》的第一人，而且读的还是作者李晓明的手写稿！50年代的一天，时任武汉市委宣传部部长李晓明，带着《平原枪声》手稿回枣强找战友张静征求意见。作为张静文秘的马志凯，负责李晓明的接待事务。来到枣强的第二天，李晓明要去拜访几个老战友，临走前把手稿交给马志凯保管，说："小马，你爱看书，你先看吧！不要转借给别人，别弄坏了！"

小说中鲜活的战斗场景和动人的故事情节，在马志凯心里烙下了深深的痕迹。《野火春风斗古城》《地道战》《地雷战》等文艺作品，描写的都是冀中平原中国共产党地下工作者的生活和斗争故事，描写冀南地区革命历史的却不多。于是，他萌发了将小说《平原枪声》改编，搬上舞台或荧屏的想法。由于工作繁忙，马志凯迟迟没有动笔，直到80年代，被调至省戏剧家协会工作后，才利用业余时间将小说改编成电视连续剧。在改编过程中，马志凯坚持尊重原著，突出冀南根据地的风土人情，宣传党的抗日民族统一战线政策，历时三年五易其稿，终于在1988年将剧本创作完成，并于9月举行了开机仪式。

开机仪式上，李晓明第一个发言。他说马志凯的剧本改得好，删去了一些炮火连天的战斗场面，集中笔墨刻画人物，增强了故事性；将故事发生地肖家镇设为兵家必争之地，提高了战斗的重要性；故事情节从始至终集中在男一号马英和女一号苏建梅身上，突出了人物个性和地方色彩，提高了故事的连贯性和观赏性……

电视剧拍摄的一个多月中，李晓明非常重视，跟马志凯一起在现场指导。在衡水高新区大麻森村拍摄日军屠杀群众的一场戏时，需要100余名群众演员，在村干部的支持下，很快就根据导演要求找齐了群演。那场戏要拍4个镜头：日军放出狼狗撕咬马英的母亲、不满1岁的婴儿被当场摔死、妇救会主任振江媳妇惨死在刺刀下、战委会主任马宝堂被拖在马后折磨致死。这些场景引发了群众演员对当年抗日战争的真实回忆，很多人在现场泣不成声。散场时，一位老大爷还在擦泪，有人说他爷爷就是让鬼子打死的。

李晓明与1988版电视剧《平原枪声》编剧马志凯（左）

李晓明（左）与刘英（右）

在拍摄现场，回忆起当年和日军战斗的场景，李晓明感慨地说："经过中国人民艰苦卓绝的抗战，总算把日本鬼子赶出中国了……中华人民共和国成立啦，老百姓过上了和平幸福的日子，革命者的心愿成真了……"

李晓明还邀请战友刘英、张静一起到枣强、衡水、南宫等地，选取当年和日军战斗过的地方作为拍摄场地，再现了《平原枪声》小说里描写的冀南地区抗日战争的场面。李晓明对拍摄工作特别认真，经常在夜里找马志凯商量剧本的修改意见，拍摄战斗场面时他更是场场必到。他表示，抗战时期，冀南地区打的是"沟壑战"。为尊重历史事实，第二天剧组就组织群众在东李纸房村挖了交通沟，再现当年的历史场景。

平原枪声历史纪实展览馆

建于 2019 年，位于肖张村委会对面，占地面积 70 平方米。"平原枪声历史纪实展览馆"，将文学作品《平原枪声》中的人物原型，以真实原貌展现；历史事件，以真实表述呈现；感人故事，以表述事实出现；战争惨烈，以近乎真实重现。展馆风格以稳重肃穆为主，屋顶为集成吊顶、白色灯池，配合光电效果。展览馆共分三个展室。

第一展室，以图配合视频展示习近平总书记关于抗战的重要讲话摘要、平原枪声历史纪实展览馆简介、《平原枪声》人物原型真实描述。

第二展室，还原县大队作战指挥部场景、抗战武器模型展示，枣北县、枣南县主要参战指挥员文字简介和实物展示。

第三展室，以抗战时期真实文物展示为主，展示各界捐献、各渠道搜集的有历史意义的物件，配以文字说明及捐献物、捐献人信息。

展柜里、展台上，抗日军民用过的"三八大盖"枪、大刀、红缨枪、梭镖、手榴弹、土炮、地雷，还有当年的红色传单、宣传册、标语以及支前用的小推车、独轮车等实物，无不使人感受到抗日战争年代的艰苦卓绝、领略到人民战争的强大威力。

2021年，肖张镇投资择地新建展览馆。至2023年3月，展馆主体框架已成，装修布展中。

平原枪声纪实展览馆图文展示

枣北县大队作战指挥部场景　　　　　　　抗战武器模型

实物展示柜

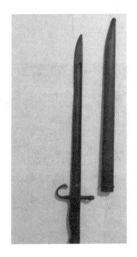

各界捐献的部分实物

风物篇

古迹寻踪

古墩堡

明嘉靖版《冀州志》载，嘉靖二十一年（1542 年），建肖张堡。清康熙版《枣强县志》载，"肖张堡方圆七百三十步，高一丈五尺，基阔两步、顶阔一步"。

据清嘉庆版《枣强县志》载，由县城向西北至衡水县大道，镇境有河西墩（狼烟墩，今前河西）、肖张堡：河西墩，土质，高约 10 米，底部周长约 60 米，70 年代修衡大路用土，铲走一部分，不久后村内修路，狼烟墩被彻底铲平；肖张堡现存城墙印迹，留有"城壕""马号"等地名。由县城向北至武邑县大道，镇境有赵庄墩。

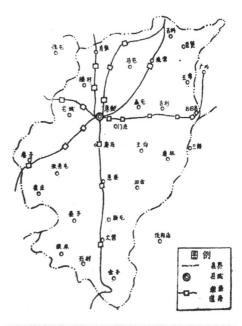

清嘉庆八年，枣强县墩堡道路示意图

墩堡设置的作用是"阻遏大道之不靖者"，均设于路旁，相当于关隘、哨卡。

古井

肖张村古井 60 年代前，肖张地区饮水靠砖井，有的井是苦水，有的井含氟量高。肖张村四街的村口外面，都有一口水井，供附近的百姓饮用。除西街口外的井水稍微有点苦，其他几口井的水质相当好。相较而言，最好的一口

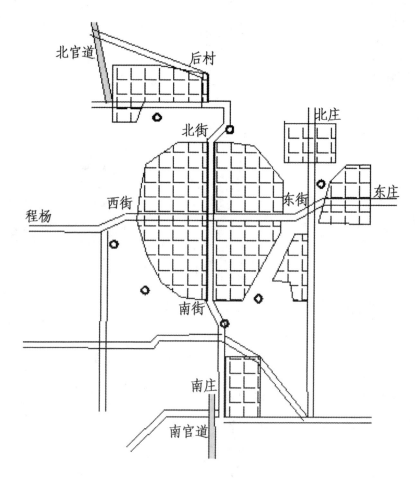

四五十年代肖张村水井位图

甜水井位于南街西南马号坑中。肖张、程杨的豆腐作坊选用该井的水来点豆腐，口感幽香，十里八庄豆腐飘香。究其原因，这口井建在老城墙边上的池塘中，位置比较低，水位比较深，避开了咸水层。

东街与北庄之间的水井有个古老的传说。相传，北庄有一只巨龟卧在村庄的东北角东侧的一口水井旁，不知何年何月，饮用这口井水的人群中出现失明的人，迷信的人认为是因为巨龟只有一只眼睛的缘故，必须再打一口井，使巨龟双眼齐明，才能辟邪。于是，人们在路西相对位置又打井一口，出现十步之间有两口水井的奇异现象。后因砖井水位普遍下降甚至干涸，肖张境域开始打深机井，古井废弃。

屈家纸房村古井　沿屈家纸房村西老土路自奶奶庙再向西行约 25 米，有一口古井，曾是村民饮用水水源。随着自来水入户，古井废弃。

古桥

屈家纸房村太平桥　清代，屈家纸房村被一条东西向的水渠分成南北两部分。光绪年间，村内"老秀才"屈锦云经多方筹措资金建造了一座石拱桥，名"太平桥"，连通村域南北。村民为纪念屈锦云的功绩，曾在桥头立石碑 1 座，

屈家纸房村西奶奶庙旁古井

太平桥址现状（2021 年摄）

后石碑不知去向。2021 年年末，"太平桥"处已被填平为南北向的道路，旧址若无向导指认，很难发现其旧迹。

名木

肖张村古树 老肖张南街口的庙后曾有一株老槐树，人们称为"千年槐"，年限无记载。树直径 1.5 米，树干高 5 米，树底有很大的空洞，孩童能钻到树洞里藏身玩耍，夏季村民常在树下乘凉。古树正对街面，如同卫士矗立在街口守卫着村庄。1940 年前后，此树被日军撞倒。现存古槐比老古槐略小一些。

肖张村古槐树

东李纸房村古杏树

肖张北街口外的老井旁边，有一株非常粗壮、高大的柳树，从北面进枣强县界的人，在七八里地之外，第一眼所能看到的就是这株柳树的伟岸身姿。不确知该树种于何年何月，也不知何人栽种，但它那随风摇曳的高大身姿永远牢记在人们心中。

肖张小学院内有一株栽种于 1966 年直径超过 1.3 米的梧桐树，树冠直径25 米，树荫面积超过 400 平方米。在全省小学校园中，共有 4 株直径超过 1米的梧桐树，肖张小学梧桐树位列第一。

东李纸房村英雄树　东李纸房村千亩杏林中，有一株 200 年树龄的古杏树，曾因在抗日战争中救过八路军指战员的性命，而被称作"英雄树"。

碑刻

肖张镇建修学舍记碑

【简介】

此碑立于1924年，碑长53厘米，宽38厘米，厚14厘米。15行，满行11字，楷书。

肖张建修学舍记碑

清同治初年（1862年），肖张村李姓家族十四世李莲海发起，在肖张东街外东场建起肖张镇初级小学校，招收肖张村子弟，沿用到民国初期，在东街外关帝庙内成立小学校。1923年水淹房倒，1924年肖张村绅士辛斌亭发起，辛德纯、李银海、李增寿等8户募捐，在南街路西建小学校，招收肖张村民子弟。

【碑文】

吾镇初小学校成立十□□年。学舍纯系借用，深恐难计久远，予有鉴于此，遂邀四街酋事议修学舍，询谋□□□东街有关帝庙地址，宽阔□□，宜建筑。于是按亩派敛京钱二千四百余串，起筑此房□间，而学舍以备，是房系四街公地，系东街捐助，永属四街公产，不分□域。此诚□之亭望也，是为记。

前清廪膳生奖给六品衔 李莲海

直隶第一师范学校毕业 李宗祺

中华民国十三年冬月

基督教伦敦会肖张教区殉道者纪念碑

【简介】

此碑立于清光绪三十年（1904年），16行，满行27字，楷书。四周是梅兰竹菊。此碑图片存于英国伦敦大学亚非学院伦敦会档案馆，由刘福升提供。

晚清，英国派大量传教士进入中国，以医病等手段发展教徒，并依靠教派势力，使教徒获得种种特权。他们刺探各种情报为列强服务。这些特权引起清朝廷和百姓的不满。枣强县张家屯村人王庆一联络威县、山东等地义和团，在清朝廷的利用下，起事攻打肖张教堂。事后却以枣强全县人，特别是肖张人赔地赔银为结局。此碑为纪念当时冲突遇难的教徒所立。

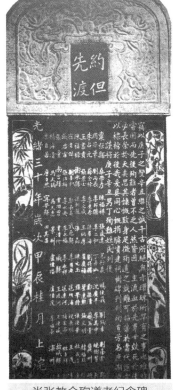

肖张教会殉道者纪念碑

【碑文】

（碑额）约旦

（碑文）窃以庚子变，辛丑继之，诚千古所绝无，亦环球所罕有之事也。维时□□尝，因而先后殉难者曾不乏人，然皆因□主流血于先，群甘效死于后，□□必长荣于天矣。思其慷慨致身，足征殉道之诚，虽可昭著于当代，讵肯□□以标榜于后哉？爰具同心，慨捐资，建祠树碑，刊列殉道芳名，庶期垂□。

仅将庚子辛丑男丁殉道姓氏列后

枣强县	桑学彦	陈福祥	张盛远	包行义	杨后峨	刘锡章	刘荫堂
郑世□	周宗华	刘丙辰	李邦杰	李二和	丁存山	沈广平	李万中	姚树馨
郭德□	朱占元	苏金榜	李庆春	孙群海	刘得胜	郑振清	苏玉堂	冀　州
赵登□	王书跪	张景士	李元成	王炳厚	翟庆福	翟连勋	张文明	韩福致

殷典□	陈福禄	衡水县	孙朝龙	孙 森	陈元玉	张学诗	张德谱	杜占治
康宝□	齐贵杰	刘喜和	张长春	武邑县	李有起	寇熙海	祝长明	王 茂
李凤□	张君甫	张汝梅	李永安	李永福	李永祥	寇连河	梅农亭	杜吉祥
郭 □	张 童	南宫县	贾连增	贾清价	威 县	王廷河	王德盛	故城县
李振□	杨海清	马天赐	马天惠	景 州	卢怀福	卢怀茂	李福长	深 州
程立□	唐自若	唐自然	宁晋县	田其昌				

光绪三十年岁次甲辰桂月上浣

程杨占庵臧公墓碑

【简介】

此碑位于程杨村，立于清同治年间，历经风雨、动荡，碑毁。2014年，臧公后代依残存原文复刻重立。

菴（庵）臧公墓碑（2013年3月摄）

【碑文】

（碑阳）皇清旌表庐墓孝子占菴（庵）臧公墓碑

（碑阴）盖闻小孝□□□□□营人孝不匮善乎？臧公占（庵）孺慕之诚终身无间，洵所谓大孝不匮者□。公世居程阳村，□廷魁，字占菴（庵），号慕卢（庐），庆周公仲子也。幼业儒，长服贾，即以孝闻。同治三年，母杜孺人卒，哀毁逾恒。葵毕卧雪。子墓于人，怜之为结卢（庐）。自是饮食必献，出入必告。书（昼）则躬耕墓旁，夜则虔诣墓前。跪诵孝经，因悟是书最足养性情、移风俗。遂俭衣食之赀（资）刻送赍（万）部。三年后，村人劝其归里。公曰：子贡筑室于场，独自居三年；贤孝尊师，且然况亲□（贤孝尊师且然，况亲□），吾终身不忍归也。迄今三十年如一日。又尝讲圣谕以训世，施医药以活人，所谓亲亲而仁民，仁民而爱□（物）者。公旌于朝奉旨准其建坊入祠，复将墓卢（庐）记孝□歌，详载邑乘。醇亲王赐匾曰：孝思维则；李中堂赐匾曰：孝思□（不）匮；儒学张公郝公赐匾曰：天性过人；儒学王公赐匾曰：孝道通神。蒙朝廷之旌表，广典持邀，荷官府之褒扬，佳□迭赠苟无非常之德何以有不朽之名哉！爰拜手稽首而为之颂曰：事死如生，事亡如存；德几贤圣，孝感乾坤。又为之赞曰：性情之笃，岁月之长；如公纯德，百世馨香。

同里廪膳生子婿　李笔华　顿首拜撰文

同邑增广生如侄　李莲海　顿首拜书丹

胞侄附子生　顿首百拜篆额

注：原碑已毁，今碑为 2014 年重立。错误应改尽改，括注内容疑为原文，但个别之处或有出入。不当之处，敬请方家指正。

附：臧孝子廷魁慕庐记 同治十年（1871 年）

本文摘自清同治十二年《枣强县志补正》，系对臧公事迹的补充说明。

臧廷魁，字占庵，生于嘉庆二十年（1815 年）。

撰文者：方宗诚（1818—1888 年）清代学者，桐城派后期名家之一。字存之，号柏堂，安徽桐城人。官枣强知县，论学宗程、朱，建正谊讲舍、敬义书院，集诸生会讲，从游甚众，有《柏堂全集》《志学录》等。方宗诚知枣强县十年，办乡塾，兴书院，整顿祀典，刻印当地前贤遗著，编修地方志，兴办义仓，储粮备荒。每遇灾害，及时勘察灾情，兼及邻县受灾情况，如实上报，不避忌嫌。多次请求李鸿章奏免全国钱粮积欠。虽为政一县，谋虑所言皆宏远大计，事关全局，李鸿章多采纳施行。

原文：古者孝子

古者孝子之于其亲，生则致爱致敬，竭力以尽奉养之诚。没则事死如生，事亡如存，善继善述，而不忍一日违亲之志事。故孟子曰："大孝终身慕父母，非谓终父母之身，终其身焉尔。"同治十年，予来知枣强，侧闻有臧廷魁者，兄弟四人具敦孝友之行，而廷魁尤醇笃。亲没已庐墓八年矣，乡里啧啧称孝焉。又闻其父生平喜施药济人，廷魁苦身节用以承其志。其母生前乐闻读书声，廷魁日耕墓旁，饮食必献，出入必告，夜则浣漱整衣巾，跪诵《孝经》墓前，以慰其亲之灵。久之，喟然曰："是书最足养人性情，惜乎今塾师罕以之教弟子也。"于是积躬耕所入，寄京师刻印万本，遍散冀州五邑村塾蒙士，又往往于农暇与村人讲诵《孝经》，以故其村中少鼠牙雀角之争。予甚惊异其人，因访诸墓旁草舍，与之语，信不诬也。夫庐墓非古也。孔子曰："葬之以礼。"又曰："卜其宅兆而安厝之。"礼固无有以庐墓为孝者。然孔子没，子贡筑室于场三年。贤者之于其师且然，则孝子不忍违亲体魄之藏不亦宜乎。圣王制礼，但示以中人之所能行，而不强人以难能之事。然有能行人之所不能行者，固亦圣人之所许也。廷魁能继其亲好善之心，久而不衰，又能推广孝思，其志量尤不可及。予观其所居草舍，仅足避风雨，衣履粗恶，仅足以蔽其身，读书仅能分析章句，非多学博闻深识义理之学者也。而能约其身以及于人，如此非其一念慕父母之诚，扩而充之有如是乎？予即为之吁大府请旌于朝，又题其庐曰"慕庐"而为之记，非廷魁之志，所以风邑人也。廷魁字占庵，今年五十有七，岁同治十年秋。

张永言烈士墓及墓碑

【简介】

张永言烈士墓，修建于1940年，位于刘纸房村东南。其墓区分布面积30平方米，已列入河北省第三次全国文物普查衡水市不可移动文物点，类别为近现代重要史迹及代表性建筑。

　　1973年，建革命先烈张永言同志纪念碑于墓之西侧。墓碑高110厘米，宽90厘米。碑阳正文楷书，3行。碑阴正文楷书，14行，满行57字。墓前砖砌碑亭，占地8平方米，墓碑距墓葬4米。

　　【碑文】

　　（碑阳）

　　革命先烈张永言同志纪念碑

　　一九七三年四月五日清明节

　　中国共产党枣强县肖张公社委员会刘纸房

大队支部敬立

　　（碑阴）

　　张永言同志小传

　　张永言同志（绰号"七星子"），河北省枣强县肖张公社刘纸房村人。出身贫农，为生活所迫，而四处流浪，受尽军阀官僚地主恶霸残酷的政治压迫及经济剥削，很早即向往革命。

张永言烈士墓碑

　　"七七事变"后，日寇大举进犯华北，亡国惨祸迫在眉睫。永言同志积极地响应毛主席和党中央抗日救国的号召，于一九三八年春，毅然参加了中国共产党领导的民族解放运动。同年加入中国共产党，历任肖张区农会主席、中共肖张区委书记、中共枣强县委委员、枣强县参议会常务委员。他是肖张区党的创始人之一，为党的建设做出了卓越贡献。永言同志是我党的优秀党员，他有高度的阶级觉悟，并有共产主义必实现的坚强信念和远大理想。在艰苦紧张的战斗环境里，他为寻求革命真理，抓紧时间，刻苦读马列和毛泽东著作，深入群众，宣传我党抗日政策，唤醒大家齐心杀敌，经常率领游击小组，袭击日寇和国民党匪军，铲除汉奸，永远站在对敌斗争最前线，特别是在日蒋勾结疯狂扫荡，实行灭绝人性的"三光政策"，妄图摧毁我农村抗日根据地时，永言甘冒倾家荡产、家破人亡的危险，以自己家庭为抗日政府区游击队修枪所及过往革命同志食宿和通信联络处所。永言同志为解除人民疾苦，保障同志们安全，维护革命利益，捍卫毛主席的革命路线，始终是朝气蓬勃，永不疲倦，敢于赴汤蹈火，勇往直前。

一九四〇年三月二十四日晚，永言同志带病去枣强城东南唐家林参加县委会议，次日拂晓，行经王均，被日寇骑兵及伪军自行车队四百余名匪徒包围。永言同志，因寡不敌众，在战斗中壮烈殉国，终年五十二岁。

永言同志对党、对人民赤胆忠心，为中国人民的解放及共产主义事业流尽了最后一滴血。当前，我们社会主义祖国日趋繁荣昌盛，人民生活日益美满幸福。抚今思昔，我们绝不应当忘记过去，一定要发扬革命传统，继承先烈们的遗志，完成其未竟之业。让我们高举起他们的旗帜，踏着他们的血迹，奋勇前进。

李晓明墓碑

【简介】

李晓明墓碑

位于武汉九峰革命烈士陵园，立于2007年。

【碑文】

（碑额）

为党为国为民鞠躬尽瘁

作人作文作官堪称典范

（碑文）

李晓明，河北枣强县人。一九三八年二月参加革命，同年三月加入中国共产党。历任冀南五地委书记兼青年营营长、中共区县委书记、青年救国会主任。解放战争中在大别山地区历任县委书记、地委秘书长。解放后先后任中共武汉市委党校副校长书记、中共武汉市委组织部宣传部副部长、武昌区区委书记。中南局农委办公室主任、湖北省文化局局长、中共中央宣传部文化艺术局局长、湖北省委宣传部副部长。著有《平原枪声》《破晓记》《追穷寇》等多篇文学作品和理论书籍。其中，《平原枪声》被定为红色经典。在长达七十年的革命生涯中，由一名青年学生成长为坚定的共产主义战士和优秀的领导干部，为党和人民的事业贡献了毕生的精力。二〇〇七年十二月二十三日病逝，享年八十八岁。

李衡甫、李芳岚夫妇墓碑

【碑文】

（碑阳）

先父母李衡甫、李芳岚大人之墓

子李乃勤、乃廉、乃清、乃昌、乃毅、乃智、乃勇，孙李孝秋、李峰、李岩、李烨、伯雄敬立

公元二〇一一年五月重立

（碑阴）

先父生于一九一五年十月，枣强县程杨村人。一九三八年一月参加革命，同期加入中国共产党。历任枣南县

李衡甫、李芳岚夫妇墓碑文

县长、恩县县长、衡水专署副专员、河北省林业厅厅长、承德地委副书记、邢台地委书记、省政府农业委员会副主任。一九九〇年十一月二十二日病逝，享年七十五岁。先父身出寒门，志存高远。浴血报国，驱寇抗战。甘为公仆，笃守信念。造福百姓，绿化山川。淡泊名利，德正清廉。秉持风骨，耿介直言。

布衣为本，乡情魂牵。长眠故土，含笑九泉。

先母生于一九一四年二月，枣强县李武庄村人。一九三八年三月参加革命，同年八月加入中国共产党。历任枣强县妇救会主任、恩县政府一区区长、省妇联干部学校副校长、天津轻工业学院组织部部长、承德市委组织部副部长。一九八八年十月七日病逝，享年七十五岁。先母不恋富贵，心系国难，发动妇救，奔走支前。公道廉明，荐能举贤。慈良仁厚，与人为善。嘉言懿行，大家风范。相夫教子，恭俭和谦。辛勤一生，始得安闲。归根乡里，笑卧家园。

翠柏苍苍，碧水泱泱。父母功德，世代流芳。传承遗志，光大弘扬。铭记于斯，喻嗣不忘！

程杨村臧氏先祖之墓

程杨臧氏先祖墓碑

【碑文】

（碑额）

千古流芳

（碑阳）

臧氏先祖之墓

二〇一二年十月初一立

（碑阴）

臧氏家族约于公元一七〇〇年由先祖臧文善从枣强县大雨林召村迁至程杨村定居。此墓地共八代，因历史久远，墓位不详。

庙宇

河西店村关帝庙　河西店村中曾有一座关爷庙，庙内挂满神像。庙外有一座碑，碑座是一尊雕刻的石龟，长约 1.3 米，宽约 1 米，比一张方桌还大。并配有雕刻的石龙，非常形象。50 年代末被砸毁。庙的左前方有 3 间土房，称为茶棚，春冬两闲的时候，村民常来这里品茶、聊天。

河西店村奶奶庙　河西店村东原有 3 间土坯房，被称为"奶奶庙"，始建时间不详。上了年纪的人，逢年过节就去那里祈祷，以求一家老小平安。李晓明《平原枪声》中提到的奶奶庙，正是河西店村的奶奶庙。该庙在 1963 年被大水冲毁。

屈家纸房村奶奶庙和土地庙　建村伊始，村西高坡上建有奶奶庙一座、土地庙一座，具体形制不详，但 70 年代末期时，都还是一座很小的神龛，后曾翻修为稍大些的小屋。2021 年，奶奶庙翻建，有院落 1 处，房舍 1 间，占地面积约 200 平方米。

屈家纸房村西奶奶庙

奶奶庙门前的铜鼎

西李纸房村泰山奶奶庙 西李纸房村东曾有泰山奶奶庙一座。据现存残碑记载，为大明崇祯六年（公元 1633 年）建造。据村中长者回忆，此庙占地约600 平方米，有正殿 5 间，东、西配殿各 1 间。后因年久失修，于 1946 年前后倒塌，至 1950 年前后已无地上建筑物。现石碑的碑身、碑首、碑座散落在原址附近。

西李纸房村泰山奶奶庙旧址（2022 年摄）

西李纸房村东奶奶庙附近散落的石碑

西李纸房村真武庙和担子台　西李纸房村泰山奶奶庙西南约 80 米，现张世贞房东侧约 20 米处有真武庙一座，又叫真武台，供奉真武大帝。建成年代不详，但比泰山奶奶庙建成时间晚，现已无地上建筑物。据说，彼时村东年轻人经常闹事，修建真武庙以震慑胡作非为之人。村东分别去往东李纸房村和梁纸房村的三岔路口有担子台一座，据说为改变风水，依势而建。

西李纸房村真武庙旧址（2022 年摄）

西李纸房村担子台（2022 年摄）

村西十王府遗址附近残留的佛像（无头）

肖张村庙宇 50 年代初，肖张村内有大小庙宇近 20 处，南街口有佛爷庙、西街口有关爷庙、北街口有真武庙、东街口也有关爷庙、后村西口有九王庙，供有灶王、财神、天地、关帝、南海观音等。

肖张村十王府 为纪念张耳大将军，在村西北建造了十王府，具体年代不详。十王府坐落在北官道正南、老虎岗子以东、卧龙地。因地基较低，地面垫高 3 米有余。院落宽 50 米，长 100 米。坐北朝南瓦房 3 间，房高 5 米，飞檐斗拱，前面有两个大红柱子，朱红大门。

内壁画有诸神，中间是张耳大将军神像。十王府内正房前有两排石碑，碑文记载着张耳功绩。现碑石无存，附近有无头佛像一尊。

教堂

肖张教区 肖张教区隶属于基督教"伦敦会"教派。清嘉庆十三年（1808 年），英国传教士马礼逊受伦敦宣教会派遣，搭乘美国商船在澳门登陆，潜入广州，成为第一个来华暗中传授基督教的外国传教士。伴随着第二次鸦片战争的结束、天津开埠，外国传教士被允许进入内地传教、置地建堂。咸丰十一年（1861 年），伦敦会传教士艾约瑟与雒魏林率先到天津。此后，传教士理一视、贝赛臣、赫立德、王山达等相继到天津，形成了伦敦会华北区的传教队伍。他们以天津为据点，通过教育和医疗手段向华北地区扩展，逐渐形成了天津、北京、肖张、沧州4个教区。

清同治元年（1862年），由在天津入教的衡水人张金生、冀州人张永清带领，传教士理一视到冀州东乡岳家庄（肖张西约4千米处）旅行布道。之后，理一视、王山达、贝赉臣经常往返于天津、肖张两地进行传教活动，但入教者甚少，教会活动并不活跃。直到光绪四年（1878年）华北大旱，理一视与张金生等借机到肖张放赈传教，使信徒人数大增，一时名声远扬，遂在肖张村东路南购置房屋，建立了教会，但当时并无外国传教士常驻，只有当地中国籍传道人负责教务。另，1931年《枣强县志料》卷八《外侨》目载：清光绪二年（1876年），基督教传教士在直隶（河北）创设了四个传教区，肖张传教区即其中之一，它管辖着分布在枣强、冀县、衡水、景县、故城、南宫、清河、馆陶、新河等县的140个分教堂。

光绪十四年（1888年），英国传教士瑞恩义与医生梅发林常驻肖张村。两家人（4个成人及3个孩子）相处甚佳、志同道合，共同居住在一个院落里。他们将窗棂糊上纸，将马厩改造成临时礼拜堂，腾出房间作为诊所，梅发林开始了医疗工作，不久发展了约30名教徒。后来理一视、贝赉臣、瑞恩义3人同往冀州一带调查，选定衡水县城作为建立教会的中心，因遭官绅反对，遂于光绪十六年（1890年）在肖张购地数十亩，建成一座教堂及附属医院。是年肖张教区年报中显示，对教务进展充满希望。其间瑞恩义与梅发林多次到附近的衡水、冀县、故城、武邑等县旅行传教、行医救人，散发经书，借以收拢信徒。

光绪二十二年（1896年）秋，英国传教医生潘尔德夫妇第一次来华直奔肖张，以替代休假临时回国的梅发林工作。光绪二十四年（1898年），肖张教区建成了一座有近500个座位的教堂并设小学。是年秋，又迎来米奇夫人与女儿海瑞小姐及一名女员工，教区的传教队伍得以加强。1900年前，肖张教区已发展到拥有11处教会、数百名教徒的规模。

1899年5月23日，县令凌道增（中间穿官服者）来教堂了解情况

1899年5月，肖张教堂武装教徒进行护堂训练，以抵御义和团的进攻

  1899年，义和团兴起，肖张村坛主刘庆龙与张家屯坛主王庆一响应山东冠县义和团首领赵三多的号召，率领团众二三百人攻打肖张村教堂，杀3名教徒后放火烧毁教堂，瑞恩义、梅发林见势不妙逃往南京。

  1902年，根据《辛丑条约》，枣强县赔总教堂银两后，伦敦会在肖张村西南角圈地300余亩重建教区，新建教区包括教堂、学校和医院三部分，由英国总教会每年提供2万～3万银圆作为经费，学校和医院经营所得亦作经费。

1941 年日军占领枣强，教会英籍人士弃所归国后，肖张教堂被日军占为据点，在教区建起炮楼。1945 年抗日战争胜利后，日军撤走时将教区内建筑损毁。50 年代初，破败的建筑不敷所用，散落的砖瓦被移做他用。60 年代中后期，因建筑久无修复且无人管理，政府组织村民将其拆除，所用物料登记在册，以备查用。

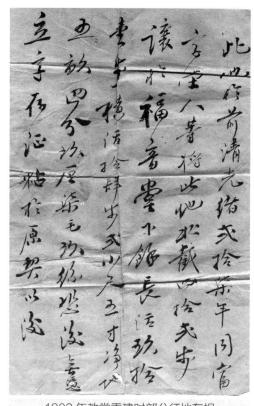

1902 年教堂重建时部分征地存根

肖张教区主要从事"教""学""医"三项事务。

"教" 即传教，吸收教徒。有英国传教士 4 人，分别是蓝牧师、金牧师、银牧师、钢牧师（均为译音）。为扩大宣传，教会吸收了中国人为牧师，每人每月工资 20 银圆。

"学" 附设学校，名"抡才学校"，分男校、女校。1929 年后，任道真任校长。学校北门口"中外一家"匾为慈禧所赐。

"医" 附设医院一所，有病床百余张，以西医、西药为患者治疗疾病，分内科、外科等科，设备齐全，周边县很多人前来就诊。英国大夫有潘、赖、边、李、郭、梅、葛（都是中文译音）等人，还有中国医生和助手。中国医生（大学毕业）月工资 60 银圆，助手月工资 25 银圆。抗战期间，肖张教会医院医务工作者也曾为抗日军民做出贡献。五地委书记王青来的肺病、抗日民族先锋队队长（后任故城县长）石大洲的糖尿病，都曾到肖张教会医院治疗过。

英国传教士全家居肖张教堂照片（刘福升提供）

（1905 年，Liddell 一家与 Mrs.Rees 及其两个女儿在肖张教堂。前面五人左起：李爱锐母亲玛丽·利德尔、李爱锐（爱瑞克·利德尔）、其兄罗伯特·利德尔、其妹珍妮·利德尔、其父詹姆斯·利德尔；后面三人：里兹夫人及其两个女儿。）

教堂形制　肖张教堂又称"福音堂"，属耶稣教堂。堂址初在肖张村东，有瓦房三间。重建后改在肖张村西南，规模扩大，占地六七十亩（一说 300 余亩）。整个教堂呈方形，四周有土围墙，高丈余，宽一丈，墙上可行驶马车。围墙外是护堂河，深丈余，岸边多植杨柳。有千余株之多，其中胸径 1 米的就有 500 多株。围墙内建筑分为南、北两组：北面一组，正中是北会堂，内有小礼拜堂一座，房 50 间，供外地人来此受教、传教、礼拜和办理公务时居住，会堂外还有房舍 10 余间，供外地来人家属居住。北会堂左侧是办公区，房屋 8 间，自成院落。其左前方是 30 余间学道房。办公院左边是"抢才女校"，有校舍 50 余间，并附有操场。北会堂右侧是"布道团"用房，有 10 余间。

"布道团"右边是"抢才男校"，有校舍50余间，校前有操场。南面一组是东西并列的5座二层楼房，全供英国人居住。每座楼房占地150平方米，各有30个房间，楼前还各有花园一处。每处占地一亩以上。

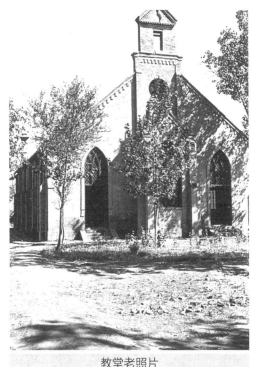

教堂老照片

教堂有南、北二门，各有门楼、门洞和门房（每门2间），北门上有钟楼一座，内悬25公斤重铜钟一口，每日早八点半、午十二点、晚九点准时鸣钟，声传十余里。北门内左侧有优质水井一眼，深达百米，手压机取水。北门外设有旅店、马号。南门外迎面是南会堂，内有礼拜堂一处，占地1500平方米，可容千余人，是教徒传教、礼拜之所。南会堂左边是女医院，右边是男医院，两院共有房屋70余间，病床百余张。医院外也设有旅馆、马号，有房屋数十间。另外，南门外右侧有印刷所一处，房八间。石印、铅印设备均有，中、英文字皆可处理。整个教堂除两个礼拜堂外，共有房屋500余间，式样为英式。除5座楼外、大多为砖木结构的平房或瓦房，配以混凝土、马口铁等料，吊顶刻花。楼内房间地板为木板铺砌，并涂以红漆。

另，围墙外西南角是占地15亩的松树林，松林南为公共墓地，墓地以东是试验田，再往东即女医院南面、南会堂西侧是篮球、足球和网球场。南会堂东侧是一个池塘。

抢才学校 是肖张教区附属教会学校。1900年以前，主要以教育信徒子女为主，之后扩大到教会内外社会各阶层。辛亥革命后，建"抢才中学"，并

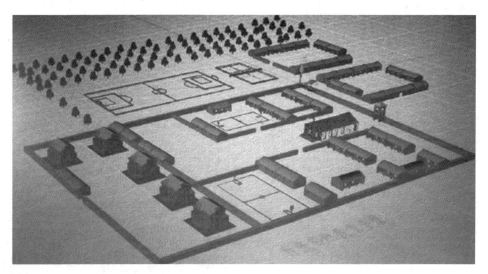

肖张教堂立体示意图

设有图书室，教育的内容包括宗教、英语、中文、科学、历史、地理、物理、化学、图画、手工、家政、园艺、音乐、体育等。女生必修家政和缝纫，以园艺为选修。历史、地理、图画、家政、音乐、体育等学科使用英语教学。

1929年前后，抡才男女两校有男女生共7个班，204名学生。中学生的年龄差别很大，从14岁到22岁，有近40%的中学生来自基督徒家庭，学生的家庭出身涵盖官、士、商、工匠、农民，来自士、商两阶层的学生较多。学生来自教区的14个县甚至更远。中外教师的比例在2:1至3:1。中国教师中，基督徒和非基督徒的比例是3:1。学生毕业后，择优由教会资助送往高等师范学校、医学院定向培养，如燕京大学、北京协和医学院等，以作教会后续师资和医生。

1929年，在收回教育权的爱国运动中，肖张教会抡才中小学合并易名为"育德学校"，在县府备案，任道真成为第一任中国籍校长，副校长为英国传教士柏志瑞。

在任道真主持校务期间，师生勤奋共勉，学生们学习成绩节节高升，每年

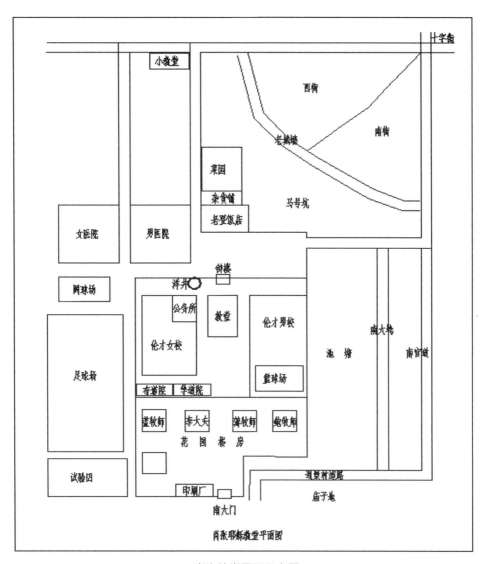

肖张教堂平面示意图

全县统一考试或者其他比赛，不论内场、外场，该校总是第一名，因此声誉远播。入学者不仅是枣强县学生，冀、鲁两省邻近的14个县中先后都有学生进校就读。

抡才学校办学宗旨主要是文化侵略，但在党的影响下，却成了培养各类人才的摇篮。如，李耆诰抡才学校毕业后，考入泊镇省立师范，是衡水中学创始人之一。无论是学生时代还是几十年的从教生涯，他对足球的热爱之心和精湛的球艺，吸引了大批的爱好者。张仁伏抢才学校毕业后，入天津第一师范学校，一生从教，任枣强中学体育教师，是著名的篮球教练，曾经执掌河北省篮球队。

此外，50年代初考入北京、天津等地名牌大学的青年学生辛九莆、马默腾、马默千、李双月、张书贵都是篮球场上的健将。50年代末，枣强中学篮球校队12名队员中，肖张的队员占了一半，有李慎远、李洪刚、李双群、艾洪林、刘书彬、张西臣。学生田金翠，女篮运动健将，代表河北省青年女队参加了1960年的全国体育运动会；张凤桐，50年代枣强中学田径队优秀中长跑选手，参加衡水地区运动会，夺得800米比赛冠军；辛立泽，50年代全军运动会手榴弹比赛第1名，全国比赛第3名；李志强，80年代参加河北省中学生运动会，获铅球、铁饼等投掷项目前三名。

此外，抢才学校还走出过许多参加革命、救亡图存的政治军事人才及为社会主义建设做出卓越贡献的科技人才。在抗日战争、解放战争中，参加革命队伍的有400余名。如，革命先烈李会山、张石柱、刘孟森、李存仁、张国恩、李慎盈、魏延成、李元福等，在地方活动的老党员张仁升、刘长顺、李德兴等。参军入伍的刘新为、李大永、李洪军、辛俊秀、魏延周等，后都成了领导干部。1949年后，成为政府干部的有张伦礼、张贵雨、辛德顺、刘长顺、张仁升、李益民、张文勋、张金虎等，加上在外地的有50余人。从事教育事业的有李耆生、张根起、张桐轩、王瑞华、任丽英、张晓臣、李耆浩、朱敬芬等近百人。在文艺战线上的有辛美英、辛立冬。这些抢才学子在各条战线上大展其才，为革命和建设做出了重要贡献。

教会医院 肖张教区医院分男、女二院，总负责人是英国传教医生，女院由英国女教士负责，其他医生、护士、司药为中国人。两院共有房屋70余间，病床百余张。医院属西医疗法，分内、外、眼、妇产等科室，设备先进，医术在方圆百千米内，颇负盛名。医院外面设有旅馆、马号，有房屋数十间，便于前来看病的远处患者住宿。

1905 年，医生梅发林回英国，由欧内斯特·约翰·潘尔尼（Ernest·J.Peill）任院长。1908 年，潘尔尼到北京协和医学院任教。第一次世界大战中，他与中国劳工军团一起战斗在法国，担任战地医生，后回到肖张一直工作到 1927 年退休。1928 年至 1941 年，由李劳伯任院长，教士步克安女士负责女院。

医院除收治病人、到分堂旅行医疗外，还举办医学培训班，招收中国人入院学医。1917 年夏，医院举办医学速成班，学员自备伙食费，三年毕业，入学的有 40 余人，由时任院长的英国医生普克德和中国医生吴肇春授课，二人既是主治医师，又是主讲教师。三年毕业后部分学生留院工作，部分学生离院自立行医，如该班毕业生王星川、王金岗、傅震山等于 1931 年在县城创办"同德医院"，系中国人在枣强县开办的第一所西医医院。

1938 年春，八路军东进纵队开进冀南并成立冀南军区，整肃地方反动武装，组织抗日统一战线，教区医疗事业得以发展。

肖张教区及附属医院随着国际反法西斯统一战线的建立，本着博爱精神，也加入当地抗日统一战线。英国传教士李爱锐医生，出生于天津，曾是 1924 年巴黎奥运会男子 400 米跑的世界冠军，1932 年被立为苏格兰公理会牧师，1937 年年末受派来到肖张教区。

1939 年春，日军对枣强县城的轰炸使得县城内药店大多 被毁，肖张教会医院因远离县城而幸存。由于八路军、抗日游击队与日伪军战斗频繁，教会医院面临给伤员医治的巨大压力。以英籍医生、医士为核心的医护人员，发扬博爱及救死扶伤的人道主义精神，救治过多名抗日军政干部及其他伤病人员，如刘建章、杜佩珊、石大磊、张有余、王青、石大洲等。

1941 年，日军把教会大院改作兵营，教会撤离肖张之前，英籍传教士、医生及医院中国助理冯一民等，在日伪军日甚一日紧逼的情况下，抢救出一大批药品、器械，转送给抗日部队。

民间风俗

求雨

程杨村曾有"求雨"习俗。旧时，因村民没有改变自然环境的科学方法，只好把丰收寄托于鬼神。每逢天旱，会在村中搭神棚，然后到其他村的庙里"偷"关帝神像，供在神棚，村民磕头上供，口念"达摩，阿弥陀佛"，求神仙赐雨。若未下雨，村民就会戴上用柳条编的帽子，抬着神像、敲锣打鼓去游街。假如到这种程度神仙还不赐雨，村民就会生气地用鼓槌敲打神像的脑袋。供过、游过、打过之后，村民们便拿神仙没办法了，不管是否下雨，都会把神像"还"回去。旧时，靠这种迷信的方法，巧合时会"求"到雨，但无法保证每年都风调雨顺。

养老腾宅

1954年前，肖张有"养老腾宅"的法子，即一些无后的孤寡老人会卖房不离家，用卖房款养老，居住到终老后，房屋由买主收回。但这种交易方式，自然房价要低廉很多。1958年后，房产归集体所有，孤寡老人享有社会保障，便未曾有这种现象发生了。

填仓节习俗

阴历正月二十五为填仓节，肖张一带有"打囤"的习俗。是日黎明，家家户户都在自己的院子里或打谷场上，用筛过的炊灰，撒出一个个大小不等的粮囤形状的圈，圈外还要画上梯子的形状表示粮囤有一定高度，而圈越大象

填仓节习俗

征粮囤越大，数量越多意味着粮囤越多。再在圈内画上"十"字，在"十"字的中心点上撒上五谷杂粮，覆上砖瓦，以示"满囤"。中午时分，移开砖瓦，将家禽轰出来分食粮食，以示五谷丰登，鸡鸭成群。

有的家庭，除了在院内布"粮囤"，还会在室内布小的"钱囤"，自然，圈内置钱币，同样覆上砖瓦，至中午将钱分给孩子们花掉，寓意孩子们有花不完的钱。

关于这个习俗的来历，在南辛庄村流传着一个美好的传说。据说，有一年遇天灾人祸，颗粒无收，一村民挨到正月二十五，已经家徒四壁了，只好冒着严寒四处讨饭，但是大家都穷啊，直到天黑，只讨到用鸡毛管子装着的一管米、一管面。回到家以后，担心粮食被鸡鸭给吃了，就用砖头压在了院子里，外面还撒上一圈柴灰。第二天早晨推门一看，圈子里满满的粮食啊！自此以后，每到这一天就会出现同样的奇迹，直到他去世。后来，人们效仿却无所出，但仍旧持有一份期冀，久而就形成了这种祈望丰收的习俗。

花会曲艺

民间花会

民国时期，在肖张村活跃着一支高跷队，为艺人张华臣所组织，以南街民众为主，20余个角色的表演形式、扮相各异，演员按照戏曲标准和角色扮相着装，采用秧歌的节奏，锣鼓伴奏，扮相漂亮，着衣新鲜，身姿如行云流水。解放战争时期及50年代初，人物形象及宣传内容贴近现实，如参军光荣、支援前线、斗争恶霸地主、抗美援朝、储荣、办合作社等。肖张村高跷队，在四里八乡名声在外，经常外出巡回演出。表演节目丰富多彩，开路鬼、头棍打头阵，带着鬼头面罩，拿着两个擀面杖；后面是二棍，也是戴着鬼罩，拿着两个擀面杖；随后采蝶姑娘、傻公子捕蝴蝶；鲤鱼姑娘、摸鱼的老渔翁、刘二姐逛庙；古装老太太拿着旱烟袋拉碌碡的；老和尚、瞎子过河、古装小姐坐轿子、古装丑角、古装童子纷纷出场，还有打鼓的、敲锣的。杂技艺术、大劈叉、双棍对打、飞来飞去真是好功夫。老渔翁摸鱼满场叫好，丑角满场窜，做出各种鬼脸让人们捧腹大笑。结尾围成一个"和"字形，人登人三层高，小童子站在最高处，笑脸迎客，演员们向观众招手致谢，全场响起阵阵掌声，叫好声连连，一派欢喜场面。

舞龙

二鬼摔跤

老太太拿着旱烟袋拉碌碡

夫妻回娘家

锣鼓

肖张镇的锣鼓以肖张村的锣鼓队比较有名，是辖境域早期成立锣鼓队的村庄之一。早年，党支部书记张怀明亲自抓，买锣鼓、置服装，鹿、驴、旱船道具俱全，投资近万元，并请出老鼓师张文栋、张世元、李慎言献艺，张仓口、张登其牵头，观摩、学习、引进枣强老年锣鼓队及杨雨林等几位老鼓师的鼓谱，使锣鼓队发展迅速，进步特别快，在全县擂台赛上常获第一名。鼓点精练，动作潇洒，人人都有一套绝活，锣鼓队老、中、青结合，个个生龙活虎，青年者好学上进，老年人又创新艺，特别是"需行点"数谱，会者众多，队伍庞大整齐，花样多多。锣鼓队演练，群众喜闻乐见，锣鼓喧天，龙游凤舞，经常受邀到外地表演，深受广大群众欢迎。

2006 年，肖张村锣鼓队有直径 1 米鼓 2 架，队员 22 名，钗铙 18 对。

秧歌

肖张村的秧歌队在镇内也比较出名，这支队伍成立于肖张解放之初，那是为了翻身得解放以及抗美援朝胜利的游行庆祝。小学生是游行中的骨干，至今

抬花轿

担花篮

已过去70年了。改革开放以来，国强民富，安居乐业，人民过着美满的生活，为了活跃农村文艺活动，村支部成立了鼓队，时常在十字街敲鼓欢乐，原是小学生的秧歌骨干，现已是80岁的老太婆啦，但一听到锣鼓声，心里还是波动的。早年，一到晚上，在十字街的灯光下，锣鼓一响，秧歌队的人就来了，她们在锣鼓的伴奏下手舞彩扇，前后左右跳跃，眉开眼笑，好不热闹。有跳舞的，有看热闹的，上百人之多，有的村民一家六口都参加了。群众积极性起来了，党支部看在眼里，记在心上。在支部书记张怀明的带领下，立即动工，在肖张东街口路南建起了一个建筑面积1200平方米的休闲广场，休闲器械俱全，供人们健身强体，真是一个娱乐活动的好场所！

木板书

别名"节子快"，这是源于枣强县的曲种。早在18世纪七八十年代，北李庄贫民李振起（外号靴子李）。自幼沿街讨饭，手拿两个瓦片，挨门叫唱，腔调自然成辙。许多人或出于玩笑，或出于同情，相随而念唱。多年后，刘老连把曲调整理加工，形成了有规律的七字句。后又把瓦片扔掉，改用木制"节子板"，故称"节子快"。词句通俗易懂，曲调运用自然，乡土味浓郁，易学易传，遂在全县传开。到 20 世纪初，西李纸房村张金海拜刘老连学艺。其后，相继有王杨兴、恩察、马屯、徐庄等村艺人熟悉了这个曲种的说唱技艺，后流传到沧州及鲁西北地区。

四根弦

丝弦中的四根弦戏是河北省地方剧种之一，有着悠久的历史和浓厚的乡土特色。流行于河北省中南部的广大农村及陕西部分地区的唱腔曲调长期受地方语言熏染，逐渐发展为两种曲调：京汉铁路以西的唱腔以高亢、婉转见长；以东的以悲惨、凄凉见长。京汉铁路以西的伴奏乐器以中音板胡为主乐，以东的以四弦胡琴为主乐。因而，京汉铁路以东的叫四根弦戏。

后河西村四根弦剧团 四根弦戏最早传入枣强县境，流入后河西村。20 年代末，后河西村有一位弹奏四根弦、演唱山东吼的艺人"三老丙"组织了一个山东吼剧团，其中有丑角阮胜海、刘宏印，青衣袁海江。这支剧团在周边村庄演出，名震乡里。后来，枣强城南的何杨兴、齐杨兴、恩察、北大屯、郭堂、王洼、武杨官等村也有了四根弦戏。

戏曲

河北梆子

此剧种为河北地方戏，在镇境内流传较广，代表队伍有肖张村及东李纸坊村河北梆子剧团。

肖张村河北梆子剧团 民国时期，艺人张华臣（外号大广）在肖张村办河北梆子剧班，肖张村 20 余人参加。西街李书亭专攻须生，在山东一带很有名气，外号"山东红"，在扮相、架子功、唱腔上都有独到之处。李洪可专攻青衣，扮相好，唱腔优美动听。此二人常搭班联合表演。南街赵长福的笛子号称"吹破天"，拉板胡的赵大廷被人称为"胡胡赵"。李耀南在后台负责扮装，勾脸儿，一到冬季或年节与东房戏班同台演出，大广的《辕门斩子》《洪羊洞》，三大肚子的丑角，令人连声叫好，戏曲艺术丰富了群众的文艺生活。

东李纸坊村河北梆子剧团　成立于 1930 年。1948 年，李纸房河北梆子子弟班在县城席棚剧场唱戏时，特邀京剧名家李曼云（流常人，曾活跃于京、津一带，灌注过唱片），北吉利村高美兰（女生）演出京剧《武家坡》《玉堂春》《二堂舍子》，并邀请冀县琴师李福安，当地琴师武异新、尹羡武伴奏。因演员多是枣强人，捧场者人山人海，掌声不断，县城热闹非凡。

评剧

评剧在河北地区广泛流传，境域代表队伍是肖张村评剧团，成立于 50 年代初。演出剧目有《锁不住的人》《刘巧儿》《柳树井》等。主要演员有辛春妮、李田秀、李慎言、张中魁、王立质等。演员表演精彩，不仅赢得了观众喜爱，还时常在县表演会上拔得头筹，尤其是张兰芬在《夸夸咱们的合作化》中扮演的老太婆，声音洪亮，韵调动听，演技到位，常常赢得观众掌声喝彩。

京剧

京剧在镇域发展较晚。2001 年，才有群众自发成立肖张村夕阳红京剧俱乐部，经过 20 余年成长，逐步规范，学唱传统京剧 100 余段，整体素质有很大提高，成为镇内民间艺术领域中的知名团队。

文史拾零

民间故事：一盆"油水"

话说，清末民初，程杨村有个叫"二连荣"的地方小官，负责收税，几乎每天都会敲着锣在大街上吆喝派粮派捐的命令，今天吆喝："各户听着，每亩大洋一元，限明天交齐！"明天喊："如若不交，送衙门惩办！"

适逢这一年，收成又不好，可各种苛捐杂税一点也不少，家家户户的生活难以为继。吃肉？更别想。一天，一屠户到程杨村卖肉，那肉啊，足有四指膘！村中一富户，虽然有钱，却舍不得买肉吃，那家的老爷子便假装买肉，上去挑挑拣拣，待双手沾满了肥油，找个借口溜之大吉，然后赶紧跑回家，舀了一盆水洗手，得到了一盆"油水"。中午儿媳妇做饭时，将一盆油水都倒进了锅里，老爷子见状大怒道："你怎么这么不知道节省呢？！怎么不把油水倒进水缸呢？这样，最起码能吃到过年！"儿媳妇这个委屈啊，与老人家吵起来。吵闹声惊动了邻居，大家都跑来看热闹。其中一位老人得知吵架的缘由，打趣地说："你这儿媳妇该骂，应该把油水倒进井里，让全村人都尝一尝！"

这则故事虽然只是流传于程杨村的民间，很难考证它的真实性，但也从侧面反映了旧时程杨村人民的物质是多么匮乏。

造纸专业村——五个"纸坊"

明初，肖张境域曾坐落着七个叫纸坊的村：刘纸坊、梁纸坊、李纸坊、屈纸坊、徐纸坊、田纸坊、甄纸坊，后合并为西李纸坊、东李纸坊（也称大李纸坊）、刘家纸坊、梁纸坊、屈家纸坊，现名"××纸房村"。到底是"坊"还是"房"？

学者张锡杰研究认为，应是"坊"，即造纸作坊，而非纸房子。那么，为什么又都写作"房"呢？是人们通常称坊为房，约定俗成，如"馍馍房""豆腐房""香油房""挂面房"等，造纸作坊也就写成了"纸房"。

刘纸房甜水井引发的思考

索泸河在这里流过了上千年。风沙在刘家纸房村东的河岸边，堆积出两个大沙丘，村民称之为北岗子和南岗子。

在北岗子和南岗子中间的低洼处，有一口甜水井。水井清醇、甘甜，用这口井里的水煮粥香甜可口，做的豆腐、粉条味道鲜美。夏天，在田里锄地、割草，渴了喝一口甜水井的水，那甘甜的滋味，比如今冰镇的矿泉水还要好上几分哩。

甜水井，开挖于哪一年？没有文字记载。但从井口上放置的汉白玉圆盘磨损程度推断，不会晚于村中关帝庙"关老爷"的雕刻年代——明万历年间（1573—1620）。用汉白玉作井盘，可知我们的祖先该是怎样珍惜这口甜水井啊！ 70年代前，家家户户都有两口水缸。一口缸盛放从400米外的甜水井挑来的甜水，用来做饭、煮茶；一口缸盛放从村东头苦水井挑来的苦水，用来洗脸、洗菜、饮牲口。

水是万物之源。没有水就没有绿色，就没有生命，就没有人类的文明。从某种意义上讲，甜水井养育了刘家纸房的世世代代，孕育了索泸河西岸的文明。它是我们祖先在这块土地上辛勤劳动、繁衍生息的见证。

在科学技术日新月异的今天，我们仍十分惊叹：我们的祖先在那样的条件下，是如何找到这个井址的？又是怎样打成这口甜水井的？

甜水井往北不远处，是张丰年、张庆朋承包的责任田。田里的砖头瓦砾，是造纸作坊的遗址？还是村庄的遗址？抑或造纸作坊和村庄兼而有之？

有人推断：一般来说，村的"老坟"距离聚落应该有一段距离，而张家的老坟紧靠聚落，有些不合情理。换一个角度想：当年张氏一支从深县于科迁来，是否先在造纸作坊旁边安营扎寨的？因为这里距甜水井不远。村名叫"西纸坊"，对应的是河东的"东纸坊"。随着移民和人口的繁衍，或者由于气候的变化和水资源的枯竭，造纸作坊不兴隆了，聚落从这里迁到刘纸房现址，也是有可能的。

护村"八大家"

东李纸房村一直流传着"八大家""八杆枪"的传说。清末至抗日战争初期，东李纸房村附近匪患成灾，村里有几户富户自发购买枪支和弹药，农忙时干农活，农闲时练武强身，以抵御土匪劫掠，保护全村人的生命财产安全，以至兵匪不敢贸然来东李纸房村劫掠。有枪并有大刀队或者长矛队的八大家分别为村东李宝发家，李忠昌家，村中偏东李关贞家、李俊营家，村民李登春家，村民李庆发家，村民张云霄家，村民马振湘家。

李朝中抗战一二事

1939年初，县委几位干部在李朝中家里开会，以为下午不会有日军来，就把子弹放在炕头上，擦起枪来。黄昏时分，李晓明到室外上厕所，往胡同口一看，不好！日军来了，正在大街上集合！与会人员翻墙而出，顺路沟向东北方向跑去，边跑边把拆散的枪装好，可是匆忙中忘记将子弹带出，只能与百姓混在一起躲避日军的追捕。突然，日军骑兵背着马枪追来，领头的一名骑兵后紧随十几名骑兵，再后还有二三名骑兵。眼见日军越追越近，在领头骑兵距离己方队伍仅十几步时，李朝中大喊一声"打"，其他持枪队员同时把空枪举起来瞄准日军。李朝中的枪响了，打中了领头日军的胸膛。后边的日军一时不知队伍中有多少"八路"，扭头就往回跑。事后有人问李朝中怎么不多打几枪，多打死几个日军。他说："我只有三粒子弹！第一颗打中了，第二颗没有响，还剩下一颗不能打了。"

是年3月，李朝中调往地委工作。一天傍晚，李晓明去送行。二人骑着自行车，计划从小侯炮楼东边绕过。趁着炮楼上的探照灯来回扫射的间隙，二人瞅机会穿了过去。到了炮楼北侧，李朝中停下来准备给日军来个告别礼。他在汽车道南边、北边各埋下一颗手榴弹，用绳子把手榴弹拉线连在一起，将绳索拦在路中间后，对李晓明说："走，看热闹去！"二人伏在半里地外听动静。不一会儿，来了几辆日军汽车，前面汽车带动横在汽车道上的绳子，拉响了两边的手榴弹。只听"轰隆、轰隆"两声巨响，车队顿时停下来，汽车上、旁边炮楼上的日军乱枪齐鸣，热闹非凡，枪声密集得像年三十晚上的鞭炮声。李朝中兴奋地说："听！日军给咱送行呢！"

一桩不应发生的流血事件

1946年四五月间，肖张集上有一人手拿大眼驳壳枪，开枪（只承认是走火）打伤一人，区公所派人把他揪来查问，自供名叫时双月，衡水县半壁店村人，原在肖张当理发员，1938年肖张村的白吉会说他是土匪，李洪宁带人抓他未果，后来他就参加了八路军。在军队上，他想起此事，想要报仇，就携带一支手枪开了小差。开始时，他说话态度蛮横，听来肖张办事的县公安队杨队长说，带枪开小差及开枪打伤人都是犯罪行为，并逼着缴了他的枪，才老实下来。

被打伤的李洪宁是肖张西街人，当时就被本族人送到傅振山诊所。伤者家属到区里要求惩办凶手。因有杨队长介入，很快决定送县司法科处理，并告知双方。当日下午，区公所派人把二人和手枪、子弹送到县司法科。

司法科接案后，审问了情况，予以调解解决，认为白吉会是迷信武装团体，肖张白吉会没有具体罪恶，不予追究。至于时双月土匪身份，因时拒不承认，已过七八年不易查证，但带枪开小差，并枪伤无辜是犯罪行为，既打伤人就应担负医疗养伤费用，并应立即归队参战立功赎罪。时双月说家中贫寒，拿不起费用，又说部队流动无处去找。李洪宁家人认为未伤及性命，愿自己担负医药和养伤费。

因当时并无逃兵收容所，便让时双月回家待命，枪支由公家收存，一旦部队来找，连人带枪，一起交部队带回。后来时双月也未归队，又担起理发工具赶集继续当理发员。

挖枪始末

肖张村的大地主李居贤藏有两支枪（一支是鸟枪，一支是十三连驳壳枪），抗战期间曾多次动员让他缴出，他诡称没有，一直藏到 1946 年才被挖出。

1946 年，李居贤小老婆的女儿十七八岁，正联系着一个五分区司令部的青年通信员。阴历正月中旬的一个晚上，李居贤族人说青年奸污妇女，要将其活埋。当时村长李德兴（共产党员）在场，李及时上报区公所。区公所领导干部表明态度：如果两个青年男女正当恋爱，不应干涉，应当支持他们婚姻自主和自由；如系通奸，虽属违法，但也罪不至死。即便是违法犯罪，也应交政府或他所在的组织处理，如果由少数群众自行处死，也是违法犯罪的。区公所领导干部说服李家族人把那个战士交到区公所。第二天，区里通知分区司令部来人，把青年带走。

此事发生以后，家中的大老婆等人对小老婆及她女儿更加歧视。小老婆找到区抗联妇女干部杨文英哭诉，娘家穷，十六七岁就到李家当小老婆，每天干脏活、累活，吃次等饭，穿破旧衣服，动不动就挨打，挨骂。如今发生这事，李居贤回来不会轻饶她，想跳出火坑，带女儿出走，要求救援支持。经研究，支持她求解放再谋生路的要求，由救国会派两人送她 10 余千米。

小老婆临走的头一晚告诉区干部杨文英一个秘密：李居贤家存有两支枪，一支是大枪，由其外甥（当长工）保存，白天放在菜窖里，夜晚拿到他外甥的住房里，说是保家护院用。一支是手枪，前几年由李居贤和她把它埋到东屋粮囤下，除李居贤和她外，任何人都不知道。

区里知道李居贤存有两支枪后，决定由公安员张立法办理，先挖出第一支大枪，交给区委会使用。在收取第二支枪时，需动手挖土，且情况复杂，必须动用民兵，故请示县领导。一日黎明，由县救国会主任赵岩同志带领 100 多民兵到肖张村，封锁肖张西街及李居贤住宅。天亮后，由杨文英带领部分民兵到李家，说明来意，掘土二尺多深，挖出一个木匣，内有三层油纸包着一支驳壳十三连手枪，另有匣子枪子弹 20 粒，勃郎宁小手枪子弹 5 粒，麻将牌一副。

《平原枪声》中两个反面人物的真正结局

由李晓明和韩安庆编写的长篇小说《平原枪声》，取材于抗日战争中的河北省枣强县，于 1959 年出版，70 年代，经作者修订，又重新排印出版。80 年代末，经马志凯改编成电视连续剧，搬上屏幕。在书和剧中，两个反面人物——"白吉会"会首王金兰和大汉奸刘中正都是用真名实姓。但是其经历、结局及时间与史实相去甚远，引起枣强县内外知情人士的争议。特撰写此文，说明其真实。书、剧本都说"白吉会"会首王金兰，在日军还没侵占枣强县城时（1939 年 3 月），就被八路军打死了，事实并非如此。王金兰是山东省恩县王路屯村人。1938 年春节，景县土匪头子葛桂斋率众侵占枣强县城，四处抢掠，骚扰百姓，县城东北一带更加严重。南吉利一带村庄的乡绅为保护自己的村庄，想请"白吉会"在此设坛口。因此，王金兰和几个会首一同来到枣强。

1938 年 4 月 26 日，"白吉会""红枪会"赶走葛匪，从恩县来的几个大会首押着战利品走时，将王金兰留下，在南吉利设了总坛，人们便称他为大师兄。不久后，从恩县来的会首石登玉想争夺吉利总坛大师兄位置，同王金兰发生火并，石登玉被杀，王金兰肩部受伤。由于王金兰是共产党着重团结的对象，为防止石登玉余党报复，王金兰在肖张教会医院疗伤期间，县战委会民政科长李衡甫亲自到教会医院做工作，将王转移到县城同德医院治疗，后又转移到南关农救会所在地治疗，并把王的妻子和岳母接来与他同住。此时的王金兰已与外界断绝了联系。1938 年 11 月 7 日，万余名"白吉会"会会徒受国民党河北省主席鹿钟麟及其下属唆使，围攻县抗日政府驻守的枣强县城，是由恩县会首王德普带领的。王金兰既然没参加，便无被当场开枪打死的情况。八路军东进纵队赶到枣强后，在劝说无效的情况下，打死了几名激进会徒，其他人便一哄而散，从而解了县城之围，"白吉会"也渐渐销声匿迹。王金兰养好伤后，便与妻子、岳母一同回乡生活，直到 1963 年病故于家乡。

至于大汉奸刘中正，书、剧中说他原是国民党军官后投靠日军，在解放县城时被捉，而史实并非如此。刘中正为逃避人民追捕曾改名刘加珍、刘玉亭、刘彦章、刘恩有。1910 年 3 月 13 日，出生在今天津市宁河县旧四区大宋庄村一个回族地主家庭，从小好吃懒做，游手好闲，不务正业。1923 年读了一年初中，在点心铺当了一年学徒后，入伍东北军张作霖的部队，分配在张永玉、高维月十八师补充团。后因当兵苦，逃回家乡贩卖食盐。1933 年加入冯麻子的土匪队，1937 年因绑票被捕入狱，被判处无期徒刑。

"七七事变"后，日军侵占天津，监狱也处于管理混乱状态，刘中正被放回家后继续以贩卖食盐为生。不久后，又跑到小站参加了日军组织的联军，当上了第二队队副。因嫌军队太严，又逃跑，后加入刘方廷的土匪队，当小队长。1938 年，他离开刘方廷自立门户，组织起 200 余人的土匪队，并命名为"华北自治军"，自封为大队长。后因强收日本水利顾问 3 万元"河路税"并勒索 15 匹马，被日军打垮，逃到沧县加入"渤海道剿共军"刘佩臣的部队，当中队长。1939 年春，刘中正升为第五大队队长，驻扎在青县杜林村。1940 年冬，刘中正被调到故城县南关，所部被改编为第三团，他任团长。

抗战时期，枣强县日伪政权属渤海道管辖。1941 年 1 月，刘中正被调到枣强，带领 500 名伪军，曾经驻扎在王均、屯河头、边庄、恩察、流常、大营等乡、村据点。1944 年 3 月，刘中正被日军顾问三普调进县城，并委任为"枣强县警备队联队长兼剿共军第三区区长"。

刘中正是个认贼作父、忠心效敌的铁杆汉奸。在枣强期间，屠杀抗日同胞，残害无辜百姓，奸污妇女，烧杀掠抢的罪行不胜枚举，史实中的刘中正比小说《平原枪声》中的刘中正的罪行有过之而无不及。

1945 年 6 月 25 日，刘中正带着伪军和抢掠的物资，绕行冀县，逃到衡水，被日伪头目戴玉波任命为联队团长。

日军投降后，中共通过多种方式开展工作，争取曾经的伪军改邪归正，但他们自觉从前罪大恶极，加之国民党特务雷景龙、韩愚民流窜到衡水，对衡水、冀县、武邑、枣强等地的伪军首领大肆游说，并封官许愿，更加坚定了他们的反共信念。衡水伪联队长戴玉波被封为国民党第十一战区五十纵队司令，冀县伪联队长张子耀为第一团长，武邑伪联队长李德贵为第二团长，刘中正为第三团长。三人分工，分别把守南门、东门、北门。

1945 年 10 月，冀南军区调军区独立旅和第四、第五分区的部队及枣强、冀县、武邑等县的县大队一齐出动，包围了衡水。1945 年 12 月 14 日凌晨，八路军攻破北门。刘中正见大势已去，便与张子耀化装后从后门分路逃窜。刘中正逃到衡水西北里马村一农户家，伪装成八路军骗取村民信任，骗得旧棉裤、旧棉袄等服装及十余斤麦子，从深县到保定，坐火车回到宁河县老家。几天后，又到沧县加入早已投靠国民党的刘佩臣部队。得知国民党军统局因他驻守衡水时临阵脱逃，要将他逮捕，躲了十余天后跑回老家，又担心被国民党军统抓捕，于1946年1月出逃，到锦州后发现因不通车无法逃往更远的北方，又回到天津，以农民身份种地，农闲时卖烟卷、牛羊肉，混了三年多。天津解放后，刘中正加入搬运工会第七分会西南角支会，蹬了一年多三轮车。

1950年镇压反革命运动开始，刘中正做贼心虚，与原刘佩臣的军需官戴连亭搭伙卖茶叶。戴在天津发货，刘在辽宁开原、王爷庙、白城子、洮南等地售卖。枣强县人民揭发了刘中正的罪行后，县公安局干警赴天津、沈阳等地追捕刘中正未果，刘闻讯后，用香火头把自己的脸烫成了麻子，并经常移动住所。后来，他又改行，卖屠宰行业的刀具。潜回天津买货期间，夜宿车站候车室，回沈阳后，白天到各肉铺、屠宰厂卖刀具，晚上或住站前旅馆或宿车站候车室。

1951年11月28日，河北省人民政府公安厅下令逮捕刘中正。枣强县公安局干警李观金等一行追至沈阳，却因刘中正改过名字，而且居无定所，又一次扑空。为此，县公安局派认识刘中正的阴仙涛、李中立等干警先后去天津、沈阳等地暗访。1952年，开原一带屠宰业受"口蹄疫"影响，刘中正生存无计，开始靠赌博骗钱混日子，不想7月又遇政府禁赌行动。束手无策的刘中正却巧遇戴连亭，二人商定一起去抚顺卖刀，如此，刘中正又改名刘玉亭混迹在抚顺。1954年3月，刘中正因卖刀时被税务人员询问刀具来源，担心暴露身份，便买了一个砂轮，以磨刀为名，暗中售卖刀具。

1954年11月3日，刘中正与戴连亭潜回天津购货，因货品不全，刘前往上海购货，14日乘坐火车于15日晚到达天津，在候车室住了一夜，16日一早到戴连亭家会合时，还不知戴已被捕，吃饭时，被戴妻举报。刘被转交枣强县公安局干警，于12月1日押回枣强，县公安局对此成立专案组，进行内查外调。当刘看到原地下抗日工作者侯杰时，恶狠狠地说："我以前就怀疑你是共产党的人，还不如当时把你杀了哩！"

审问期间，刘对其所犯罪行百般狡辩，态度恶劣，并在狱中喧嚣反革命言论，但铁证如山，怎可抵赖？！当其罪行呈报石家庄专署（时枣强县属石家庄地区），批回的是死刑判决书。

1958年1月21日，适逢枣强大集，枣强县人民法院依照人民群众多年来的心愿，把刘中正押到三十六烈士墓前，祭奠36位英灵！

抱公鸡拜堂

屈家纸房村甄昕明参军入伍后，在129师7旅20团宣传队工作。1940年，中共方面获得冀察战区副司令兼察哈尔省政府主席石友三秘密投降日军的情报，第129师集中兵力发动"讨石战役"。得到消息的石友三闻讯逃窜，甄昕明随部队踏上追击石的征程。

部队开拔前，甄昕明接到家中来信，得知已安排好他与新婚妻子在六月初六结婚，让他请假回乡，先把婚礼办了。甄昕明向部队领导隐瞒了这一情况，义无反顾地跟着大部队冲向前线。六月初六那天，甄昕明的家人在屈家纸房村为他举行了婚礼，新郎缺席，新婚妻子只得按照当地习俗抱着大公鸡拜天地。

电影《沂蒙六姐妹》剧照（供参考）

英雄树、救命树

东李纸房村有近2000亩杏林。随着岁月交替，那些几百年树龄的大杏树所剩无几，而其中保留下来的一株200年树龄的古杏树吸引了无数人，这株大树之所以引人注目，是因为它曾救过抗日先辈，是一株"英雄树"。

1943 年，是日军在枣强地区活动最猖獗的一年。这年夏天，枣北县县长李晓明带领几名枣北公安科战士（其中有刘西田，屈家纸房人，东李纸房村李双月外公），去武邑县清凉镇一个秘密点开会。会议结束后，李晓明等人骑着自行车返回枣北县途中，在史家屯村西口偶遇一小队敌军，约 20 人。

日军率先举枪射击，一名战士胳膊中弹，鲜血淋漓。李晓明带领队伍迅速占领有利地形予以还击，后因敌军数量和火力比较强大，只能下令丢掉自行车、且战且退。队伍一路穿过客市村南、东赵庄、西赵庄村，途中击毙敌兵数名，却未能摆脱追击。观察周围环境和地形后，李晓明决定带领队伍隐蔽在东李纸房杏树林。郁郁葱葱的树林成为最好的屏障，他找到一株大树隐藏下来，给负伤战士包扎伤口。时值盛夏，树木枝繁叶茂，敌军寻不到县大队人员踪迹，端起枪漫无目的地扫射一番便离开了。待李晓明等人从大树后走出来，发现树干上有二十几个弹孔和一片片脱落的树皮，心疼地拍拍大杏树，深情地说了声"救命树"啊，随即率领部下迅速朝根据地撤离。从此，人们把这株救过八路军指战员的大杏树称为"英雄树"。

西李纸房三窑厂的变迁史

西李纸房村有三个窑厂，两个是烧砖用的，分别叫大窑和老窑，另一个是烧白灰用的叫白灰窑。

坐落在村西公路北边的大窑，比村中的老窑修建得早，是村民张恒贵爷爷带领族人修建的，始建于 1912 年。1949 年后，平分土地大窑所在的地块归景官所有，常年荒芜，遍地砖头瓦块。后来，景官村的村民盖房时用拖拉机来大窑拉土。到 2012 年，大窑的土都被拉完了，村里就用推土机把窑址推平后恢复成粮田。

老窑 1953 年建成，建窑的目的是烧砖，给村里及附近的老百姓建房用。

全村的年轻人都上窑干活，工值有一毛的，有八分的不等，干了十几年效益一般，都是人工活，比较累，有时掌握不好火候，成品率比较低。1970年，因王许庄大窑所产的砖都是机器制作的砖坯，烧出来的砖又好又熟，价格也合理，村里烧砖的窑就停业倒闭了。

白灰窑建于1982年，建窑人是张世行。灰窑规模很大，仅贷款就有80余万元。窑建成后，只烧了两回白灰，因质量不达标，无法产生经济效益，致使资金链断裂，白灰窑搁置。荒废数年后，在白灰窑的原址，将窑土平整后建磷肥厂，建了一个三四十米高的大烟囱。1989年，因磷肥质量不合格，彻底破产。

百年宿怨一日消

100余年前，西李纸房村和刘家纸房村的西边有座庙。盖庙时，两村各自出了不少人力和物力，后来，因庙的归属问题产生争执，甚至闹到对簿公堂，最终刘家纸房打赢了官司，但伤了两村和气。西李纸房村族长发下毒誓：两村之间永不通婚，刘家纸房村也做出回应，表示断绝一切来往。这一断就是100年。

2005年2月，肖张镇副书记赵飞听说了两村百年不通婚的情况，认为这种旧思想、旧观念需要早日消除，就把两村的书记召集在一起，说了两村通婚的好处。两村书记都表示要尽释前嫌。

不久，西李纸房村的小伙儿张双东与刘家纸房的姑娘张群芳相识相爱，并步入了婚姻殿堂。为了破除老一辈留下来的隔阂，婚礼那一天，西李纸房村村支书张丙义担当男方娶亲人员，刘家纸房张金玉代表女方送亲人员，在两名镇政府代表的见证下，为新人举办了隆重的婚礼。多年的宿怨化解，此后，两村又有4对男女结为伉俪，两村结为秦晋之好，河北电视台、衡水电视台、《燕赵都市报》等相继报道了这段佳话。

西李纸房村东沙河"小水库"的由来

村东的大广高速段于 2009 年开工建设，2011 年开通，共占用村集体土地 130 余亩，东沙河底因高速施工用土作为取土地，形成了一个面积 40 余亩、深 4 米的大坑。2016 年，县水务局因地制宜，把大坑修理平整，建成小型水库，配备扬水站。2021 年，县实施河渠连通工程，将索泸河清淤、拓宽、挖深，县污水处理厂将达标水排入河内，索泸河与取土大坑相连形成一个大蓄水池，汛期时行洪排涝，天旱时可用池水浇地，平时河边绿树成荫、鸟语花香，河里碧波荡漾、鱼虾嬉戏，成了当地人们休闲娱乐的一个景点。

为农民代言的"肖张小评论组"

60 年代末到 70 年代初，枣强县肖张公社贫下中农评论组（以下简称肖张小评论组），不仅在衡水市、河北省乃至全国，名声很大，颇有影响。在近十年的时间里，肖张小评论组在《人民日报》、中央人民广播电台等各级报纸、电台、杂志发表涉及政治、经济、文艺和国际时事的小评论 100 多篇，引起了省、地、县各级领导的重视，小评论组的代表曾赴全省通讯报道会议介绍经验。40 年后的 2011 年《衡水学院学报》还把枣强县"肖张小评论组"现象作为课题进行研究（《衡水学院学报》全国发行）。他们当年写的一些文章，虽带有那个时代的痕迹和局限，但《越忙越要走群众路线》《"锄把子"与"印把子"》《筷子头上有枪声》等文章，今天读来仍有教育意义，是"乡村记忆"不可或缺的一份好教材。

这个小组始于农民不满"文化大革命"期间部分人不落实解放干部的政策，阻止一位好干部返回工作岗位，于是他们在田间地头"说说道道"形成了舆论，帮助这位干部返回了工作岗位。后来，有人看到报纸上刊登的"工农兵

"肖张小评论组"见诸报端的部分作品

论坛",于是建议成立个替群众"说说道道"的评论组。公社贫下中农代表会及时把群众的意见反映到公社,公社革委会主任邱贵臣感到群众的"说说道道"教育了群众,促进了团结,推动了干部政策落实,就热情地支持了这一新生事物。就这样,一个由10名贫下中农社员、2名干部、5名回乡知识青年参加的"三结合"肖张公社贫下中农评论组成立了。评论组第一件事就是把肖张村解放那个犯错误干部的过程的"说说道道",整理了一篇《正确处理两类不同性质的矛盾,是巩固无产阶级专政的需要》投给报社,《河北日报》于1969年6月19日在显著位置进行了刊登。后来听说,河北省委革委会负责人来报社视察工作时,还对这篇小评论给予了表扬。

肖张小评论组就是在这种时代背景下起步的。憨厚的农民对主席的朴素感情被充分调动起来,开始了由用嘴"说说道道"向用笔"说说道道"、由在黑板报上"说说道道"向在报纸电台上"说说道道"的艰难跋涉。公社革委会主任、小评论组组长邱贵臣鼓励大家:"主席号召咱工农兵占领新闻阵地,这就是命令!咱要像打冲锋一样,拼命地往上冲,冲不上去就是耻辱,就对不起主席!"就是凭着这种信念、这种拼劲,十多个头上顶着高粱花、满手老茧的庄稼人,克服了新闻神秘论和文化水平低等困难,写出了一篇篇从农村实际出发、替农民"发声"的小评论。由于文章说的是庄稼话,讲的是实在理儿,针对性强,没有当时穿靴戴帽的八股调,很合农民群众的口味,因此多篇小评论被《人民日报》《河北日报》《衡水日报》《河北文艺》和中央人民广播电台等新闻媒体采用。肖张小评论组引起了人们的注意,有关部门推荐他们参加了衡水地区和全省的新闻报道会议,并让他们在大会上介绍为农民"说说道道"的经验。小评论组的骨干和主要执笔人张锡杰、李广池、单维旭等人的名字,也不胫而走。

现在回过头来看,当年肖张小评论组在争取农民话语权的探索中,之所以能够走得较远,取得了一定的成效,主要有以下几方面的原因。

学哲学,用哲学,用马克思主义立场观点观察问题、分析问题、解决问题。当时有一句很流行的话:"让哲学回娘家。"意思是说,哲学来自实际、来自群众,工农兵学哲学就是哲学又回到了"娘家"。当年,肖张小评论组在省、地、县大会上介绍他们的经验时,谈到他们的一个"诀窍":"吃透上头,啃透下头,两头一碰,就有写头。"这一"诀窍"的实质,就是用马克思主义的立场观点观察问题、分析问题、解决问题。"吃透上头",就是努力学习马列主义、毛泽东思想和党的路线方针政策,在学懂弄通上下功夫;"啃透下头",就是深入实际,深入生活,摸准摸透群众的脉搏;"两头一碰,就有写头",党的路线方针政策一旦和实际相结合,就必然会产生新的情况、新的经验、新的问题。而这些正是小评论取之不尽、用之不竭的源泉。比如,《人民日报》发表的他们写的小评论《越忙越要走群众路线》,就是"两头一碰"的结果。那年的《人民日报》发表了《注意工作方法》的社论,小评论组认真学、反复学,还联系实际琢磨怎么宣传落实。当时正是秋收秋种的大忙季节,而上级要求 10 天完成秋粮征购任务。有的村干部犯愁了,他们蹲在屋里掰着手指头左算右算,既要种麦子又要收秋,再完成征购任务,时间、人力怎么都不够。公社领导组织人们学习主席的关于"群众是真正英雄"的论述,把任务向群众交底,这一下,办法很快想出来了。为了提高效率,民兵们自动组织起来白天打场、送公粮,晚上趁着月光,人拉车往田里送肥料。结果只用了 5 天就完成了秋粮征购任务。要是不走群众路线,仅停留在领导层一筹莫展地推敲各种可行性,能提前完成秋粮征购任务吗?"越忙越要走群众路线",这不正是应当"注意的工作方法"吗?于是,评论题目有了,内容也有了,小评论很快写出来了。

立足农村实际替农民"发言",讲实话求实理不盲目"跟风"。小评论组的立脚点,是立足农村实际替农民"发言",赞成什么,批评什么,反对什么,都是从农民的立场出发,体现的是劳动群众的意愿。比如,有些新干部参加"三结合"革委会后,丢掉了"锄把子",不下地劳动了。景村党支部书记酒凤群当生产队干部时,下地干活或出门办事经常背着个粪筐,见了乡亲就聊聊,碰见粪就随时捡起来。当了村党支部书记后,因常去公社开会或外出办事,就把粪筐"丢了"。没想到这一"丢",乡亲们再见到他都敬而远之,有什么心里话也不愿和他说了。后来,他想起主席关于"干部通过参加集体生产劳动，同劳动人民保持最广泛的、经常的、密切的联系。这是社会主义制度下一件带根本性的大事，它有助于克服官僚主义，防止修正主义和教条主义"的教导，意识到参加劳动与为群众掌好权的关系，又背起了粪筐。小评论员写了篇《老酒又背起了粪筐》的通讯，《衡水日报》刊登后，在群众中引起了热烈的议论。有的说："如果新干部们都像老酒这样，那该多好啊！"小评论组意识到这是群众对干部的殷切希望，就为群众"代言发声"，写了一篇《"锄把子"与"印把子"》的小评论，明确提出："搂紧'锄把子'，才能攥紧'印把子'。当干部的不经常和群众一块搂'锄把子'，就会手皮嫩，脚底软，心没底。"《河北日报》刊出后，在社会上引起了很大反响。心里有个定盘星，遇事有个主心骨，不跟风、不凑热闹，不为了单纯上报纸，这是肖张小评论组取得成功的一条重要经验。回头看小评论组写的那些小评论，包括发表在《人民日报》的国际评论《美伪集团矛盾重重》，发表在《河北文艺》杂志的《工农兵要做文艺的主人》《公社诗意浓·新曲壮山河——喜读诗集〈公社新曲〉》等，都是立足农村实际为群众"发声"的，虽然语言上带有那个时代的痕迹，但在政治上没有跟随"四人帮"跑的东西。

官教兵，兵教官，互相切磋，共同提高，依靠集体力量攻关。实事求是地讲，小评论员们过去不但没写过评论，甚至连什么是评论也说不清楚。他们的办法是坚持"从战争中学习战争"，从写评论中学习写评论。学中干、干中学，官教兵、兵教官，互相切磋，共同提高，依靠集体力量攻克难关。小评论组中的公社领导，站得高，经常给大家出题目；老贫农对党、对社会主义感情深，立场坚定，是把关定向的；知识青年思想活跃，热情高、有文化，在工作中坚持做到"五多"（多看、多听、多想、多分析、多动笔），是评论组的有生力量。写评论前，多数是大家就一个问题展开讨论，你一言，他一语，各抒己见。这样一来，现实思想摆出来了，解决的办法找出来了，群众的生动语言也有了，再由主要执笔人进行综合，文章也就有雏形了。

那是一个特殊的年代，但人与人关系并不复杂，没有当今的"有偿新闻"之类。对于肖张小评论组能够敲开各级报纸、电台、杂志的大门，影响波及衡水地区乃至河北省，当时曾经有人猜疑是否有什么背景。其实，他们是一群真正的庄稼人，他们的小评论也全部是自己写的，不像当时一些"典型"的文章是由笔杆子们代劳的。小评论组之所以能够取得成功，也与时代环境有关。当时的《河北日报》理论编辑、后任河北省政协文史委副主任的李秉新同志，曾于1992年著文谈到初次见到小评论员张锡杰的情况："记得大约在1969年夏初，我编发了几篇署名'枣强县肖张公社贫下中农评论组'的稿子之后不久，锡杰同志'闯'进了编辑部。当时，锡杰一身家做粗布青衣，浑身透着冀中农民的古朴淳厚，说句玩笑话，演平原游击队大概不用化装，只是他那双大大的、明亮的眼睛显露着他的悟性与灵气。那是一个特殊的年代，但人与人关系倒不复杂，没有当今的'有偿新闻'之类。编辑与作者之间都是平等地、推心置腹地讨论稿件，发表与否完全靠质量，并不讲什么'关系'。"

评论组培养历练出一批人才。评论组是学习的场所，是写作实践的场地。肖张公社评论组在为群众代言、争取农民话语权的实践中，培养历练了一批人才。在近十年的时间里，评论组的骨干有的上学，有的转正、提干，走上了新的岗位，但老的走了新的又涌现，评论组的牌子一直没有倒。评论组的创始人张锡杰，是最早在田间地头为农民代言的"土记者"，后被推荐上了河北大学中文系，毕业后还在职攻读暨南大学新闻系的研究生，获硕士学位；李广池是接替张锡杰的评论组主要执笔人，《河北文艺》曾特邀他去编辑部从事编辑工作，而枣强县纪委先下手为强，下调令调他去了县纪委，后曾任县纪委副书记、县监察局局长；评论组的执笔人之一单维旭，1977年被衡水地区文教局调走，后担任了地区商贸学校副校长；小评论员张怀顺高中毕业，也跟着评论组写稿子，为高考打下了基础，顺利考上了大学；小评论员张子潭因热爱写作，稿子屡屡见报，被调到县委宣传部专职从事通讯报道工作……

河北大学中文系曾派人来总结研究肖张评论组的经验。认为"三结合"评论组是农村知识青年接受再教育，培养革命接班人的好场所。

——本文节选自《衡水学院学报》第13卷第4期，2011年4月，原题《农民争取话语权的一次尝试——河北省枣强县"肖张小评论组"现象研究》。

2011年4月4日下午，原肖张公社小评论组部分成员与衡水学院"河北省枣强县'肖张小评论组'现象研究"课题组成人员在肖张镇政府召开"肖张小评论组现象"研讨会。与会的李广池赋诗一首。

> 忆俺当年评论组，枣强肖张美名出。
>
> 三结合式建组织，老土登台争话语。
>
> 顺乎民意孚众望，说事论理释民主。
>
> 田间地头铮铮言，煤油灯下疾疾书。
>
> 大报小刊百余篇，广播板报是基础。
>
> 冷嘲热讽全不惧，领导群众悦诚服。
>
> 现实意义今犹在，抚今追昔铺新路。

2011年4月4日，"'肖张小评论组'现象"研讨会后，与会者合影

《河北赋》

习近平总书记在《知之深，爱之切》一文中写道："要热爱自己的家乡，首先要了解家乡。深厚的感情必须以深刻的认识作基础。唯有对家乡知之甚深，才能爱之愈切。"

李乃毅创作的《河北赋》史诗般地描绘了河北波澜壮阔的历史画卷，热情讴颂了河北可歌可泣的英雄儿女。激励着河北儿女学习先贤、心怀家国、志存高远、建功新时代。在奋力开创建设经济强省、美丽河北新局面时期，这一诗赋值得一读。

华夏之邦，九州之首，今谓河北，古称冀州。春秋五霸分治，战国七雄争锋，秦皇四海归复，燕赵一脉相承。儒道宗尚，德操守正，民善风淳，人杰地灵。野沃千里，岳秀万状，景物丰饶，山河形胜。东仰龙头衔渤海，西盘太行锁晋关，南襟中原屏漳水，北拱京师御长城。通衢枢机，都畿要冲，皇庭直隶，乾坤保定。历沧海沉浮，承匡世迭兴，抗夷寇侵辱，争邦族强盛。聚大义，黎民血凝家国；驰烈志，壮士气贯长虹。慷慨悲歌，不尽坚贞忠勇；激越华章，多少豪杰英雄。煌煌燕赵青史兮，与日月齐辉。佼佼河北儿女兮，与天地同荣！

河北乃人类东方之故乡，中华根柢，文明祥源，钟灵毓秀，蕴聚奥远。若考人猿遗迹，当数古塞阳原，史溯泥河湾埼，岁越百万余年。育智迪识，缮性熟成，族落游牧，龙脉传衍。炎黄涿鹿肇基，尧舜顺平禅让，苍生祈禳福庇，天子问鼎轩辕。禹帝启夏，设冀为州，汤皇建商，置都于邢。祖契立制，先世辟园，台基筑屋，车水泽田。坯陶焙器，冶铜铸件，五谷勤耕，六艺精娴。施教化，兴书院，习儒学，悟殷鉴。燕赵隽彦辈出，朝堂文华彰显，辅弼庶政社稷，捍守奕代江山。荀卿集诸子百家，锐思独树，堪与孔孟齐名。董公汇五羊春秋，灼见别具，可谓资政大全。赵武灵王演兵筑丛台，胡服骑射；燕昭襄王千金买马骨，躬履求贤。孙膑献策，毛遂自荐，相如奉使无反顾，荆轲壮行不复还。一时群雄逐鹿,无数英才涌现。赵佗南越拓疆,王业缔就归华夏;刘秀真定联姻,柏乡登基兴东汉。刘备桃园结义,三顾茅庐巴蜀统御;赵云坂坡救主,七返沙场声名威远。唐太宗创贞观盛世,邦贺朝贡;魏玄成思咎史镜,犯颜直谏。宋太祖奠建隆昌基,国泰景和;范仲淹心忧天下,剖肝鸣言。夏始清终二十四朝,世更代替两千余载,明君贤臣,硕师巨匠,名杰荟萃,人文璀璨。神医扁鹊望闻问切,开中医学圃之先河。文豪三苏诗词歌赋,夺唐宋大家之魁元。僧圣张遂观穹宇识经纬,得恒星自旋之首论。易宗邵雍察阴阳辨爻辞,解伏羲八卦之真玄。郭守敬制天文观测仪,造福芸芸众生。贾敦诗绘海内华夷图,抱怀袤袤山川。关汉卿作《窦娥冤》,杂剧绝唱戏艺鼻祖。曹雪芹著《红楼梦》,小说奇葩书林卓冠。李明远编《太平广记》,佳作珍品炳焕辉熠。纪晓岚纂《四库全书》,圭臬瑰宝焜烨煊烂。济济才俊,悠悠文渊,泱泱河北,浩浩奇观。长城层峰横越,运河逾波纵贯,浮阳铁狮雄姿镇海,真定铜佛慈怀佑安。赵州安济隋桥,大清帝皇陵园,离宫避暑山庄,京都紫禁殿苑。气势恢宏,景胜极巅,神工异彩,举世惊叹。一规一制,皆显冀人之聪慧;一砖一瓦,俱浸冀人之血汗。忆往沧桑岁月,张展波澜画卷,论吾冀祖功业,谁不倾慕仰瞻?

河北乃革命功成之圣地,神州伟业,赤子壮举,英名流芳,嘉誉昭显。灭帝制,争民权,求解放,拯国难。五四惊雷激荡,九州怒涛翻卷,农运火烧京东,工潮浪击开滦。追寻光明,摧毁反动统治;传播马列,持恒红色理念。李大钊铁肩担道义,绞架高歌,视死如归。郭隆真丹心铭信仰,刑场斥敌,浩气凛然。高克谦正定举义,反帝雪耻,英魄感地。董振堂金溪鏖战,饮弹殉节,雄魂恸天。日寇黩武,铁蹄肆践,中华大地铮拳愤吼,河北儿女横眉亮剑。佟麟阁扼守宛平,血溅京门。郝梦龄阻敌忻口,命殒雁关。刘邓率部扎太行,抗日烽火燎苍原。平山团铁军报国一展雄风,马本斋母子执节两代英范。五壮士宁死不屈勇跳狼牙,戎冠秀出生入死救助伤员。身掩青纱帐,舟穿白洋淀,奇袭鬼王巢,荡平虎狼烟。冀东传捷报,冀南奏凯旋,钢躯映血色,神威壮云天。数载驱寇降魔，岂容蒋挑内战？党中央转战陕北，挺进平山；解放军攻克石门，逐鹿中原。华北政府成立，华北大学挂匾，人民银行开业，《人民日报》创刊。土改立法，乡亲捧土喜泣；当家作主，百姓登堂畅言。守护胜果，保卫政权，齐心讨蒋，勠力支前。梭布纳军鞋，家家油灯闪，瓮麦充军粮，村村碾磨转。飞针缝衣被，骨肉别故园，推车跨淮海，送儿奔前线。倾其所有，徇义忘己；尽其所忠，浴血奋战。董存瑞舍身炸碉堡，刘子林孤胆擒敌顽。肖万世十立头功第一人，高如意千帆登陆第一船。民心归兮向背定，时势来兮宏图展。五书记聚首柏坡，决胜三大战役；毛主席运筹斗室，挥道万里江山。二中全会谋建国方略，两个务必立警示恒言。雄师飞舟破长浪，冀干随军下江南，追剿穷寇红旗舞，扭转乾坤天地变。旧王朝钟山覆灭，丧终末世；新中国东方诞生，换了人间！

河北乃中华复兴之热土，强省富民，雄国圆梦，同襄盛举，共谱华篇。旭日东升，硝烟甫散，百废待兴，寸履维艰。毛泽东伏案白楼，通修巨著策论导航。周恩来莅临岗南，亲绘蓝图远瞩高瞻。自力更生，重整家园创宏业；艰苦奋斗，敢教山河换新颜。农社领袖耿长锁，矿山先锋马万水，知青标兵邢燕子，支书楷模吕玉兰。意气风发，率表示范，引吭青春赞歌，炽燃华光火焰。植树造林，垦荒治碱，劈岭开渠，盘田增产。钢铁元帅升帐，棉纺织女下凡，高峡飞桥通途，平湖壅水馈电。鼓足干劲，快马扬鞭，几多流金岁月，任凭时代召唤。程茂兰别妻离子，巴黎归国，始建北京天文台；师昌绪辞职拒聘，纽约返华，研发军工特种材。王钰跋山涉水，矿海钻研，地宝层出，国际刮目；于敏隐姓埋名，荒漠核试，氢弹裂空，寰球震撼。摒弃私念，为祖国争光；攘除险阻，朝尖峰登攀。秦庆联结大动脉，任丘勘发大油田，石太铁路电气化，红星飞机云霄旋。抵封锁，度荒难，战洪峰，抗震患。公而忘私，摧而不涣，昂首迎危，挺脊直前。拨乱反正春风化雨，改革开放激涛拍岸。解放思想，挣脱羁绊，土地承包，企业放权。筑巢引凤，纳士招贤，勤劳致富，竞争搏变。审时度势，奔向小康跨三步；抢机超速，夺得九五翻两番。开启新时代，全民鹏程奋进；追逐中国梦，吾省骏图争先。习近平深切关怀，躬亲擘画，谆谆嘱托；党中央鼎力支持，殚精布局，殷殷期勉。以民为本，治党从严，依法建制，正风守廉。敢于担当，负重作为，勇于斗争，直面挑战。锐意改革，亘立砥柱中流；镂砺创新，冲破梗棘夷险。踏石留印，无惧风雨洗礼；抓铁有痕，不惜壮士断腕。大众创业，小康攻坚，锲而不舍，克而终善。李保国扶农脱贫，爱洒太行，身许父老；吕建江亲民解困，情倾家户，血践誓言。塞罕坝人三代奋斗，荒原筑就林海绿洲；塞钢职工六载拼搏，异邦拭亮中国名片。海陆山区域合作，并驾齐驱；京津冀优势互补，协同发展。引领尖端科技，集聚新兴业产，拓展开放格局，融汇双向循环。庚子岁始，疫疫延蔓，鄂临危殆，冀速驰援。北护京都，南济武汉，恒志饬力，抗疾驱患。仁者博爱暖荆楚，天使壮举挽狂澜，瘟魅灭尽荣归日，大地复苏春满园。智慧城市灵动纷呈，自贸园区生机盎然，特色乡镇千姿媲美，名牌院校百花争艳。大兴空港银燕展翅，京张高铁穹岭纵穿。雄安姿容初显，汇拢天下瞩目；冬奥精彩绝伦，喜庆世纪盛典。茵茵绿野，葱葱青峦，澄澄碧水，湛湛蓝天。山湖阳煦景秀，游客览胜陶怡；林泉云蒸霞蔚，宾朋酣歌吟赞。村户粮丰物盈，乡亲笑拥秾福；社区惠润祥和，百姓欣享康安。剧艺梨园，影视文坛，精品溢彩，佳作迭现。扬正能之声，书厚德之贤，咏燕赵之美，颂华夏之灿。心注宏业，魂凝信念，初衷萦怀，使命乘肩。秉宗旨，恪勤廉，筑绮梦，创非凡。足越千峻夺旌筛，志冲九霄惊鹏骞，自古冀人多翘楚，不负家国报中天。壮哉，河北殊荣！伟哉，神州独冠！

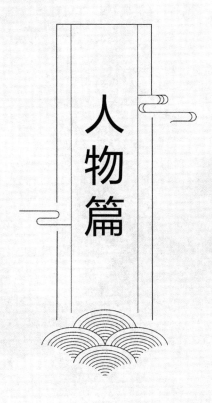

人物篇

李崒

生卒年不详，字浮玉，程杨村人。明崇祯九年（1636年）丙子科武举人。明末，烽烟四起，李崒与弟李岳受父命组织民团保卫家乡。天启二年（1622年），配合官军平定清源白莲教、破闻香教。崇祯十一年（1638年），大兵过枣强，李崒守城有功，授沿河口（今北京市门头沟区沿河口一带，守卫北京、防御大漠，以山为城，以河为池，京师咽喉之地）守备，防御真定府十六州县。崇祯十二年（1639年），兄弟二人率兵平定赞皇县嶂石岩纸糊套（时名枳固套）李自成军队；抓获深州、衡水一带的巨寇黄大荣等。崇祯十六年（1643年）大兵逼近枣强县城，知县邀县内士绅，一致商定由原总兵刘璠谋划，刘璠与李崒分守，并指挥防御，树旗帜，安排专人布疑兵，备弓弩等，吓退敌兵。李崒以军功封参将，李岳加游击衔。崇祯十七年（1644年），李崒用计安抚境内土寇王之林、吕增爵等。清兵南下，李自成官员逃走，贼人抢掠仓库，李崒进城守卫，粮仓得以保全。当时，枣强县北部的单驼、三城一带有贼劫掠，李崒令弟李岳带领乡勇平定。

张居谦（1871—?）

字吉皆，刘家纸房村人，青少年时代就读于河南，清宣统元年（1909年）拔贡生。张居谦先后任静海县县长、河南郾城县县长等职。在静海县，他"清洁自持，实事求是，力除积弊于戎马倥偬中，不畏豪强，保卫人民之安全"，可惜在静海县任职不到3个月，便离任。离任时，治下乡民自发赠予"万民伞"与"万民旗"，可惜之后都散失了。据说，张居谦为人谦恭，每次回乡省亲，都在村西官道就下轿，步行进村，见了乡亲就拱手作揖。任职期间，他不置家产，重在培养后代。

原配刘氏、续配张氏，共育四子四女：长子绍咏、次子绍潘、三子绍衡、四子绍载；长女淑贞、次女淑改、二女淑嫒、四女淑妙。

李笔华（1851—1930）

字梦庚，由廪膳生考取清光绪二十一年（1895年）恩贡生，程杨村人，自幼寒苦，勤学不倦，问学于贺涛。部选山西代州直隶州州判，归隐不赴，设家塾课徒40年，诲人不倦，循循善诱，授生徒300人，入县学者达100多人。平生自奉俭约好施，为本村小学捐资五百余缗，并捐家庙宅基一所、地十五亩。光绪二十九年（1903年）五月，枣强官立高等小学堂成立，李笔华出任司事。1920年，枣强大饥荒，李笔华竭尽财囊，赈济本村及邻村村民。用钱四千余缗，大总统徐世昌赠匾曰"好善为怀"，直隶省长曹锐赠匾曰"慈善可风"。

李书田（？—1928）

字子畬，程杨村人，李笔华之子。清光绪二十八年（1902年）肄业信都书院，在贺涛门下学习古文义法。五月二十七，冀州信都书院、翘材书院两院并考，信都书院一等第一者是枣强李书田、南宫张秋抡、新河韩殿琦。十一月二十一信都书院改冀州中学堂，李书田为中文副教习。佐助贺涛教学。他赋性聪颖，文章书法皆佳，光绪二十九年（1903年）考取优贡，光绪三十一年（1905年）"冀州留学生同人公启"事后，贺涛辞任，李书田继任冀州中学堂中文教习。光绪三十二年（1906）正月，李书田应山东巡抚杨士骧征聘，到济南办理学务，冀州中学堂中文教习由其同门武邑陈毓华继任。1912年5月，署任武城县知事，1915年10月，参与贺涛七十名弟子签名呈请直隶巡按使为贺涛在清史立传事，后任寿光、馆陶等县知事。任职十多年中，政绩卓著，各县恭送万民衣伞至其家，1928年逝世。

《桐城文学渊源考》说他："师事吴汝纶、贺涛，受古文法，有志于古学，文甚雄厚，不易得之才。"吴闿生撰《故友录》说李谐獏"与赵衡湘帆、李书田子畬皆先公去冀后，松坡先生所得士也，先公在莲池，三人皆来请业，已而去"。

张永言（1888—1940）

生于1888年，刘纸房村人。年轻时为生计所迫漂泊各处，当过兵、邮差、小职员、警察等。1937年"七七事变"后，毅然投身救亡大业。1938年春，当选县农民代表大会的区代表，同年加入了中国共产党。继而，在肖张区创立农会，建立党组织，秋季任中共肖张区委书记。1939年夏，任中共枣强县委委员，冬季又当选为县参议会常委。

张永言

他身材高大魁梧，工作终日忙碌，总毫无倦意，有英勇顽强的斗志，常常身穿粗布灰色裤褂，使着一把"七星子"手枪，用白粗布缝了个枪套——有人玩笑地说是"老太太袜子"。他用一根线绳拴在枪把上，拤在右肩上，另有七粒子弹，用小口袋装着，也挂在那根线绳上，左肩上拤着粗布文件包，有时还拤上一把大砍刀，群众送他一个外号叫"七星子"。他常说"14粒子弹，要打死14个日伪军"，又常用"我不怕日伪，日伪必怕我"来激励大家的杀敌勇气。曾经率领3个背着"单打一"枪的游击队员追击20余个日伪军，还缴过日伪军6支捷克式步枪。1939年春，日伪军在县城和各区镇安上了据点，大部分干部跟部队游击行动，少数回了家，他率肖张区干部、战士与日伪周旋。日伪军汽车整日到各村乱窜，他们尾随其后，寻机袭击。他时时不离文件和书，只要有一点时间，就仔细阅读，还每天写日记、记笔记，与别的同志在一起时，就互相研究，虚心听别人讲解，也尽自己所知讲给别人。他见群众就宣传，无论是在集市上、庙台上、小学里、茶馆里、田地里，只要遇上群众，就把抗战的道理、共产党的政策反复讲。当时在肖张区各村，几乎没有听不到他的宣传的，群众都喜欢他，有苦处愿跟他说，有难事愿托他办，有敌情更要告诉他。

1940年3月24日晚，他从家出发，赴县城东南唐林村参加县委召开的会议，夜行40里，次日拂晓至大王均村边，与400余名日伪军骑兵、车子队遭遇，在村东一个小菜园屋里应战杀敌，凶恶的日伪军包围了小屋，他枪里的七粒子弹打完了，口袋里的七粒还没来得及装上，日伪军已经扑到他的身边，刺刀扎进了他的胸膛。

1946年2月，张永言的事迹收录冀南区党委宣传部编印《冀南烈士传》中。

李会山（1896—1942）

生于1896年，字满来，肖张村人，出身于书香门第。肖张村第一名中共党员。

李会山的革命烈士证明书

李会山自幼好学，8岁在肖张村基督教堂设立的抡才学校学习，15岁以优异的成绩考入直隶六师。毕业后，回母校抡才学校任教。1919年，李会山在学生中宣传第一次世界大战的政局和五四运动，歌颂俄国十月革命，对在校学生的思想进步起到一定作用。1925年夏，上海"五卅"惨案后，参加抢才学校全校师生举行的游行示威活动。

1937年"七七事变"的消息传到枣强县，在获悉中共中央七月八日通电后，李会山便离开学校，远离家乡，跋山涉水，突破一道道封锁线，历经千辛万苦，用时两个多月，步行到达革命圣地延安。在延安，党的领导接见了他，安排他在抗日军政大学学习。毕业后，贺龙将军给了他连长任命书，委任他回老家开展抗日工作，他马不停蹄，星夜兼程赶回家乡，投入抗日的最前线。11月，李会山回到家乡的当天，立即赶到冀南区五地委报到，经地委书记信锡华介绍加入中国共产党，并被安排到东纵独立团任连长。

1942年10月3日晚上，他从家里出发，打算绕过县城去城南参加县委召开的会议。行至单仓口村北，与日军遭遇，他依托场院里的麦秸垛同敌军周旋。激战中打死了两名日军，自己也身负重伤。眼见实在没办法脱身，他把最后一颗子弹留给了自己，为国捐躯。

任道真（1888—1946）

肖张村人，本名任学纯，原籍故城县城内，1920年后，全家迁居肖张。1896年，孤身到肖张求学，入肖张教堂所办抢才学校住读。1906年，以优异成绩考入通州潞河高中。3年后，又被保荐入燕京大学哲学系。1914年，燕京大学毕业后，曾在北京任事，后被沧州教会学校聘任为训导，又被聘至肖张教堂，参与抢才学校校务。后因国民政府不再允许外籍人士任校长，任道真被任命为抢才学校首位华人校长。在任期间，公开招聘

任道真

教职员工，公开招生，采用中国教材，提升了教学质量，全县会考成绩一度名列前茅。因学校内有反帝、反侵略言行，任道真曾遭英国人抗议、日伪军逮捕。抗日战争全面爆发后，英籍教会人士全部撤回英国，学校停办，任道真隐居在家直至去世。

张泽民（1903—1979）

张泽民

原名张耀庭，字泽民，刘家纸房村人，生于1903年7月4日，1938年参加革命，中共党员。历任枣强县四区区长、景南县县政科科长、景南县代县长、衡水专署办公室主任、衡水县县长、省民政厅处长、保定专署农林局局长等职。曾被授予"人民功臣"称号。1956年在中央党校学习，受到毛泽东、刘少奇、邓小平等党和国家领导人的接见。2021年7月3日河北衡水中学建校70周年，为其塑铜像以纪念。

张泽民出生在一个贫苦农民家庭，8岁开始在私塾读书，14岁转入国民小学，16岁考入县立高小，19岁考入县师范短训班，次年毕业在冀县枣强一带任乡村教师。他赴北平（北京）参加抗日救亡运动。1938年，携15岁长女张新炽同时参加八路军。1942年，又送18岁长子张长炎参加八路军。他号召乡亲们和家人积极参加抗日活动，并将自家作为八路军食宿的秘密落脚点，妻子李继平为八路军放哨、洗衣做饭，还曾掩护妇救会干部脱险。随着抗日斗争日益激烈，日伪军经常进村抢粮食、搜捕八路军和抗日家属，形势非常危急。李继平被迫携年幼三女儿新秀和次子长尧转移跟随游击。1947年先后又送次女张新纺、14岁次子张长尧参加解放军。在他的感召下，他的家族和他战斗过的村庄里，许多青壮年参加了八路军和解放军。

1950年，张泽民赴衡水县任县长。1951年1月，与县委书记赵辉等组成镇压反革命指挥部，带领全县人民取得了"镇反"斗争的胜利，巩固了政权，创造了良好的生产生活秩序。他狠抓恢复生产和基础建设，如开辟新开街、惠民街，打井，整治河道，建大礼堂、工人文化宫，建设滏阳河大桥，缓解县域交通等。同年，他谋划、指挥、筹措20万斤小米，

衡中校园内张泽民铜像（2023年摄）

创建衡水县第一所初级中学（河北衡水中学前身）并亲自兼任校长，为新中国培养有文化的建设者。

1965年，张泽民因病离休。尽管正需要子女照顾，但他仍坚决支持三子张长涛、16岁的四子张长云先后参军入伍；支持五女儿张新伏和六女儿张新华，响应国家号召分赴工厂和内蒙古边疆建设兵团接受锻炼参与国家建设。是年10月，他给即将去沙河县农村参加"社教"三子长涛，写了18条"农村工作注意事项"，其要点是：学好中央文件，领会上级精神；实事求是；心系百姓走群众路线。张泽民晚年多病，但初心不改，离休不离党。始终坚持读书看报、听广播，时刻关心国家大事和家乡建设。"文化大革命"初期，他坚持实事求是原则，为老战友、老部下出具证明，经常写材料到深夜。1968年，获悉刘纸房村打井抗旱资金短缺，他立即捐助50元支持家乡，并告知长子长炎，三子长涛，兄弟俩也每人捐资了50元。然而，他一家人长期居住的是两间老旧的公房，家里除了一辆旧自行车，两块铺板，一箱子书，别无他物。

他在肺心病晚期住院治疗的日子里，依然关心子女们工作学习，仍念念不忘对子孙后代叮嘱：要好好学习，用知识武装头脑；工作中要吃苦耐劳，生活上要艰苦朴素。1979 年，张泽民因病去世。

李芳岚（1913—1988）

又名李芳兰，生于 1913 年，枣强镇李武庄人，程杨村李衡甫之妻，1936年毕业于河北省立第六师范学校。次年在这个冀南最早的革命发源地接受了先进文化和革命思想。1937 年，任枣强县女子师范学校教师。1938 年 3 月参加革命，8 月加入中国共产党。抗战期间，担任县妇救会主任，主持全县妇女干部工作，后任恩县政府总务科长、冀南区二地委组织部副科长等职。1949 年后，先后任河北省妇联办公室副主任、省妇联干校副校长、天津轻工业学院组织部副部长，承德市委组织部副部长等职。1970 年调邢台地区工作，1979 年离休，1988 年 10 月 7 日因病去世。

李衡甫（1915—1990）

生于 1915 年，程杨村人，又名李钧，中共党员。少年时就读于肖张教堂所办小学和县乡村师范。在师范期间，积极参加读进步书刊活动。参加过多次进步学潮。1938 年参加革命并加入中国共产党，由杜景云介绍，李衡甫先到南宫找到党组织，然后又参加了冀南抗日干部培训班，回村建立了肖张地区第一个农村中共党支部，参与组建程杨青年连，抗战中英勇顽强，不怕牺牲，反"扫荡"中曾负重伤。后担任肖张区战委会组织部部长，县民运科科长，枣南县县长，冀南六专署秘书、公安科长、二专署民政科长，恩县县长，冀南二专署和衡水专署专员。抗战胜利后，积极领导剿匪反特斗争，在土地改革和支援全国解放战争中做出了重大贡献。

1950年3月后，李衡甫任农林厅副厅长兼林业局局长，省人委农林水办公室副主任、林业厅厅长，承德地委副书记，邢台地委革委会副主任，中共邢台地委书记，省农委副主任等职。1957年，参加林业部代表团出访苏联。1961年，发现著名农田水利工程专家常锡厚教授在满城县齐山坡采石场劳动改造时，被无端上了脚镣，非常气愤，立即到省公安厅进行调查，使常锡厚被解下刑具，转到团泊洼农场发挥技术专长。

李衡甫是中华人民共和国成立初期最大林业工程——永定河防护林网的提议及具体领导实施者。

李衡甫作风正派、勇于直言、党性强、有胆识，为抗日、解放战争、林业事业做出过突出贡献。

1990年，李衡甫因病去世。

1947年，冀南南下干部合影（后起第三排右三为李衡甫）

1948 年，恩县人民代表选举纪念合影（一排右五为李衡甫）

1949 年，冀南第二专署县长联席会合影（一排右四为李衡甫）

刘长顺（1923—1994）

生于 1923 年，肖张村人。家庭极其贫苦，房无一间、地无一垄，全家人借住在别人家的院棚里，有时以要饭流浪为生；姐妹从小当了童养媳，七弟送了人，他则衣不遮体、食不果腹，骨瘦如柴，营养不良影响发育，矮人一头。

1939 年，苦大仇深的刘长顺参加了共产党领导的抗日队伍。同年，由县公安科长张琴室介绍加入中国共产党，跟随县大队南征北战，参加了打肖张西街据点、景村突围战、洞里伏击战、景官伏击战、后河伏击战等，在战斗中屡次立功。日军知道他是游击队的骨干分子，多次到他家搜捕，全家担心害怕，到处躲藏。一次，在形势最紧张的情况下，母亲带着姊妹们躲在王单驼村亲戚家的地窖里，好几天没能吃上一顿饱饭。

一次，他独自到景官村执行任务，在官道沟里远望一队日军过来，他急中生智，马上把枪和文件埋在地里，走到附近锄地的老大爷面前把老大爷擦汗的手巾戴在自己的头上，接过锄，锄起地来，日军来到跟前，看见是个小孩和老头在锄地，没有怀疑就走了。

1945 年后，部队首长考虑到他伤疤满身，甚至体内的弹片一直没有取完，病痛缠身，未允许他跟随部队南下。他留在地方，先后在衡水公安局、石家庄公安局、黄壁庄、邢台公安局工作，后任邢台建筑安装公司保卫科科长。离休后，享受县团级待遇。1994 年，刘长顺去世，享年 71 岁。

李敬甫（1917—1995）

女，生于 1917 年，程杨村人，1938 年加入中国共产党。抗日战争和解放战争期间，历任枣强县七区（驻肖张）妇救会主任，远东地区机要秘书，1949 年任枣强县妇救会主任，衡水专署妇女联合会副主任，衡水县副县长。

1953 年，任邯郸专区人事科科长。1955 年至 1967 年，任邯郸地委组织部副部长。1966 年至 1969 年 9 月，李敬甫作为"走资派"，整日挨批斗，但她历史清白，因丈夫（庞均，时任邯郸地委书记）是当时头号"走资派"，挨整成了家常便饭。1969 年 10 月，历任石家庄市桥东区党委书记，石家庄市图书馆党委书记，石家庄市新华区委副书记，区人大主任，石家庄市政协副主席。1995 年去世，享年 78 岁。

刘剑展（1916—1996）

刘剑展

生于 1916 年，屈家纸房村人，原名刘殿圆。少时就读于肖张教堂抡才学校和山东德州中学。高二考入齐鲁大学政教系，其间组织建立书社"同心会"，创办校刊。1937 年初毕业后，回德州中学任教。不久辞职回到家乡。1938 年参加抗日工作，任肖张战委会武装队长，同年加入中国共产党，并被派入由县民团改编的华北人民抗日联军第 30 支队，任第二大队政治指导员。支队改编为八路军东进纵队独立团后，任二营指导员，其间指挥老里祥战斗，击毙日军中队长青木大佐等日伪军 30 余人。1939 年，刘殿圆改任东进纵队特务营教导员，负责冀南区军政领导的安全保卫工作，并更名"刘剑展"。1940 年，参加枣北县敌工站工作，设计营救出被捕的中共平原县委书记吴梓。1943 年，刘剑展化名"陈光汉"，前往德州打入日伪内部工作，先后为"华北交通株式会社特务队特务"和"甲 1415 部队谍报员"，实际是为了搜集敌军情报，秘密发展共产党员，筹集弹药。1944 年冬，因病回家务农。1945 年日军投降后，刘剑展成为村农会主要成员之一。

1946 年冬起，刘剑展先后任单仓口完全小学、肖张完全小学校长。1950 年，被评为县"模范教育工作者"。1951 年，调县师范学校任教。1955 年，县师范学校撤销后，被调到枣强中学任教，专事体育教学，同时辅导学生的音乐活动。1957 年肃反中，因刘剑展 1943 年在德州从事过秘密工作被做错误结论，1958 年受到处分。1980 年 1 月恢复公职。1988 年 10 月，得到彻底平反，办理离休手续。1996 年去世，享年 80 岁。

周耀西（1912—1998）

生于 1912 年 3 月 7 日，程杨村人，曾用名周侃。1937 年 10 月参加革命，1938 年加入中国共产党。抗日战争期间，先后任枣强县肖张区战地动员委员会宣传部部长，冀南行署交际处科员，中共枣强县二区委书记兼区长，枣南县民政科长、公安局局长兼司法科长，行署后梯队总务科长等职。

1946 年后，周耀西服从组织安排，从事教育工作，历任中共平原师范党支部书记、校长，德州专署文教科长，惠民地区体委主任、教育局副局长。1962 年至 1966 年，任德州专署文教局副局长，德州一中党支部书记、校长。1983 年离休。

抗战时期，周耀西舍生忘死，坚持斗争，战绩突出。在教育战线，认真贯彻党的教育方针，抓师资队伍，提高教学质量，为德州的教育发展做出了卓越贡献。

1998 年 4 月 27 日，周耀西因病去世。

李群祯（1919—? ）

1919 年 7 月，李群祯生于肖张村平民之家，自幼睿智聪慧。1927 年，李群祯入肖张村教会学校，英语学得扎实牢固，使其获益匪浅，以至影响一生。1931年，李群祯考入冀县初中。1936年，他以优异成绩初中毕业，在任道真推荐并资助下，考入北平第十七中学。李群祯在家乡小学所学的英语知识，在这所闻名的中学得以发挥和提高，成绩名列前茅，深得校长赏识。1937年，李群祯高中毕业，适逢国难当头，时局混乱，大批热血男儿受"三民主义"影响，纷纷报考黄埔军校或贵州的中央军校，时李群祯入黄埔军校第14期辎重科，主修汽车运输交通专业。

1939年，李群祯黄埔军校毕业，加入国民党，投身到全面抗战中。至1945年，他历任国民党某部辎重兵团汽车营少尉、中校、营长等职，转战南北，在抗日战争中多次完成辎重粮草的运输任务。

1949年，李群祯参加了著名的新疆"9·25"起义，加入了中国人民解放军，一举歼灭新疆国民党反动势力，为解放新疆做出了应有的贡献。1953年5月，随解放军第二十二兵团整体改编为生产建设兵团。在建设边疆的漫长岁月里，他立志扎根边疆，把自己的全部能力和智慧都贡献给边疆大地，曾历任营长、技术参谋、新疆生产建设兵团汽车专家等职。

1965年年底，由于历史原因，李群祯被错判为"历史反革命"，下放到农场强制劳动改造。1979年彻底平反，并恢复工作及一切名誉。新疆交通厅曾下发高级工程师证书，并委以重任。但他因年事已高，身心疲惫尚未恢复而未上任，转而到新疆交通厅下属第九运输公司学校任英语教师。李群祯靠着扎实的功底、认真的态度、勤恳的工作，培养出许多优秀人才，对该校乃至该地区的英语教学、汽车教学都做出了突出的贡献。

1990年，李群祯离休，享受团级待遇。此后，他仍被多家单位聘请教学，把余热都献给了党的教育事业。老年时仍关心时事，修身养性，颐养天年。生前立下遗愿，身后将自己的遗体捐献给新疆医学院（今新疆医科大学）供学生解剖学习。

任燕风（1920—2018）

生于 1920 年，肖张村人，原名任风光，原抢才学校校长任道真之子。先后在肖张抢才学校、德州博文中学就读。1938 年，经同学李晓明、李钧（李衡甫）介绍参加革命工作。为保护家人不受日军骚扰，更名为任燕风，意取自《荆轲刺秦》中"齐鲁燕赵之风，多慷慨悲歌之士"。

任燕风

1939 年 4 月参军到东纵部队，从事财务审计工作，同年 9 月由战友李世宁、刘观光介绍，光荣地加入了中国共产党。后八路军一二九师来到衡水地区，和东纵部队合为冀南军团，他仍然从事财务审计工作，在这期间因工作积极、办事认真、大公无私，被提拔为审计工作团队长，负责各区审计工作。

一次，首长派他到冀县找时任河北国民主席鹿钟麟，商讨两党联合纪念"九一八"事件，鹿却欲庆祝一番，并准备好美酒款待他，他婉言拒绝，没吃饭就回来了。领导表扬道："你做得对，这是我们共产党人的气节！"

1942 年起，任燕风担任交通站站长。4 月 29 日，一行十几人执行一项任务行至霍家庄时，枣北县军事情报总站接到可靠消息，铁路沿线被敌人合围封锁，大批日军进行拉网式的大"扫荡"，上级命令马上分散到各村隐蔽。他因离开家乡已五年有余，决定回老家隐藏。当晚，雷声震耳，他踏着泥水行走了二十多里路回到肖张村，见到了父母。他在家的那几天，父亲坐卧不安，时常到十字街去打听消息。一天，任燕风在十字街碰到李晓明的父亲带领十几位革命同志去屈家纸房村打听县委的消息，他们一同找到了县委，才知道这次"四二九"事件当中，八路军损失惨重，牺牲了很多同志，暂时无法联系上级部队，县委要求他们在枣强县与敌坚持斗争。在枣强期间，因拒绝担任日伪学校校长，被日军关押数月，后经党组织营救获释。1945年初，任燕风与枣北县委取得了联系，留县政府从事财务工作，直到枣强县解放。1949年后，领导征求他的意见，有三个选择，一是党校培训，二是南下任职，三是进入教育战线。他毫不犹豫选择了教育事业，到城关完小任教。1958年，曾被错划为"右派分子"，1979年平反复职。直到离休，一直奋斗在他所钟爱的教育战线。任燕风离休后，享受县团级待遇。2018年3月12日，任燕风去世。

刘春璞（1921—2003）

刘春璞

生于1921年，屈家纸房村人。中华人民共和国成立伊始，美帝战火烧到鸭绿江边，时为沈阳军区后勤工程建筑部建筑工程公司职工的刘春璞，响应号召，毅然于1951年8月1日，作为战勤技术人员奔赴炮火连天的朝鲜战场。

战地勤务任务重，时间紧，特别是自1951年1月起，美军发动"绞杀战"，派遣大量飞机昼夜不停地对志愿军后方的设施、铁路、公路、桥梁以及朝鲜北方的城镇、电站、厂矿等进行狂轰滥炸。

为保障后勤补给，建造"打不断、炸不烂"的钢铁运输线，刘春璞与战友在炮火中穿行、紧急抢修，身着单衣，爬冰踏雪，忍饥挨饿，有时一天吃不上一顿饭。大量的马车、人力手推运输车的修理维护工作不分昼夜。刘春璞与战友舍生忘死，共同奋战，用鲜血和汗水光荣完成上级下达的各项任务。

长期高强度的战地工作，使原本身体强健的刘春璞疾病缠身，但他还是暗暗咬牙坚持着，以特别能吃苦、特别能战斗的革命英雄主义精神激励着自己，最终，在一次抢修桥梁时体力不支，昏厥倒地，于1952年10月16日因病回

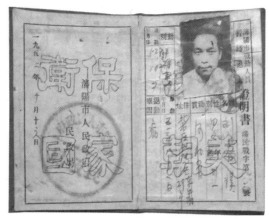

刘春璞服役期间的预防注射证及退勤证明书

国休养。经调养日渐康复后，又积极参与到后方基地的生产建设中，兢兢业业，无怨无悔直至退休。晚年回归原籍屈家纸房村后，一直关心村庄的生产发展，从事一些力所能及的工作。2003年，刘春璞因病去世。

李晓明（1920—2007）

生于1920年12月，原名李鸿升，又名李明远，程杨村人。先后就读于肖张教堂内设的抢才学校和县简易师范，课余时间酷爱读书，尤其是文学类书籍无一不被其过目。在县师范学习期间，接触到先进文化和革命思想。1938年初，由老师杜景云介绍参加了冀南抗日军政干部学校学习，其间加入中国共产党。4月，在肖张区组建战地总动员委员会，任主任，同月任枣强县青年救国会主任，

李晓明

建立和发展中共党组织和抗日群众团体。中共肖张区委建立，他任书记，而后3个多月中，发展党员130多名，建立11个村党支部。各村的农救会、妇救会、自卫队也陆续建立。1938年9月，任中共枣强县委委员；11月，任枣强县民族解放先锋队总队长。1939年5月，民先总队改为青救会，他任主任，同时任中共枣强县委民运部部长。他和战友们一起，在程杨村挖掘出国民党保安三旅溃逃时丢弃的百余支枪，组建青年抗日先锋连。其后，这支武装战绩非凡，他被地委誉称"青运之花"。1940年春被捕，不但未暴露身份，反通过敌"壮丁训练班"秘密活动，破坏敌百余支枪，交友数十名，组成抗日同盟会，筹划内线工作。内线策应出狱不久，调任中共五地委青委书记。一次，他带30名战士越过多道封锁线，取回36支枪，还掩护一批干部脱离敌占区。1941年夏，去北方局党校学习。归后任冀南青救总会青年服务部长。翌年夏，调任中共枣北县委书记兼县游击大队政委，亲自指挥过多次战斗。1943年夏，任中共枣北县委副书记。日伪军千方百计捉拿他，3次抄他的家，其父与弟均受过酷刑。

抗日战争胜利后，率部参加解放临清等战斗。1947年6月，为开辟大别山地区工作，冀南五分区组织"天池部队"第三大队，李晓明任政委，随刘邓大军进入大别山区。1948年，李晓明任中共固始县委书记，迅速建立健全县、区、乡组织。任中共金固霍工作委员会书记，开展支前和剿匪工作。他缜密调查，发动群众，建成统一战线，较快打开局面。1949年2月，筹粮百万斤、银洋5万元，还有万双鞋、万把伞和大量草料，组成万人运粮队将这些物资运往渡江战役前线，途中还修复近50千米公路和几座桥梁，给大进军创造条件。

1951年冬，调任中共潢川地委委员、秘书长。之后，李晓明先后任中共武汉市委党校书记、市委组织部副部长、市委宣传部副部长、中共武昌区委书记、中南区农委办公室主任等领导职务。

1966年"文化大革命"开始后，被诬陷为"叛徒"，遭受折磨百余次。1970年平反后，任广东省革委会政工组文艺办公室副主任，湖北省文化局局长、党委书记,中共中央宣传部文化局局长,中共湖北省委宣传部副部长,省顾委委员。1995 年离休。

1956 年,开始进行业余文艺创作。与韩安庆合著的长篇小说《平原枪声》是 1959 年中华人民共和国成立 10 周年献礼作品。1960 年,他加入中国作家协会。1965 年,与韩安庆合著的又一部长篇小说《破晓记》,描写了解放战争期间游击队的战斗生活。1973 年,广东人民出版社出版了他的中篇小说《追穷寇》,反映了 1950 年新区的剿匪斗争。1982 年,与苗冰舒合作撰写长篇小说《风扫残云》,描写了 50 年代初大别山区地方部队的剿匪斗争。1986 年,与苗冰舒合作撰写的长篇小说《暗线谍影》出版发行。1994 年,长篇小说《歇官亭》,由武汉出版社出版发行。此外,还著有《风扫残云》(合著),中篇小说《小机灵和他的伙伴们》《烽火红缨》等。

李晓明是优秀的共产党人,一生追求进步和理想。他是著名作家,其作品主旨深刻、别具一格,文字朴实兼优美,深刻影响了几代人,更会持久闪烁光辉!

侯仁之(1911—2013)

肖张村人,中共党员。其父侯天成,字佑忱,祖籍山东恩县,自通州潞河书院毕业后任教抡才学校,落籍肖张。1926 年秋,侯仁之离开家乡,到堂兄任教的博文中学就读,再转潞河中学。1932 年,侯仁之考入燕京大学历史系。1936 年夏,侯仁之大学毕业后留在燕京大学读研究生。1937 年,留校为研究生兼助教。1940 年,侯仁之获得硕士学位,同年编写并出版《故都胜迹辑略》一书。

侯仁之

1941 年 12 月，燕京大学遭日军查封，侯仁之因在燕大任教并兼任学生生活辅导委员会副主席，遭日军宪兵逮捕，并以"以心传心，抗日反日"的罪名，被日本军事法庭判处徒刑一年，缓刑三年，后取保开释。1946 年夏，侯仁之前往利物浦大学地理学院学习，获得博士学位。1949 年，侯仁之回国在燕京大学任教，开设中国历史地理，并在《新建设》杂志上发表《中国沿革地理课程商榷》一文。同年，应梁思成教授邀请，到清华大学营建系兼课，讲授市镇地理基础，兼任北京都市委员会委员。撰写《北京海淀附近的地形、水道与聚落》论文。

1952 年，燕京大学与北京大学合并成为北京大学，侯仁之被任命为北京大学副教务长兼地质地理系主任，同时担任《地理学报》编委会主任、中国地理学会副理事长，北京市人民代表、全国政协委员等。1957 年，侯仁之出席南斯拉夫贝尔格莱德大学主持召开的"今日的大学"国际讨论会。1960 年至 1964 年，侯仁之带领北大历史地理研究组，深入沙区考察中国历史时期沙漠地区自然环境的变化，探索历史地理的新方向。是城市历史地理学、沙漠历史地理学的开创者。

1980 年，侯仁之当选为中国科学院学部委员，同年至 1996 年，侯仁之以客座教授、住校访问学者等身份，前后 10 次前往美国、加拿大、西班牙、荷兰等国家，参加国际学术会议和文化交流。1984 年 4 月，侯仁之以全国政协委员的名义，首次建议将北京周口店北京猿人遗址、八达岭万里长城和故宫博物院，作为中国文化和自然遗产列入保护公约，三位委员联合签名，并得到政府批准，故有中国申遗第一人之誉。著有《中国地理学的理论与实践》《天津聚落之起源》《步芳集》《北京历史地图集》《历史地理学四论》等。1997 年，侯仁之获得何梁何利科学与进步奖，是乔治·戴维森勋章获得者中国第一人。

甄昕明（1924—2015）

生于 1924 年 3 月 21 日，屈家纸房村人，曾名一魁、庭魁。1938 年春参加八路军，在一二九师 7 旅 20 团当宣传队员，1939 年入党。1942 年回枣强工作，先后在自家南院办扫盲班、小学，史屯村河东抗日联合小学任教。1949 年后，在枣强中学任教，后调县文教局。1959 年至 1962 年在岗南水库工作，后在冀县文教局、枣强文教局工作。1973 年在滕村乡教委、1978 年在县知青办、1981 年在县委党史办工作。1982 年任县信访办副主任。1983 年离休。曾获"共和国创立者""纪念抗日战争胜利六十周年""纪念抗日战争胜利七十周年"纪念章。2015 年去世，享年 91 岁。

张梧华（？—2015）

解放战争中，西李纸房村张梧华被国民党反动派抓获，后被挟持至台湾，当时以为他牺牲了，政府将他定为烈士。

1988 年，一封由台湾发往西李纸房村的信，引起了全村人的轰动，也打破了村里以往的宁静。张西广是张梧华的父亲，他原以为儿子已经死在了战场上，国家也发了抚恤金，每年乡武装部常来家中看望失去儿子的两位老人，家中大门上还挂着"烈属光荣"的牌子；但这封来信正是张梧华写的，他在信中说自己没有死，而是在台湾，不久之后便能回家看望亲人。

1990 年，张梧华迈着期待又紧张的步伐，走向阔别 40 余年的老家，最终在一个老屋前停下脚步。那间房屋是用土坯盖的，房檐低矮，只有两间土房。张梧华在自己曾经的家门口看到了"烈属光荣"的牌子，忍不住两眼含泪。他默默地站了一会儿，才颤抖着双手把那扇老旧的门推开，屋里有两位白发苍苍的老人正坐在炕上说话，正是他朝思暮想的父母。

两位老人听见有人进屋，急忙回过头来，从来者饱含泪花的双眼和苍老的面庞上，依稀能辨别出当年熟悉的眉眼，张西广激动地问道："儿啊，你不是牺牲了吗？"张梧华也激动地握住老人的手，满腔热情地喊了一声"爹……娘……"不一会，亲戚们闻讯赶来，他们相拥在一起。街坊邻居们都为40余年后张梧华的平安归来而感到由衷的高兴。

张梧华于2015年去世，享年85岁。

李 柱（1922—2020）

李 柱

1922年5月生于程杨村，女，中共党员。1938年4月参加革命工作，同年7月加入中国共产党，任县民族解放先锋队少年儿童部部长。1945年10月，经组织安排赴东北开辟新区，先后任东北土改工作队副队长、中共开鲁县民运组织部部长、辽南分地委民运副部长。1946年12月，任奈曼旗大沁他拉区委书记兼区长。1947年8月，任中共阜新县委组织部部长。1949年3月，任辽西省妇联副秘书长、中共辽源市委组织部部长，兼中共辽源煤矿党委组织部部长。是月，参加全国妇女代表大会。1952年6月，任中共大连船厂组织部部长、党委副书记。1958年8月，任中共旅大师范学院书记。

1960年，参加全国教育系统群英会。1963年6月，转任中共大连医学院副书记。"文化大革命"中，李柱受到迫害。1975年，参加大连铁道学院清查工作团，任副团长。1978年3月，任辽宁外语专科学校（8月改建为

1960 年，李柱参加全国群英会，在人民大会堂前合影

80 年代，李柱（右三）去北京开会时与中组部副部长曾志（右四）等合影

李柱、赵龙夫妇

大连外国语学院）党委副书记。1985年10月离休，2020年5月27日逝世，享年98岁。

李柱一生忠于党和人民的革命事业，工作严谨，倾力本职，敢于负责，严于律己，领导能力突出，践行了共产党人的誓言，表现出人格的高尚。

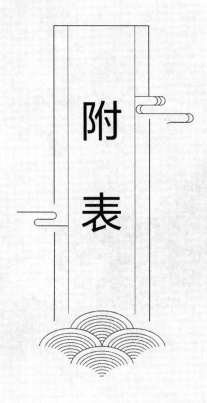

附表

党政群团组织沿革一览表

1938—2021 年肖张区 / 乡 / 公社 / 镇党组织沿革一览表

组织名称	职务	姓名	任职时间
中共枣强县第八区委员会	书记	李晓明	1938.05—1939.02
		张永言	1939.02—1940.03
中共枣北县第五区委员会	书记	石克明	1940.07—1945.10
中共枣强县第八区委员会	书记	（不详）	1945.10—1946.01
		（不详）	1946.01—1949.12
		张兴林	1949.12—1952.06
	副书记	王秀峰	1949.12—1951.09
中共枣强县第五区委员会	书记	杨明斋	1953.04—1955.04
		郑忠达	1955.04—1956.06
	副书记	王秀峰	1953.06—1956.06
中共枣强县肖张乡委员会	书记	王虎群	1956.07—1957.03
	副书记	陈建亭	1956.07—1956.12
		史之江	1956.12—1958.08
中共冀县肖张公社委员会	书记	夏同来	1961.05—1962.01
	副书记	芦振江	1961.02—1962.01
		于兰波	1961.12—1962.01
中共枣强县肖张公社 / 肖张乡委员会	书记	于兰波	1962.01—1964.04
		夏同来	1964.04—1966.04
		邱桂臣（代）	1964.10—1965.05
		金汝会（代）	1965.05—1966.04

组织名称	职务	姓名	任职时间
中共枣强县肖张公社／肖张乡委员会	书记	邱桂臣	1966.04—1967.01
		邱桂臣	1971.03—1975.06
		赵其章	1975.06—1979.12
		康文芳	1979.02—1983.12
	副书记	陈书升	1964.04—1967.01
		刘振石	1966.05—1967.01
		韩俊文	1975.12—1976.10
		张士行	1974.01—1975.06
		刘西顺	1976.06—1976.10
		赵其章	1972.06—1975.07
		刘西振	1970.07—1977.05
		刘西顺	1976.10—1981.07
		张乃銮	1977.01—1981.11
		蒋丙孝	1982.11—1983.12
		孙万青	1977.03—1983.12
		王丙池	1981.11—1983.12
		李梦兰	1981.09—1983.12
		刘桂尧	1981.12—1983.12
		戴丙强	1979.11—1982.12
		韩俊文	1976.10—1978.03
中共枣强县肖张乡第五届委员会（1983.12—1989.12）	书记	杨宝达	1983.12—1989.12
	副书记	蒋丙孝	1983.12—1984.05
		孙万青	1983.12—1984.03
		王丙池	1983.12—1984.10
		齐书维	1984.01—1987.10
		姚洪赞	1984.05—1986.06
		阴殿兴	1984.12—1987.10
		刘国彬	1986.06—1987.10
		阴殿兴	1987.11—1989.12

组织名称	职务	姓名	任职时间
中共枣强县肖张乡 第五届委员会 （1983.12—1989.12）	副书记	刘国彬	1987.11—1989.12
		齐书维	1989.11—1989.12
		刘振新	1989.07—1989.12
		刘洪林	1989.08—1989.12
	委员	杨宝达	1983.12—1989.12
		蒋丙孝	1983.12—1984.05
		孙万青	1983.12—1984.03
		王丙池	1983.12—1984.10
		齐书维	1984.01—1987.10
		姚洪赞	1984.05—1986.06
		阴殿兴	1984.12—1989.12
		刘国彬	1987.11—1989.12
		齐书维	1989.11—1989.12
		谢洪楼	1987.11—1989.09
		刘洪林	1987.11—1989.12
		傅振合	1988.06—1989.12
		刘子良	1988.12—1989.12
		刘振新	1989.07—1989.12
中共枣强县肖张乡/肖家镇 第六届委员会 （1989.12—1992.12）	书记	杨宝达	1989.12—1992.12
	副书记	董铁民	1989.12—1992.12
		阴殿兴	1989.12—1992.11
		刘振新	1989.12—1990.02
		刘洪林	1989.12—1992.11
		谢洪楼	1990.03—1992.12
		单兰锋	1991.02—1992.12
		宋祥顺	1992.11—1992.12
		赵立平	1992.11—1992.12
	委员	杨宝达	1989.12—1992.12
		董铁民	1989.12—1992.12

续表

组织名称	职务	姓名	任职时间
中共枣强县肖张乡/肖家镇 第六届委员会 （1989.12—1992.12）	委员	阴殿兴	1989.12—1992.11
		刘振新	1989.12—1990.02
		刘洪林	1989.12—1992.11
		李子良	1989.12—1992.11
		傅振合	1989.12—1992.11
		谢洪楼	1990.03—1992.12
		单兰锋	1991.02—1992.12
		宋祥顺	1992.11—1992.12
		何立平	1992.11—1992.12
		张振霄	1992.11—1992.12
		陈占强	1992.11—1992.12
		何立平	1992.11—1992.12
中共枣强县肖家镇 第七届委员会 （1992.12—1996.12）	书记	杨宝达	1992.12—1994.12
		李汉元	1995.03—1996.01
		袁兰生	1996.01—1996.10
	副书记	董铁民	1992.12—1995.03
		刘洪林	1992.12—1993.10
		赵立平	1992.12—1996.12
		单兰锋	1992.12—1995.03
		何立平	1992.12—1995.06
		谢洪楼	1992.12—1996.12
		齐善朋	1995.07—1996.12
		宋祥顺	1995.07—1996.12
		刘玉秋	1995.04—1996.12
		曹洪新	1996.10—1996.12
	委员	杨宝达	1992.12—1994.12
		董铁民	1992.12—1995.03
		张振霄	1992.12—1996.12
		刘洪林	1992.12—1993.10

组织名称	职务	姓名	任职时间
中共枣强县肖家镇 第七届委员会 （1992.12—1996.12）	委员	单兰锋	1992.12—1995.03
		何立平	1992.12—1995.06
		谢洪楼	1992.12—1996.12
		陈占强	1992.12—1996.12
		张怀岗	1992.12—1996.12
		臧俊梅	1992.12—1996.12
		宋祥顺	1992.12—1996.12
		赵立平	1992.12—1996.12
		林俊峰	1992.12—1996.12
		李汉元	1995.03—1996.01
		齐善朋	1995.07—1996.12
		刘玉秋	1995.04—1996.12
		袁兰生	1996.01—1996.12
		朱洪武	1996.11—1996.12
		马书岷	1996.11—1996.12
中共枣强县肖家镇／肖张镇 第八届委员会 （1996.12—2002.05）	书记	袁兰生	1996.12—1998.11
		刘玉秋	1998.11—2002.05
	副书记	齐善朋	1996.12—2002.04
		曹洪新	1996.12—1998.11
		赵立平	1996.12—1998.11
		刘玉秋	1996.12—1998.03
		宋祥顺	1998.03—2002.04
		母林宝	1998.11—2002.03
		林俊峰	1999.01—2002.04
		程钊	2001.08—2002.05
		赵飞	2001.08—2002.05
		高全义	2002.03—2002.05
	委员	袁兰生	1996.12—1998.11
		刘玉秋	1996.12—2002.05

组织名称	职务	姓名	任职时间
中共枣强县肖家镇 / 肖张镇 第八届委员会 （1996.12—2002.05）	委员	齐善朋	1996.12—2002.04
		曹洪新	1996.12—2000.03
		赵立平	1996.12—1998.11
		张振霄	1996.12—2001.08
		林俊峰	1996.12—2002.04
		马书岷	1996.12—2002.05
		朱洪武	1996.12—1999.01
		宋祥顺	1996.12—2002.04
		母林宝	1998.11—2002.03
		马文超	1999.01—2002.05
		范广岭	1999.01—2002.05
		赵 飞	2001.08—2002.05
		程 钊	2001.08—2002.05
		高全义	2002.03—2002.05
		袁晓明	2002.04—2002.05
		张振宵	2002.04—2002.05
中共枣强县肖张镇 第九届委员会 （2002.05—2006.04）	书记	刘玉秋	2002.05—2003.07
		马志勇	2003.07—2006.04
	副书记	高全义	2002.05—2004.04
		赵 飞	2002.04—2006.04
		程钊（兼）	2002.05—2006.04
		张振霄（挂职）	2002.05—2006.04
	委员	刘玉秋	2002.05—2003.07
		高全义	2002.05—2004.04
		赵 飞	2002.05—2006.04
		程 钊	2002.05—2006.04
		张振霄	2002.05—2006.04
		范广岭	2002.05—2006.04
		马文超	2002.05—2006.04

组织名称	职务	姓名	任职时间
中共枣强县肖张镇 第九届委员会 （2002.05—2006.04）	委员	马书岷	2002.04—2003.04
		袁晓明	2002.05—2006.04
		郑恒信	2002.08—2003.12
		杨凤森	2002.12—2006.04
		马志勇	2003.07—2006.04
中共枣强县肖张镇 第十届委员会 （2006.04—2011.03）	书记	马志勇	2006.04—2009.08
		赵 飞	2009.08—2011.03
	副书记	程 钊	2006.04—2010.04
		刘国檩（挂职）	2009.08—2010.08
		王西同	2010.09—2011.03
		李健雪	2011.02—2011.03
	委员	马志勇	2006.04—2009.08
		赵 飞	2006.04—2011.03
		程 钊	2006.04—2010.04
		马文超	2006.04—2007.06
		杨凤森	2006.04—2007.06
		王西同	2006.04—2011.03
		张 兵	2006.04—2011.03
		马 霄	2006.04—2009.11
		张杰（女）	2006.04—2009.11
		吴彦丰	2010.09—2011.03
		王 哲	2009.11—2011.03
		李慎江	2007.06—2010.09
		董兰云（女）	2009.11—2011.03
		刘文超	2009.11—2011.03
		李健雪	2011.02—2011.03
中共枣强县肖张镇 第十一届委员会 （2011.03—2016.06）	书记	赵 飞	2011.03—2011.08
		周 进	2011.08—2021.06
	副书记	李健雪	2011.03—2015.01

组织名称	职务	姓名	任职时间
中共枣强县肖张镇第十一届委员会（2011.03—2016.06）	副书记	王西同	2011.03 — 2011.09
		陈广月	2015.01—2016.06
		朱英奎	2014.01—2016.06
	委员	赵 飞	2011.03—2011.08
		李健雪	2011.03—2015.01
		王西同	2011.03—2011.09
		吴彦丰	2011.03—2015.01
		郑国梁	2011.03—2016.06
		何世哲	2011.03—2016.06
		李保峰	2011.03—2015.01
		董兰云（女）	2011.03—2015.01
		王 哲	2011.03—2014.01
		朱英奎	2014.01—2016.06
		张 英	2014.06—2016.06
		陈广月	2015.01—2016.06
		王国栋	2016.02—2016.06
		肖 曼	2016.02—2016.06
		何 宇	2016.04—2016.06
中共枣强县肖张镇第十二届委员会（2016.06—2021.06）	书记	周 进	2016.06—2021.06
	副书记	陈广月	2016.06—2017.07
		段洪胜	2017.07—2018.06
		张庆六	2018.06—2021.06
		朱英奎	2016.06—2021.06
	委员	张 英	2016.06—2017.01 2019.05—2021.06
		肖 曼	2016.06—2018.03
		朱英奎	2016.06—2021.06
		周 进	2016.06—2021.06
		郑国梁	2016.06—2017.01

组织名称	职务	姓名	任职时间
中共枣强县肖张镇第十二届委员会（2016.06—2021.06）	委员	陈广月	2016.06—2017.07
		苏立波	2017.01—2020.09
		段洪胜	2017.07—2018.06
		张庆六	2018.06—2021.06
		卢洪岭	2019.05—2021.06
		蒋 硕	2020.12—2021.06
		韩世宁	2021.01—2021.06
中共枣强县肖张镇第十三届委员会（2021.06—）	书记	张庆六	2021.06—2021.12
	副书记	朱英奎	2021.06—2021.12
		李 阳	2021.06—2021.12
	委员	张庆六	2021.06—2021.12
		朱英奎	2021.06—2021.12
		李 阳	2021.06—2021.12
		张 英	2021.06—2021.12
		韩世宁	2021.06—2021.12
		高旭东	2021.06—2021.12
		蒋 硕	2021.06—2021.12
		卢洪岭	2021.06—2021.12
		窦彦冰	2021.06—2021.12
		郭玉明	2021.06—2021.12
		郑 淇	2021.06—2021.12

1992—2021 年肖张镇（肖家镇）纪检委机构沿革一览表

组织名称	职务	姓名	任职时间
中共肖家镇纪律检查第七届委员会	书记	张振宵（兼）	1992.12—1996.12
中共枣强县肖家镇 / 肖张镇纪律检查第八届委员会	书记	张振宵（兼）	1996.12—2001.08
中共枣强县肖家镇 / 肖张镇纪律检查第八届委员会	书记	程　钊（兼）	2001.08—2002.05
中共枣强县肖张镇纪律检查第九届委员会	书记	程　钊（兼）	2002.05—2003.04
中共枣强县肖张镇纪律检查第九届委员会	委员	程　钊（兼）	2002.05—2006.04
中共枣强县肖张镇纪律检查第九届委员会	委员	马文超（兼）	2002.05—2003.04
中共枣强县肖张镇纪律检查第九届委员会	委员	杨凤森（兼）	2002.05—2003.04
中共枣强县肖张镇纪律检查第十届委员会（2006.04—2011.03）	书记	程　钊（兼）	2006.04—2010.04
中共枣强县肖张镇纪律检查第十届委员会（2006.04—2011.03）	书记	（空缺）	2010.04—2010.09
中共枣强县肖张镇纪律检查第十届委员会（2006.04—2011.03）	书记	王西同（兼）	2010.09—2011.03
中共枣强县肖张镇纪律检查第十一届委员会（2011.03—2016.06）	书记	郑国梁	2011.03—2016.06
中共枣强县肖张镇纪律检查第十一届委员会（2011.03—2016.06）	副书记	赵　磊	2011.03—2016.06
中共枣强县肖张镇第十二届委员会（2016.06—2021.06）	书记	郑国梁	2016.06—2017.01
中共枣强县肖张镇第十二届委员会（2016.06—2021.06）	书记	王国栋	2017.01—2019.05
中共枣强县肖张镇第十二届委员会（2016.06—2021.06）	书记	卢洪岭	2019.05—2021.06
中共枣强县肖张镇第十二届委员会（2016.06—2021.06）	副书记	赵　磊	2016.06—2021.06
中共枣强县肖张镇第十二届委员会（2021.06—）	书记	卢洪岭	2021.06—2021.12
中共枣强县肖张镇第十二届委员会（2021.06—）	副书记	赵　磊	2021.06—2021.12

1987—2021 年乡／镇人大主席团沿革

组织名称	职务	姓名	任职时间
肖张乡人大主席团	副主席	史其华	1987.11—1990.07
肖家镇人大主席团	主席	史其华	1990.01—1997.03
肖张镇人大主席团	主席	史其华	1993.01—1998.03
		刘洪林	1998.03—1999.01
		郑恒信	1999.01—2003.12
肖张镇人大主席团	主席	程　钊	2004.12—2006.04
		郑树华	2006.04—2007.06
		李　旭	2007.06—2009.11
		齐双占	2009.11—2011.03
		张　勇	2011.03—2013.12
		高　清	2013.12—2017.07
		张凤杰	2019.05—2020.09
		李　阳	2020.09—2021.12
	副主席	陈树新	1998.03—1999.02
		陈树新	1999.02—2002.04
		蒋学文	2002.04—2007.06
		吴彦丰	2007.06—2010.09
		王国栋	2011.03—2016.02
		卢洪领	2016.02—2017.01
		韩世宁	2017.01—2019.10
		张　英	2021.06—2021.12
		吴志丹	2021.06—2021.12

1949—2021 年乡/镇政府机构沿革

组织名称	职务	姓名	任职时间
枣强县第八区政府	区长	啜金波	1950.06—1953.04
	副区长	郑方明	1952.11—？
枣强县第五区政府	区长	王金展	1953.04—1956.07
	副区长	王永超	1955.？—1956.07
枣强县肖张乡人民委员会	乡长	陈建亭（代）	1956.07—？
第六届肖张乡人民政府 （1984.01—1987.11）	乡长	蒋丙孝	1984.01—1984.04
		姚洪赞	1984.05—1986.06
		刘国彬（代）	1986.06—1987.10
	副乡长	张乃銮	1984.01—1987.10
		姚洪赞	1984.01—1984.06
		李玉河	1984.06—1984.10
第七届肖张乡人民政府 （1987.11—1990.01）	乡长	刘国彬	1987.11—1989.02
		董铁民	1989.02—1990.01
	副乡长	张乃銮	1987.11—1989.11
		刘玉秋	1989.11—1990.01
	科技副乡长	谢红楼	1988.11—1990.01
	联合社社长	阴殿兴	1989.07—1990.01
第八届肖张乡/ 肖家镇人民政府 （1990.01—1993.01）	乡/镇长	董铁民	1990.01—1993.01
	副乡/镇长	刘玉秋	1990.01—1993.01
		王勇	1990.01—1990.08
		何立平	1991.02—1992.11
		林俊峰	1992.11—1993.01
	科技副乡/镇长	谢红楼	1990.01—1990.02
		何立平	1990.03—1991.02
		范广岭	1991.02—1992.12
	联合社社长	阴殿兴	1990.01—1992.11
		何立平	1992.11—1992.12
第九届肖家镇/ 肖张镇人民政府 （1993.01—1998.03）	镇长	董铁民	1993.01—1995.03
		刘玉秋	1995.04—1998.03
	副镇长	刘玉秋	1993.01—1995.03
		林俊峰	1993.01—1998.03

组织名称	职务	姓名	任职时间
第十届肖张镇人民政府 （1998.03—1999.02）	镇长	刘玉秋	1998.03—1998.11
		母林宝	1998.11—1999.02
	副镇长	林俊峰	1998.03—1999.01
		陈占强	1998.03—1999.02
		郑恒信	1998.03—1999.01
		王召群	1998.03—1999.01
		范广岭	1998.03—1999.02
		桑占中	1998.03—1999.02
		朱洪武	1999.01—1999.02
	科技副镇长	崔洪星	1998.03—1999.01
		张志强	1999.01—1999.02
第十一届肖张镇人民政府 （1999.02—2003.04）	镇长	母林宝	1999.02—2002.03
		高全义	2002.03—2003.04
	副镇长	范广岭	1999.02—2003.04
		桑占中	1999.02—2001.08
		朱洪武	1999.02—2002.05
		陈占强	1999.02—2001.08
		于海云	2001.07—2002.08
		安东森	2001.08—2002.04
		张振霄	2001.08—2002.04
	科技副镇长	张志强	1999.02—2003.04
		赵春暖（女）	2002.04—2003.04
第十二届肖张镇人民政府 （2003.05—2007.05）	镇长	高全义	2002.05—2004.04
		赵 飞	2004.11—2007.05
	副镇长	范广岭	2002.05—2006.04
		朱洪武	2002.05—2003.12
		于海云	2002.05—2002.08
		林书成	2003.12—2006.04

续表

组织名称	职务	姓名	任职时间
第十二届肖张镇人民政府 （2003.05—2007.05）	副镇长	李 旭	2003.12—2007.05
		袁晓明	2006.04—2007.05
		杨凤森	2006.04—2007.05
	科技副镇长	张志强	2002.05—2003.04
		赵春暖（女）	2002.05—2003.04 2006.07—2006.08
		李 寒	2003.12—2006.04
第十三届肖张镇人民政府 （2007.05—2011.03）	镇长	赵 飞	2007.05—2011.02
		李健雪	2011.02—2011.03
	副镇长	杨凤森	2007.05—2007.06
		李 旭	2007.05—2007.06
		袁晓明	2007.05—2009.11
		王西同	2007.06—2010.09
		曹桂雨	2009.11—2011.03
		吴彦丰	2010.09—2011.09
		刘文超	2011.03—2011.09
第十四届肖张镇人民政府 （2011.03—2017.01）	镇长	李健雪	2011.02—2015.01
		陈广月	2015.01—2017.01
	副镇长	董兰云	2016.02—2017.01
第十五届肖张镇人民政府 （2017.01—2021.06）	镇长	陈广月	2017.01—2017.07
		段洪胜	2017.07—2018.04
		张庆六	2018.04—2021.06
	副镇长	董兰云	2016.02—2021.06
		张 英	2017.01—2021.06
		刘文超	2020.12—2021.06
		蒋 硕	2020.12—2021.06
第十六届肖张镇人民政府 （2021.06—）	镇长	李 阳	2021.06—2021.12
	副镇长	窦彦冰	2021.06—2021.12
		郭玉明	2021.06—2021.12
		郑 淇	2021.06—2021.12

1961—1967 年、1981—1983 年肖张公社管委会组织沿革一览表

组织名称	职务	姓名	任职时间	备注
冀县肖张公社管委会	主任	李振华	1961.05—？	
	副主任	苏振堂	1961.05—？	
枣强县肖张公社管委会	主任（社长）	于兰波	1962.03—1963.04	1964 年 4 月，人民公社主要职务改设社长、副社长。
		金汝会	1963.04—1964.10	
		刘桂尧（代）	1964.10—1966.04	
	副主任（副社长）	陈书升	1966.10—1967.01	
		张玉林	1963.04—1966.10	
		王金忠	1966.10—1967.01	
第五届枣强县肖张公社管委会	主任	戴丙强	1981.12—1982.12	1967 年 1 月，公社被"造反派"夺权，1981 年 12 月恢复，1983 年 12 月撤社建乡。
		蒋丙孝	1982.12—1984.01	
	副主任	张乃銮	1981.12—1984.01	
		齐书维	1982.01—？	
		姚金霞（女）	1983.04—？	

1968—1976 年肖张公社革委会主任／副主任任职一览表

职务	姓名	任职时间
主任	邱桂臣	1968.08—1975.06
	赵其章	1975.06—1979.02
	康文芳（康官树）	1979.02—1979.12
	戴丙强	1979.12—1981.12
副主任	陈书升	1968.08—1970.08
	刘西振	1971.07—1977.05
	朱金贵	1972.06—？
	赵其章	1974.03—1975.06
	张士行	1974.03—？
	吴新灿	1974.06—1978.03
	康希良	1975.12—1979.06
	刘贵芝	1975.12—？
	刘西顺	1976.06—1981.07
	张乃銮	1981.11—1981.12

1993—2021 年政协联络组组长任职一览表

组织名称	职务	姓名	任职时间
肖家镇政协联络组	组长	谢洪楼	1993.04—1996.01
		单兰峰	1996.01—1997.03
肖张镇政协联络组	组长	单兰峰	1997.03—2006.04
		程　钊	2006.04—2010.09
		王西同	2010.09—2013.12
		朱英奎	2013.12—2021.12

1949—2021 年肖张区 / 乡 / 公社 / 镇人民武装部沿革

组织名称	职务	姓名	任职时间
枣强县第八区人民武装部	部长	啜忠良	1949.10—？
枣强县第五区人民武装部	部长	史官清	1953.04—1954.09
冀县肖张人民公社人民武装部	部长	刘庚午	1961.05—1962.01
枣强县肖张人民公社人民武装部	部长	刘庚午	1962.01—1971.08
		顾其才	1971.08—1974.05
		吴新灿	1974.05—1978.06
枣强县肖张人民公社人民武装部	部长	刘洪林	1978.06—1984.02
枣强县肖张乡人民武装部	部长	刘洪林	1984.02—1989.09
		林俊峰	1989.09—1990.12
枣强县肖家镇人民武装部	部长	林俊峰	1991.01—1993.11
		马书岷	1993.11—1997.03
枣强县肖张镇人民武装部	部长	马书岷	1997.03—2002.08
		（空缺）	2002.08—2002.12
		杨凤森	2002.12—2006.04
		张　兵	2006.04—2011.03
		李保锋	2011.03—2015.04
		（空缺）	2015.05—2016.05
		王国栋	2016.05—2017.06
		卢洪岭	2017.06—2019.10
		韩世宁	2019.10—2021.12

1949—2021 年肖张区／乡／公社／镇团组织沿革一览表

组织名称	职务	姓名	任职时间
中国新民主主义青年团枣强县第八区委员会	书记	（空缺）	1949.10—1953.04
	副书记	孙金仓	1949.10—1953.04
中国新民主主义青年团枣强县第五区委员会	书记	（空缺）	1953.04—1956.10
	副书记	傅治泽	1953.04—？
中国新民主主义青年团枣强县肖张乡委员会	书记	王金满（女）	1956.10—？
		李福顺	？—1957.08
中国共产主义青年团枣强县肖张乡委员会	书记	李福顺	1957.08—1958.08
共青团冀县肖张人民公社委员会	书记	田幼贞（女）	1961.05—1962.01
共青团枣强县肖张人民公社委员会	书记	田幼贞（女）	1962.01—1963.05
		丁一民（女）	1963.05—1966.05
		杜秀芬（女，兼）	1966.05—1967.01
		齐书维	1973.07—1981.12
		扈传斗	1982.01—1982.12
		王保义	1982.12—1984.01
共青团肖张乡委员会	书记	王保义	1984.01—1984.04
		王军民	1984.04—1986.02
		陈占强	1986.02—1989.09
		（空缺）	1989.10—1990.12
共青团肖家镇委员会	书记	（空缺）	1991.01—1992.06
		马文超	1992.06—1992.12
		宋红岩	1992.12—1997.03
		宋红岩	1997.03—1999.01
		（空缺）	1999.01—1999.04
共青团肖张镇委员会	书记	臧金柱	1999.04—2003.12
		刘文超	2003.12—2006.07
		臧金柱	2006.07—2011.09

1949—2021 年肖张镇妇女组织沿革一览表

组织名称	职务	姓名	任职时间
枣强县第八区妇女联合会	主任	朱素真	1949.10—1953.04
枣强县第六区妇女联合会	主任	何忠民	1953.04—1956.10
枣强县肖张乡妇女联合会	主任	徐梅仙	1956.10—1958.08
冀县肖张人民公社妇女联合会	主任	田幼贞	1961.05—1962.01
枣强县肖张人民公社妇女联合会	主任	田幼贞	1962.01—1963.05
		丁一民	1963.05—1966.09
		安秀平	1966.09—1967.01 1972—1984.04
枣强县肖张乡妇女联合会	主任	臧俊梅	1984.04—1990.12
枣强县肖家镇妇女联合会	主任	臧俊梅	1991.01—1992.12
		（空缺）	1991.01—1992.06
		马文超	1992.06—1992.12
		臧俊梅	1992.12—1996.01
		（空缺）	1996.01—1997.01
		孟文娟	1997.01—1997.03
枣强县肖张镇妇女联合会	主任	孟文娟	1997.03—1998.03
		常宝华	1998.03—2003.04
		王文平	2003.04—2011.09

肖张镇革命烈士名录

籍贯	姓名	生年	参加革命时间	牺牲时间	牺牲地点	牺牲时（或曾任）职务	备注
肖张	张石柱	1920	1942	1942	枣强县流常	战士	
	李会山	1902	1937	1942	枣强县单仓口	连长	又名李满仓
	刘孟森	1910	1942	1944	枣强县景村	战士	
	李存仁	1923	1943	1947	河南固始县南窑沟	战士	
	张国恩	1922	1941	1947	河南固始县南窑沟	战士	
	李慎盈	1924	1943	1947	河南固始县南窑沟	排长	
	魏延成	1918	1946	1947	大别山	战士	
	李元福	1925	1945	1949	山西太原	战士	
前河西	李振胜	1905	1941	1943	北京市石景山	战士	
	李长仁	1918	1937	1943	枣强县东青花	战士	
	张世华	1912	1938	1944	枣强县老杨庄	枣北县敌工科科员	
	张桂臣	1919	1937	1947	大别山	战士	
	李长恒	1925	1949	1952	朝鲜	战士	
后河西	刘德恩	1918	1946			战士	
	李之衡	1892	1938.04	1940	山东武城	文书	
	李国生	1916	1939.06	1940	广宗县核桃园	青年先锋队指导员	
	李书谦	1918	1939.08	1940.01	枣强县东关	排长	
	李国钦	1916	1939	1940.12	枣强县肖张	班长	
	崔福贵	1917	1939.06	1941	枣强县曹庄	排长	
	李景维	1920	1938.09	1944.04	太行山区	卫生队队长	
	李庆云	1916	1942.03	1945	深县任侯角	战士	又名李庆芳
	臧成洲	1908	1939.06	1945.12	东光县连镇	青年先锋连连长	
	艾治水	1927	1943.07	1946	山东德州	警卫员	
	阎立合	1923	1946.10	1947	河南濮阳	战士	
	阎凤金	1909	1946	1947	河南民权	战士	
	周继忠	1926	1946.10	1947	河南安阳桥	战士	
	阎观玉	1922	1945.09	1948	黄河岸	战士	
	臧久长	1926	1946	1949	山西临汾	连长	
	周玉凤	1925	1946			战士	

续表

籍贯	姓名	生年	参加革命时间	牺牲时间	牺牲地点	牺牲时（或曾任）职务	备注
刘家纸房	张永言	1888	1938	1940	枣强县大王均	枣强县委委员	
	张西岭	1922	1939	1940	枣强县景村	战士	
	刘兰所	1913	1941	1943	衡水县城	战士	
	张西泉	1916	1938	1945	馆陶县六区	班长	
	张庆昌	1924	1946	1946.12	河南陇海路	战士	
	张长河	1925	1946	1946.12	河南陇海路	战士	
东李纸房	张振肖	1912	1939	1940.01	枣强县东关	战士	
	李金浩	1919	1941.03	1942	枣强县南吉利	枣北县政府秘书	
	李之双	1920	1941	1942	枣强县县城	班长	
	李德广	1924	1947	1947.05	河南袁家岩	战士	
	王贵森	1916	1947	1947	大别山	战士	
	李登峰	1931	1947	1951	朝鲜	战士	
西李纸房	张五凤	1905	1937	1938.05	枣强县梁纸房	游击队副队长	
	张子刚	1909	1938	1939	枣强县客市	战士	
	张世东	1931	1946	1949	山西太原	后方医院练习生	
	张玉华	1925	1946	1952	朝鲜	班长	
梁纸房	张福海	1919	1942	1943	枣强县东李纸房	战士	
	梁殿英	1923	1939	1947	大名县郭家庄	军医	
屈家纸房	宋继香	1912	1940.03	1940	南宫县垂阳	战士	
	刘西波	1917	1938	1942	大名县	战士	
	张庆贞	1927	1943	1943.09	枣强县涧里	战士	
	刘西兰	1916	1938	1943	枣强县县城	枣北县大队副队长	
	王长刚	1927	1943	1945	阜城县大辛集	战士	
东赵庄	刘景亮	1922	1946	1947	河南桐柏	冀中军区干校学员	
	韩长顺	1918	1943	1947	河南桐柏	战士	
	刘福春	1918	1946	1947	河南桐柏	战士	
	王长印	1922	1943	1947	河南桐柏	战士	
	王福森	1923	1944	1947	河南桐柏	副连长	
	王印起	1931	1947	1947	河南桐柏	战士	
西赵庄	李恒章	1924	1946	1947	河南崔桥	战士	
	张仁木	1923	1946	1948	山海关	战士	

编纂始末

　　《枣强乡村记忆》历史文化丛书的编纂是一项繁杂的文化工程，也是一项艰苦的任务。肖张镇扛起使命担当，主动承担首部书卷的示范工作，认真履职尽责，于2021年12月启动《枣强乡村记忆·肖张镇卷》的编纂工作。在丛书编委会的指导下，成立《枣强乡村记忆·肖张镇卷》编委会，下设编辑部。嗣后，镇党委、镇政府制定《关于编纂〈枣强乡村记忆·肖张镇卷〉实施方案》，编纂人员认真学习相关编纂文件，精心研究篇目，广泛搜集资料，先后查阅文献、期刊资料等370余卷本，收集整理90余万字。镇政府机关科室和村委会，提供编纂资料40余万字。经过编纂人员呕心沥血、辛勤努力、反复查证校核、不断修改补充，于2022年5月底形成初稿，送县政协文史委评议；2022年11月底，形成审定稿，送县政协定稿后转出版流程，并于2023年10月付梓。

　　《枣强乡村记忆·肖张镇卷》是本丛书首卷，共设5篇、43节、227目，近40余万字，图照近百幅。《枣强乡村记忆·肖张镇卷》力求系统反映镇境的历史、发展和现状，重点展现境域发生的变化、特征及人文风物，尤其对乡村的描摹、记录，不仅仅是为了留住记忆，更是对时代变迁、乡村振兴的一种深度思考。《枣强乡村记忆·肖张镇卷》记述和传承了肖张镇乡村历史文脉，展现了肖张镇乡村沧桑巨变，服务肖张镇乡村发展振兴。本书的出版，有助于讲好肖张镇乡村动人故事、传播肖张镇乡村美好声音、保存肖张镇乡村珍贵记忆。

　　《枣强乡村记忆·肖张镇卷》的编纂工作，始终在县政协的领导下，县政协文史委做了大量的工作，肖张镇党委、镇政府给予积极配合，同时得到了县档案局和各委办局等单位的关心和支持，以及北京嘉海文化传播有限公司的助力。《枣强乡村记忆·肖张镇卷》是众人辛勤劳动的成果。参编人员在编纂过程中，不辞辛劳，为书卷的编纂倾注了心血。在此，谨向《枣强乡村记忆·肖张镇卷》的编纂人员和为《枣强乡村记忆·肖张镇卷》的付梓给予过关心、帮助和支持的单位和领导致以诚挚的谢意，对参编、供稿人员表示崇高的敬意。

肖张镇卷编委会

2023 年 5 月